Hermann-Josef Frisch

Der Koran für Christen

Hermann-Josef Frisch

Der Koran für Christen

Gemeinsamkeiten entdecken

HERDER

FREIBURG · BASEL · WIEN

Wo nicht anders angegeben, wurde aus folgenden Übersetzungen zitiert:

Koran: vorrangig aus

- Ahmad Milad Karimi/Bernhard Uhde, Der Koran, Herder, Freiburg i. Br. 2014[2]

zudem aus

- Muhammad Asad, Die Botschaft des Koran, Übersetzung und Kommentar, Patmos, Düsseldorf 2009 (Asad)
- Adel Theodor Khoury, Der Koran, Gütersloher Verlagshaus, Gütersloh 2007 (Khoury)

Bibel: Einheitsübersetzung, Katholische Bibelanstalt, Stuttgart 1980

FSC
www.fsc.org
MIX
Papier aus verantwortungsvollen Quellen
FSC® C083411

www.herder.de

Satz und Layout: Hermann-Josef Frisch, Overath
Lektorat: Dietlind Grüne, Mannheim
Herstellung: CPI books GmbH, Leck

Printed in Germany

ISBN 978-3-451-34845-7

Vorwort

Der Islam gehört zur Lebenswirklichkeit Deutschlands und Europas, die Zahl der Muslime bei uns ist in den letzten Jahren durch Zuwanderung und Bevölkerungsentwicklung gestiegen. Zudem wächst die globalisierte Welt durch neue Kommunikationsformen, schnellere Reisemöglichkeiten und wirtschaftliche Verflechtungen immer mehr zusammen. Dies gilt auch in Bezug auf die großen Religionen: Wir sehen bei uns nicht mehr allein die Kirchtürme der christlichen Konfessionen, sondern zunehmend auch Minarette und – seltener – Tempeltürme fernöstlicher Religionen.

Der Islam und andere Religionen sind mitten unter uns – manchem macht das Angst vor Überfremdung und vor neuen, unbekannten Einflüssen. Andere wiederum sehen in der Vielfalt der Religionen auch in unserem Land die Chance einer Bereicherung, eines Austauschs von religiösen Erfahrungen und eines reichen Gottesmosaiks, das unterschiedliche Vorstellungen von Gott und dem Göttlichen zum Ausdruck bringt.

Solch ein geistiger Austausch aber erfordert unerlässlich eine bessere Kenntnis des anderen. Nicht Vorurteile sollen die Diskussion bestimmen, sondern fundiertes Wissen. Nur durch die Begegnung mit dem anderen und durch die Kenntnis dessen, was ihm in seinem Glauben wichtig ist, können Dialog und Toleranz möglich werden. Die Offenheit für andere Glaubenserfahrungen und religiöse Praktiken ist zudem ein wichtiger Baustein im Bemühen um Frieden in der Welt. Der katholische Theologe Hans Küng formulierte in seinem bahnbrechenden Buch »Der Islam« (2004): »Kein Frieden unter den Nationen ohne Frieden unter den Religionen. Kein Frieden unter den Religionen ohne Dialog zwischen den Religionen. Kein Dialog zwischen den Religionen ohne Grundlagenforschung in den Religionen.«

Diesem Ziel ist dieser Band verpflichtet: Er soll einen Beitrag dazu leisten, dass in einer Zeit der Globalisierung und der zunehmenden Begegnung der Religionen auch in unserem Land ein besseres Verständnis des Islam möglich wird. Dies geschieht – ein Weg von vielen – hier in besonderer Weise über das Heilige Buch des Islam, den Koran. Christen (und auch Angehörigen anderer Religionen sowie Nichtglaubenden) sollen die wesentlichen Aussagen des Korans verständlich und kompakt aufgezeigt werden. Dies geschieht:

- durch eine *Vergewisserung* des eigenen christlichen Standpunktes als Ausgangspunkt der Überlegungen;
- durch präzise *Informationen* über die Entstehung des Korans, seine Einteilung und Themen, seine Auslegung und über das islamische Verständnis des Korans als unverfälschtes Wort Gottes;
- durch eine fundierte Anordnung der einzelnen *Themen* nach ihrer Bedeutung im Koran und in der islamischen Religion, aber auch nach ihrem Bezug und ihrer Anwendungsmöglichkeit für Christen;
- durch eine sorgfältige *Auswahl* der wichtigsten koranischen Suren und Verse, sodass den Lesern der Grundtenor des Korans in einer leicht zugänglichen Weise verständlich wird;
- durch die Betrachtung des *Kontextes* sowohl der Hebräischen Bibel der Juden (des christlichen Ersten, Alten Testaments) wie auch des christlichen Neuen Testaments. Die Heiligen Bücher von Judentum, Christentum und Islam stehen nicht in »Konkurrenz«, sondern sie sind unterschiedliche Hilfen zu einer weiteren Sicht und zur Bereicherung des eigenen religiösen Weges.

Es ist kein einfacher Weg, das Buch des Korans und seine wesentlichen Botschaften verständlich zu machen, denn der Koran ist ein schwieriges Buch:

- Der Koran gibt anders als die Evangelien und manche alttestamentlichen Schriften keine fortlaufende Erzählung wieder, sondern mischt *verschiedene Textsorten* miteinander: Gottesrede wechselt mit Menschenrede (Prophetenrede); kleine erzählerische Stücke verbinden sich mit Mahnungen; direkte

Ansprachen der Leser mischen sich mit allgemeinen Sprüchen; Erläuterungen eines Vorgangs oder eines Glaubenssatzes stehen neben Rechtsordnungen und Handlungsanweisungen für die Gläubigen in den Bereichen Gesellschaft, Ehe oder Erbrecht; es gibt Gleichnisse und Bildworte, aber auch Gebote und Verbote und anderes mehr.

- Der Koran beinhaltet *Grundthemen*, beschreibt diese aber nicht systematisch, sondern setzt in vielfältigen Linien und Wiederholungen immer wieder neu an. Damit wird das kontinuierliche Lesen erheblich erschwert.
- Der Koran stammt aus einer im Vergleich zu unserer heutigen Alltagswelt völlig *fremden Kultur* (nämlich der von Beduinen des 7. Jahrhunderts auf der arabischen Halbinsel). Trotz seines Anspruches auf wörtliche Offenbarung durch Gott selbst (vermittelt durch den Engel Gabriel an Mohammed) ist er ebenso wie die anderen Heiligen Schriften an Zeit und Raum, an Kultur und Wirtschaft, an Geographie und Geschichte gebunden.

Trotz dieser Schwierigkeiten kann die Begegnung mit dem Koran (und über ihn mit dem Islam sowie mit den Muslimen bei uns und in anderen Ländern) die eigene Sicht, den eigenen Glauben, die eigene Beziehung zu Gott und zu den Menschen bereichern.

Der Theologe und Religionswissenschaftler Paul Knitter spricht vom »Welthaus« der Religionen, das aus den »Zimmern« der unterschiedlichen Religionen zusammengesetzt ist. Gehen wir also neugierig, offen und mit Wohlwollen in das Zimmer des benachbarten Islam, um dann nachdenklich und vielleicht bereichert in unser eigenes Zimmer zurückzukehren.

Hermann-Josef Frisch

Obwohl man von der Übertragung der arabischen Sprache her *qur'an* schreiben müsste, bleiben wir bei dem im Deutschen gebräuchlichen Wort *Koran*.

Sure 1: Die Eröffnung (*al-Fatiha*)

Im Namen Gottes,
des Barmherzigen, des Erbarmers.
Das Lob Gott,
dem Herrn der Welten,
dem Barmherzigen und dem Erbarmer,
dem Herrscher am Tag des Gerichtes.
Dir dienen wir
und Dich bitten wir um Hilfe:
Leite uns recht auf dem Weg, dem geraden,
dem Weg derer,
die von Deiner Gnade getragen,
und nicht dem Weg derer,
über die Dein Zorn waltet,
und derer, die in die Irre gehen.

(Asad)
Im Namen Gottes,
des Allergnädigsten, des Gnadenspenders:
Aller Preis gebührt Gott allein,
dem Erhalter der Welten,
dem Allergnädigsten,
dem Gnadenspender,
dem Herrn am Tage des Gerichts!
Dich allein beten wir an;
und zu Dir allein wenden wir uns um Hilfe.
Leite uns den geraden Weg –
den Weg jener, denen Du Deine Segnungen erteilt hast,
nicht jener, die verdammt wurden,
noch jener, die irregehen!

Gott ist barmherzig

Menschen fragen und suchen nach dem Sinn ihres Lebens. Sie fragen nach dem Woher, dem Wozu und dem Wohin. Damit aber machen sie sich zugleich auf die Suche nach einem Urgrund des Lebens, nach einem letzten und tiefsten Sinn, nach einem Halt, nach dem Absoluten. Menschen suchen nach Gott, dem Göttlichen, den Göttern als dem in verschiedene Aspekte aufgespaltenen einen Göttlichen. Menschen suchen nach dem, was alles übersteigt, nach dem Unendlichen, nach dem letzten Geheimnis des Lebens.

Die Antworten der verschiedenen Religionen, auch der großen Weltreligionen, fallen dabei sehr unterschiedlich aus, doch ihr Grundanliegen ist das Gleiche: Sie wollen dem Menschen durch die Bindung an das Transzendente Halt und Orientierung geben und zu einem gelingenden Leben in Diesseits und Jenseits verhelfen.

Die drei vorderorientalischen Religionen Judentum, Christentum und Islam sind Geschwisterreligionen, was in diesem Buch noch an vielen Stellen sichtbar werden wird. Der Ursprung ist das Judentum, es ist die »Wurzel« (Römer 11,16–18) des Christentums, das vom Juden Jesus herkünftig ist und mit dem Judentum Teile seiner Bibel (die Hebräische Bibel der Juden, in etwa das christliche Alte Testament) gemeinsam hat. Eine solche unmittelbare Beziehung besteht zwischen Judentum und Christentum auf der einen sowie dem Islam auf der anderen Seite nicht. Wohl aber lassen sich starke innere Verbindungen nachweisen – zur Zeit Mohammeds (570–632 n. Chr.) gab es auf der arabischen Halbinsel sowohl Juden als auch Christen. In der Botschaft des Korans, dies wird weiter unten deutlich, finden sich vielfältige Bezüge zum Glauben von Juden und Christen.

Dies betrifft auch den Glauben an Gott. Vom Judentum übernimmt der Islam den strengen Ein-Gott-Glauben (Monotheismus), der auch den Juden Jesus prägte. In der jüdischen wie der christlichen Bibel finden sich eine Fülle von Aussagen über Gott, die sich nicht harmonisieren lassen, sondern ein vielfältiges Mosaik von Gottesvorstellungen darstellen, von unterschiedlichen Gotteserfahrungen, die Menschen während der 1200 Jahre dauernden Entstehungszeit der Bibel in Worte fassten. Auch der Koran kennt eine Fülle solcher Bezeichnungen und Aussagen über Gott – nahezu nahtlos stimmen muslimische, jüdische und christliche Vorstellungen von Gott überein. Allein die Stellung Jesu (vgl. Seite 210 ff.) trennt hier Muslime und Christen.

Was ist die Kernaussage der jüdisch-christlich-muslimischen Gottesbilder, ihre innere Mitte? Es ist eindeutig das Sprechen von Gottes Barmherzigkeit.

Der Barmherzige

Alle Suren – mit Ausnahme von Sure 9 – beginnen mit den Worten: »Im Namen Gottes, des Barmherzigen, des Erbarmers.« Damit ist eine Überschrift vorgegeben, die für alle Suren und somit für den gesamten Inhalt des Korans gilt. Das Bekenntnis zum barmherzigen Gott ist eine Leitlinie, eine *Kurzformel des Glaubens*, welche die Grundlage des Islam bildet. Es gibt viele Namen Gottes, unter allen aber ragt »Der Erbarmer, der Barmherzige« heraus. Nicht ein Gott der Gewalt, des Zwangs, des unerbittlichen Gesetzes wird im Islam bekannt, sondern ein Gott der Zuwendung zum Menschen, der sich der Menschen erbarmt und ihnen Hilfe, Vergebung und Rechtleitung schenkt.

Im Arabischen – ähnlich wie in den anderen semitischen Sprachen (Hebräisch, Aramäisch [= Sprache Jesu]) – werden die Benennungen Gottes mit *ar-rahman* (»Allbarmherziger«) und *ar-rahim* (»Allerbarmer«) wiedergegeben. Beide Begriffe gehen auf das semitische Wort für »Mutterleib, Mutterschoß« zurück, verweisen damit auf die fürsorgliche Liebe Gottes zum Menschen: Wie eine Mutter sich ihres Kindes erbarmt und für es sorgt, sich in jeder Weise für ihr Kind einsetzt, so handelt Gott in Bezug auf den Menschen. *Barmherzigkeit ist das innere Wesen Gottes:* Mitleid, liebevolle Zärtlichkeit, Hinwendung und Zuwendung. Barmherzigkeit verweist auf die fürsorgliche und schützende Seite Gottes. Damit wird Gott mit einer eher weiblichen Eigenschaft verbunden – dies gilt trotz aller patriarchalischen Vorstellungen im Islam (wie auch im Judentum und Christentum). Alle anderen Namen Gottes ergeben sich aus dieser Eigenschaft und sind Konkretisierungen, Ausfaltungen, Anwendungen dieser grundlegenden Barmherzigkeit. Die Kernbotschaft des Korans lautet deshalb: »Gott ist barmherzig.«

Der Barmherzigkeit als grundlegender Eigenschaft Gottes entsprechen auch Vorstellungen der Hebräischen Bibel. Zwar können Muslime Begriffe wie »Sohn Gottes« und »Kind Gottes« nicht nachvollziehen, da Gott in seiner Transzendenz weit über menschlichen Verwandtschaftsbeziehungen steht, dennoch passt die Aussage einiger weniger Verse der alttestamentlichen Propheten durchaus in das muslimische Gottesbild:

> Wie eine Mutter ihren Sohn tröstet, so tröste ich euch. (Jesaja 66,13)
>
> Mit menschlichen Fesseln zog ich sie an mich, mit den Ketten der Liebe. Ich war für sie da wie die Eltern, die den Säugling an ihre Wangen heben. Ich neigte mich ihm zu und gab ihm zu essen. (Hosea 11,4)

Weil Gott der Allerbarmer ist, offenbart er sich den Menschen, kommt er ihnen nahe in seinem Wort, dem Mohammed geoffenbarten Koran, der die früheren Offenbarungen an Abraham, an Mose (Tora), an Jesus (Evangelium) vollendet. Gottes Wort ist die Konkretisierung des Erbarmens Gottes, Bibel und Koran sind Bücher der Barmherzigkeit.

Weil Gott der Allerbarmer ist, zeigt er dem Menschen in seiner Fürsorge einen guten Weg der Rechtleitung. Gott führt den, der sich seinem Willen ergibt (Islam heißt wörtlich »Ergebung in Gott«), einen Weg zu gelingendem Leben und gibt ihm eine gute Verheißung für ein Leben im Jenseits. Gottes Barmherzigkeit erstreckt sich also über den Tod eines Menschen hinaus, ja, sie kommt dann erst zur Vollendung, indem der Mensch im neuen Leben des Jenseits vollendet wird.

Weil Gott der Allerbarmer ist, will er mit dem Menschen Gemeinschaft haben. Diese Beziehung Gottes zum Menschen beginnt in der Schöpfung, setzt sich aber durch die Geschichte der Völker und Kulturen fort. Gott erbarmt sich aller Menschen – ohne Unterschiede dürfen sie der *Umma* angehören, der Gemeinschaft derer, die sich Gott ergeben.

Weil Gott der Allerbarmer ist, darf der Mensch sich ihm aus freien Stücken hingeben (Islam), sein Leben in Gottes »Hände« legen. Einem gewalttätigen Gott dagegen muss man sich unterwerfen, selbst wenn man dazu nicht gewillt ist. Einem barmherzigen Gott jedoch kann der Gläubige sein Leben anvertrauen, er darf seiner Rechtleitung vertrauen, er kann sich auf ihn verlassen in guten und schweren Stunden. Weil Gott der Barmherzige ist, ist der Mensch zu einem freien Glauben aufgerufen.

Gottes Zuwendung zum Menschen bedeutet Schutz und Sicherheit. Dies wird im Koran oft anhand der Geschichte der bedeutenden Gestalten der Hebräischen Bibel dargestellt. So sagt der biblische Jakob zu seinen Söhnen: »Gottes Hüterschaft (Schutz) ist besser als eure, denn er ist der Barmherzigste der Barmherzigen!« (Sure 12,64)

Vergleichbares formuliert die Hebräische Bibel in der Erzählung von Mose und von der Befreiung Israels aus Ägypten. Am Sinai tritt Gott Mose gegenüber und offenbart sich in Art einer Selbstbeschreibung, in der die Gotteserfahrung Israels gespiegelt ist: »Der Herr ging an ihm vorüber und rief: ›Jahwe ist ein barmherziger und gnädiger Gott, langmütig, reich an Huld und Treue.‹« (Exodus 34,6)

Die Barmherzigkeit Gottes wird an manchen Stellen des Korans mit der Allmacht Gottes verknüpft (vgl. Seite 24ff.):

> Und wahrlich, dein Herr,
> Er ist der unübertrefflich Erhabene, der Barmherzige.
> (Sure 26,9.68.104.122.140.159.175.191)

Solche Worte sind der Klang des gesamten Korans, eine tiefe Grundmelodie, über die dann weitere Aussagen über Gott gesetzt werden. Ähnliches kennen wir aus der Bibel, doch meist wird statt Erbarmen eher Güte oder Liebe als innerer Wesenszug Gottes eingesetzt – unterschiedliche Worte für die gleiche Aussage: »Herr, du bist gerecht, alle deine Wege zeugen von deiner Barmherzigkeit.« (Tobit 3,2)

Wenn ein Mensch wirklich »gottergeben« (Islam) ist, muss er aus der Barmherzigkeit Gottes Konsequenzen ziehen, dazu fordern sowohl die Feldrede Jesu im Lukasevangelium wie auch der Koran auf:

> Seid barmherzig, wie es auch der Vater ist. (Lukas 6,36)
>
> Denen, die glauben
> und verrichten gute Werke,
> lässt der Barmherzige Liebe zuteil werden. (Sure 19,96)

Die hundert schönsten Namen

Religionen reflektieren Erfahrungen von Menschen mit Gott. Diese spiegeln sich in den Gottesnamen wider, die innerhalb der Religionen in der Theologie, aber vor allem in der Gebetspraxis bevorzugt werden.

Das Sprechen über Gott bleibt für Menschen immer Stückwerk – Gott entzieht sich jeder Definition und umfassenden Beschreibung, er ist und bleibt der ganz Andere, der Unfassbare (vgl. Seite 48 f.). Dennoch sind Menschen auf ein Sprechen über Gott angewiesen, sie brauchen einen Austausch über ihre Erfahrungen mit dem Transzendenten, mit dem Göttlichen, mit dem letztlich unbeschreibbaren Gott. So greifen sie zu Namen und Sprachbildern, um ihre Erfahrungen mit Gott auszudrücken und auszutauschen. Dieses Sprechen über Gott in einem Gottesmosaik aus vielfältigen Namen ist immer bildhafte, metaphorische, gleichnishafte Rede, die abhängig ist auch von den Lebensumständen der sprechenden Menschen, von ihren religiösen Traditionen sowie den Bedingungen ihrer Kultur und der persönlichen Lebensgeschichte. Das Sprechen über Gott bleibt ein vielgesichtiges Reden, die reichhaltigen Gottesbilder können sich gegenseitig ergänzen, bereichern, aber auch korrigieren und Einseitigkeiten zurechtrücken. Meist gibt es deshalb nicht nur einen einzigen Namen, sondern eine Kombination vieler Aspekte Gottes durch viele Bezeichnungen.

Für das Judentum ist vor allem die Selbstbezeichnung Gottes im Buch Exodus (Exodus 3,14) entscheidend: Der Name Gottes, nach dem Mose fragt, lautet »Jahwe« – »Ich bin da für euch«. In diesem Namen spiegelt sich der Gott der Befreiung, des Lebens und der Menschenfreundlichkeit, von dem die ganze Hebräische Bibel in immer neuen Wendungen erzählt. Das Gottesbild der Bibel ist positiv, Leben fördernd, befreiend, auf das Heil des Menschen ausgerichtet.

Für das Christentum ist der Name Gottes bezeichnend geworden, den Jesus in seinen Lehren und Gebeten immer wieder genutzt hat: Gott ist »Vater« aller. Dies ist natürlich – wie alle Gottesbezeichnungen – ein Bildwort. Nicht um einen realen Vater geht es, nicht um biologische Abstammung, sondern um das Verhalten Gottes zu den Menschen, das man mit »wie ein guter Vater« bezeichnen kann. Unter diesem Leitwort werden im Christentum auch die vielen Gottesbilder und Vorstellungen der Hebräischen Bibel (des Alten Testaments) eingeordnet.

Die Bibel führt unter anderem auf: »Gott ist der Retter« (Hosea 13,4), »Gott ist wie ein Hirt« (Psalm 23, Ezechiel 34,12), »Gott ist wie ein Fels« (Psalm 18,32), »Gott ist meine Huld und meine Burg, meine Festung, mein Schild« (Psalm 144,2), »Gott ist der Erste und der Letzte« (Jesaja 44,6), »Gott ist wie ein Töpfer, die Menschen sind das Werk seiner Hände« (Jesaja 64,9) ...

Der Koran sieht Gott als »den Erbarmer, den Barmherzigen«. Diese beiden Namen werden jeder Sure des Korans vorangestellt (mit Ausnahme von Sure 9, die ursprünglich möglicherweise nicht eigenständig war, sondern die Fortsetzung der Sure 8 bildete). Diesen Vers nennt man *Basmala* (= »diese

Formel aussprechen, Anrufung«). Die Basmala spielt im Leben jedes Muslims eine große Rolle und wird im Tagesablauf und bei besonderen Ereignissen ständig gebraucht: vor der Koranlesung und beim fünfmaligen täglichen Gebet, vor dem Betreten einer Moschee und vor einer Reise, beim Begräbnis, auch als Einleitungsformel von privaten oder geschäftlichen Briefen – das ganze Leben ist durchzogen vom Bekenntnis Gottes als des Barmherzigen. Der Volksglaube erzählt Legenden, dass die Basmala auf dem Oberschenkel Adams und auf der Zunge Jesu eintätowiert war. Auch trug der Engel Gabriel (Dschabra'il), der Mohammed den Koran brachte, sie auf seinen Flügeln.

Die Bezeichung Gottes als Barmherziger ist im Islam zentral, aber keineswegs der einzige Gottesname. Ebenso wie die Bibel kennt auch der Koran ein *Gottesmosaik*, eine Zusammenstellung vielfältiger Namen für Gott. Solche Namen in ihrer Vielfalt spiegeln die vielen unterschiedlichen Erfahrungen wider, die Menschen mit Gott gemacht haben und die in den Heiligen Schriften der Religionen gesammelt sind.

Der Koran enthält eine Fülle solcher in Namen und Bildworte gefassten Aussagen über Gott. Der islamischen Tradition nach sind es insgesamt einhundert Gottesnamen. Dabei ist Allah keiner dieser Namen, denn dieser Begriff ist ursprünglich nichts anderes als das arabische Wort *al-ilah*: *al* ist der Artikel, *ilah* bedeutet Gott, Gottheit, *al-ilah*, zusammengezogen zu *allah*, meint also nichts anderes als »der Gott«. Allah wird deshalb im Gebet nicht nur von Muslimen, sondern auch von arabischen Christen gebraucht. Im religiösen Leben vieler Muslime allerdings wird Allah wie ein Eigenname Gottes verstanden.

Die verschiedenen Namen Gottes im Koran sind über den Gesamttext verstreut. Nach islamischem Glauben gibt es davon insgesamt einhundert, aber der Mensch kennt aufgrund seiner beschränkten Auffassungsfähigkeit nur 99 der Gottesnamen, der hundertste bleibt ihm dauerhaft unbekannt – ein Hinweis auf die den Menschen überschreitende Transzendenz Gottes. Die 99 Gottesnamen aber sind wichtig und werden beim alltäglichen Beten der Muslime dadurch in Erinnerung gerufen, dass sie eine Gebetskette von 33 Perlen (seltener 99 Perlen) durch die Finger gleiten lassen und dabei die Gottesnamen meditieren. Der arabischen Legende nach ist übrigens der hunderste Name Gottes allein dem Kamel bekannt – deshalb trägt es seine Nase so hoch.

Sure 59 führt in ihrem Schlussteil eine Vielzahl von Gottesnamen auf, es sind »die schönsten Namen Gottes«:

Er ist Gott, kein Gott außer Ihm,
der Herrscher, der Heilige,
der Friede, der Sicherheit Gewährende,
der Hüter, der Erhabene,
der Gewaltige, der Stolze ...
Er ist Gott,
der Schöpfer, der Erschaffer, der Bildner.
Sein sind die Namen, die unübertrefflich schönen.
Ihn preist, was in den Himmeln und auf der Erde.
Und Er ist der unübertrefflich Erhabene, der Weise.
(Sure 59,22–24)

Unter den 99 bekannten Namen Allahs überwiegen solche Bezeichnungen, die in der einen oder anderen Form von der Barmherzigkeit Gottes künden, zum Beispiel: der Erbarmer, der Barmherzige, der Beschützer, der Verzeiher, der Versorger, der alle Gaben ausreichend und großzügig gewährt, der Nachsichtige, der Mitfühlende, der Ernährende, der Erhörer der Gebete, der Liebevolle, der alles mit seiner Liebe Umfassende, der Vertrauenswürdige, der Helfer, der Schutzherr eines jeden, der seinen Schutz und seine Leitung braucht, der Lebenspendende, der Mitleidige, der Verleiher der Reichtümer, der Geduldige.

Eine andere große Gruppe von Gottesnamen kündet von der Macht und zugleich von der Jenseitigkeit Gottes. Er bleibt den Menschen unerreichbar, ist ihnen allein durch seine barmherzige Zuwendung in der Schöpfung und der Offenbarung bekannt, zum Beispiel: der König, der Heilige, der Erhabene, der Ehrwürdige, der Vornehme, der Alles-Bezwinger, der Allwissende, der Hörende, der Sehende, der Kundige, der Großartige, der Erhabene, der Höchste, der Große, der Majestätische, der Ehrenvolle, der Weise, der Glorreiche, der Wahre, der Starke, der Feste, der Dauerhafte, der Ruhmvolle, der Eine, der Einzige, der von allem und jedem Unabhängige, der Mächtige, der alles Bestimmende, der Erste ohne Beginn, der Letzte ohne Ende, der einzige und absolute Herrscher, der Inhaber der königlichen Macht, derjenige, dem Ehre gebührt, der ewig Bleibende.

Andere Namen verweisen auf das Handeln Gottes am Menschen und an der Welt: der Schöpfer, der Schaffende, der Formende, der Gerechte, der die Menschen am jüngsten Tag wieder zum Leben erwecken wird, der die Reue seiner Diener Annehmende, der Versammelnde, der alle Menschen am jüngsten Tag versammeln wird, der Leitung und Führung Gebende.

Begriffe eines strengen und richtenden Gottes finden sich auch, aber nur in überraschend geringer Zahl – die Aussagen über Gottes Barmherzigkeit und gütige Zuwendung zum Menschen überwiegen eindeutig. Doch es wird auch gesprochen von dem Wachsamen, dem, der alles (in einem Buch) aufzeichnet, dem Tötenden, in dessen Hand der Tod ist, dem Zurückweisenden, dem Schaden Zufügenden.

Der Schöpfer

Das christliche Glaubensbekenntnis bekennt Gott als den »Schöpfer des Himmels und der Erde« (Apostolisches Glaubensbekenntnis) und als »den Allmächtigen, der alles geschaffen hat, Himmel und Erde, die sichtbare und die unsichtbare Welt« (Großes Glaubensbekenntnis). Dieses Bekenntnis hat im Glauben der Christen einen hohen Stellenwert, obwohl es eigenartigerweise noch nicht einmal ein entsprechendes Themenfest im christlichen Kirchenjahr dazu gibt (von Erntedank einmal abgesehen). In der christlichen Frömmigkeit spielt der Schöpfer, der die Welt in seinen Händen hält, der den Menschen mit Leben beschenkt und der nach dem Tod Leben erneut schaffen und schenken wird, eine große Rolle. Im Bekenntnis zu Gott, dem Schöpfer, spiegelt sich der Glaube an einen Urgrund, dem man vertrauen kann. Dabei wirkt Gott nach christlichem Verständnis nicht in einer Kette innerweltlicher endlicher Abhängigkeiten, auch nicht von außen wunderbar in die Welt hinein, sondern er bleibt als innerster und tiefster Grund und Sinn von allem die Mitte von Welt und Kosmos, alles umgreifend, aber letztlich unbegreiflich.

Diese Sichtweise ist deshalb so überraschend, weil die Bibel, vor allem die Hebräische Bibel der Juden, keineswegs den Stichworten »Schöpfung« und »Schöpfer« eine Priorität einräumt. Die Bibel bedenkt vor allem das Wirken Gottes in der Geschichte (in der Hebräischen Bibel ist es die Geschichte Israels, im Neuen Testament die Geschichte der Kirche). Die Schöpfung ist dagegen eher ein Randthema, das allein aus »chronologischen« Gründen am Anfang des biblischen Textes in den ersten beiden Kapiteln des Buches Genesis steht, im weiteren Verlauf aber nur an wenigen Stellen (etwa in einigen Psalmen) erwähnt wird. Die Bibel blickt auf einen Anfang, den Beginn eines Lebensprozesses, der vom Menschen fortgeführt wird:

> Gott schuf den Menschen als sein Abbild,
> als Abbild Gottes schuf er ihn.
> Als Mann und Frau schuf er sie.
> Gott segnete sie und Gott sprach zu ihnen:
> »Seid fruchtbar und vermehrt euch, bevölkert die Erde.«
> (Genesis 1,27–28)

Die Aussagen über Gott als Schöpfer haben im Koran einen wesentlich höheren Stellenwert als vergleichbare Aussagen in der Bibel. Der Koran ist überall von Aussagen über die Schöpfermacht Gottes durchzogen. Neben dem Bekenntnis zur Barmherzigkeit Gottes und den Verheißungen eines jenseitigen Lebens gehören die Aussagen über die Schöpfung von Welt und Mensch zum inneren und wesentlichen Kern des Korans. In der Schöpfung zeigt sich das Wirken Gottes dem Menschen in besonderer Weise.

Gottes Erbarmen zeigt sich aus der Sicht des Korans vorrangig in der Schöpfung von Welt und Menschen und in der liebevollen Erhaltung dieser Schöpfung. Da heißt es:

> Erschaffen hat Er die Himmel und die Erde in Wahrheit.
> Er lässt winden die Nacht über den Tag
> und den Tag über die Nacht.
> Und dienstbar gemacht hat Er die Sonne und den Mond.
> Ein jedes läuft für eine Frist, eine bestimmte.
> Wahrlich, Er ist der unübertrefflich Erhabene ...
> Erschaffen hat Er euch aus einer Seele, einer einzigen,
> dann aus ihr gemacht ihre Frau
> und erschaffen hat Er für euch an Vieh acht in Paaren.
> Erschaffen hat Er euch in den Schößen eurer Mütter,
> Erschaffung nach Erschaffung, in drei Finsternissen.
> Das ist Gott, euer Herr. Sein ist die Herrschaft.
> Kein Gott außer ihm. (Sure 39,5–6)

In vielen Suren des Korans finden sich vergleichbare Aussagen. Gott wird als Herr über Himmel und Erde angesehen, er erschafft allein durch sein Wort. Ihm gehört alles, was in den Himmeln und auf Erden ist, alle Lebewesen müssen ihm gehorchen, denn er ist der Urheber von allem. Vergleichbar der biblischen Aussage »Gott sprach – und es geschah« (Genesis 1) heißt es im Koran: »Wenn er will, dass ein Ding ist, sagt er nur zu ihm: ›Sei!‹ – und es ist.« (Sure 2,117)

Gottes Barmherzigkeit wird nicht allein durch die Schöpfung am Anfang deutlich, sondern auch dadurch, dass er seine Schöpfung als treuer Wegbegleiter nicht im Stich lässt, sondern sie durch alle Zeiten und mit jedem neuen Lebewesen fortsetzt. Der Schöpfer ist auch der Erhalter, denn er hat nicht nur Himmel und Erde erschaffen, sondern er ist ebenso der Allmächtige, der alles »lenkt, was existiert« (Sure 10,3). Deshalb bekennen ihn Muslime als den Erhalter ihres Lebens und deshalb beten sie ihn allein an.

Die Erschaffung des Menschen hat innerhalb der koranischen Schöpfungsaussagen besondere Bedeutung. Dabei geht es nicht allein um die Erschaffung am Anfang, sondern um die je neue Schöpfung der Menschen, denn Gott gewährt das Leben, er teilt aber auch den Tod zu und nach dem Tod die Auferweckung:

> Er ist es, der euch erschaffen aus Erde,
> dann aus einem Tropfen, dann aus einem Blutklumpen,
> dann lässt Er euch als Kind herauskommen,
> damit ihr dann erreicht die Reife, dann alt werdet ...
> und damit ihr eine Frist erreicht, eine bestimmte,
> und damit ihr vielleicht versteht.
> (Sure 40,67–68)

Der Koran schildert Naturbeobachtungen und versteht die vielen Lebewesen sowie die Folge natürlicher Abläufe als Zeichen, Hinweise für die Existenz, Barmherzigkeit und Macht Gottes. Die Betrachtung der Schöpfung in den vielen Naturereignissen und im bunten Leben von Pflanzen, Tieren und Menschen soll zum glaubenden Bekenntnis der Güte Gottes führen – die Schöpfung führt zu Dank und Lobpreis. Aller Lobpreis gebührt also Gott, dem Schöpfer und Erhalter des Lebens, der alles ins Leben gebracht hat – die tiefste Finsternis ebenso wie das Licht. Ihm, dem Gnädigen und Barmherzigen (vgl. Sure 6,1.12), gehört deshalb auch alles im Himmel und auf der Erde.

Wie der Anfang, so das Ende: Der Koran versteht die Schöpfung der Welt und des Menschen zugleich als Hinweis auf die Auferweckung des Menschen nach seinem Tod, auf seine Neuschöpfung durch Gott. In Sure 30 wird der Regen beschrieben, der der Schöpfermacht Gottes entspringt und das »tote« Land zu neuem Leben erweckt. Die leblose Erde erhält durch Gottes Eingreifen Wasser und damit neue Lebenskraft – ein Zeichen von Gottes Gnade und Barmherzigkeit. Ebenso wird Gott an den Menschen handeln:

> So schau auf die Spuren von Gottes Barmherzigkeit,
> wie er die Erde belebt nach ihrem Tod.
> Wahrlich, er wird auch beleben die Toten. (Sure 30,50)

Die Schöpfung ist ein Abbild der Barmherzigkeit Gottes. In ihr kann der Mensch staunend und lobend Gottes Wirken erkennen und so in seinem Glauben an Gott und in seiner Hingabe an ihn gestärkt werden. Vergleichbare Aussagen finden sich in der Bibel in einigen Psalmen:

> Herr, unser Herrscher,
> wie gewaltig ist dein Name auf der ganzen Erde;
> über den Himmel breitest du deine Hoheit aus.
> Seh ich den Himmel, das Werk deiner Finger,
> Mond und Sterne, die du befestigst:
> Was ist der Mensch, dass du an ihn denkst,
> des Menschen Kind, dass du dich seiner annimmst?
> (Psalm 8,1–2.4–5)

Der Mächtige

Im alttestamentlichen Buch der Weisheit 11,26 wird Gott als »Freund des Lebens« bekannt. Und das biblische Buch der Sprichwörter (8,14) gibt einen Einblick in das Wirken Gottes: »Bei mir ist Rat und Hilfe, bei mir ist Macht.« Die Bibel zeichnet Gott als den, der größer ist als Himmel und Erde, dessen Macht dem Menschen unergründlich ist, von der aber alles Leben abhängt. So kann der Dulder und Frager Ijob in einem langen und schmerzvollen Lernprozess zur Aussage kommen: »Den Allmächtigen ergründen wir nicht, er ist erhaben an Macht und Recht, er ist reich an Gerechtigkeit; Recht beugt er nicht.« (Ijob 37,23)

Das Sprechen von Gottes Macht ist in unserer Zeit problematisch geworden: Wie äußert sich diese Macht in unserer Welt, deren Zusammenhänge und Entstehungsprozesse wir durch den Fortschritt der Naturwissenschaften immer besser erkennen? Wie stimmen zudem – so die nicht beantwortbare Grundfrage der Theodizee – Gottes Allmacht und Gottes Güte sowie Barmherzigkeit überein, wie kann es das Böse in einer Welt geben, die von Gott gut geschaffen ist? Weder die Bibel noch der Koran kennen eine Antwort auf diese Frage, sie ist letztlich unlösbar.

Gottes Macht bleibt im Letzten verborgen, Gottes Größe ist dem Menschen nicht zugänglich, darin stimmen Bibel und Koran überein: Er ist der Unverfügbare, der ganz Andere, der Jenseitige (vgl. Seite 50). Doch er ist eine Macht, die das Leben fördert, ein aus Not befreiender Gott. Das ist die durchgängige Linie der Bibel und so kann auch der Psalmist beten:

> Gott, mein Fels, meine Hilfe, meine Burg, mein Heil, meine Zuflucht. Bei Gott ist die Macht, Herr, bei dir ist die Huld. (Psalm 62,7.12–13)

Huld – das bedeutet Erbarmen, Barmherzigkeit – und Macht fallen in der biblischen Sicht zusammen. Deshalb verbindet der Prophet Jesaja Gerechtigkeit, Liebe und Mitleid mit Macht:

> (Gott spricht:) »Ich bin es, ich verkünde Gerechtigkeit, ich bin der mächtige Helfer.« (Der Prophet spricht:) »Die ruhmreichen Taten des Herrn will ich preisen, in seiner Liebe und seinem Mitleid hat er sein Volk erlöst.« (Jesaja 63,1.7.9)

Wo aber können Menschen die Macht und Barmherzigkeit Gottes erkennen? Für die Bibel geschieht dies besonders in der Geschichte – im befreienden und begleitenden Handeln Gottes mit seinem Volk Israel und mit dem neuen Volk Gottes im Neuen Bund. Gott erweist sich als Gott der Geschichte, der den Menschen, besonders den Armen und Unterdrückten, zur Seite steht und ihnen neue Lebensmöglichkeiten eröffnet.

Der Koran setzt einen anderen Schwerpunkt als die Bibel. Dies liegt sicher an der Entstehungsgeschichte der beiden heiligen Bücher: Während die Bibel über einen Zeitraum von 1200 Jahren enstanden ist, also große Strecken der Geschichte Israels beziehungsweise der ersten christlichen Gemeinden überblicken konnte, wurde der Koran nur wenige Jahre nach dem Tod Mohammeds fixiert (spätestens vom dritten Kalifen Uthman ibn Affan, Regierungszeit 644–656, also ca. 15–20 Jahre nach dem Tod Mohammeds im Jahr 630). Somit konnte dieser Text nicht auf Geschichte zurückschauen und bevorzugt deshalb eine andere Argumentation, um Gott als den Mächtigen, den Herrn und König von allem darzustellen.

Überall können die Menschen in der Schöpfung, in den Schöpfungswerken Gottes, sein Wirken erkennen, seine Zeichen einer gütigen und barmherzigen Nähe zum Menschen. Die Schöpfung fordert auf zum Bekenntnis:

Und Gottes ist der Osten und der Westen.
Wo ihr euch hinwendet, ist das Antlitz Gottes.
Wahrlich, Gott ist der unübertrefflich Umfassende,
der Wissende. (Sure 2,115)

Johann Wolfgang von Goethe (1749–1832) hat den Koran gründlich gelesen, er ist von diesem heiligen Buch erstaunt und verehrt es. In seinem Werk »West-östlicher Divan« (1827, Divan – Talismane) greift er den Spruch aus Sure 2 auf:

Gottes ist der Orient!
Gottes ist der Okzident!
Nord- und südliches Gelände ruht im Frieden seiner Hände.

Gott ist im Islam vorrangig der Barmherzige, der Gnädige, der Allerbarmer. Dem aber steht seine Allmacht nicht entgegen; er ist der Mächtige, der Herr ist über alles, der Macht hat über Himmel und Erde, über das ganze Universum. Ihm gehört die Herrschaft über die Himmel und die Erde. Er hat auch die Macht, alles zu wollen und ins Leben zu rufen. Er ist wie ein König, ihm gehört die Königsherrschaft über den gesamten Kosmos (vgl. Sure 3,189).

Dem entspricht die Aussage der Bibel von Gott als einem König, um seine Macht über Himmel und Erde auszudrücken. Ein Psalmlied formuliert:

Gott ist König der ganzen Erde, spielt ihm ein Psalmenlied.
Gott wurde König über alle Völker,
Gott sitzt auf seinem heiligen Thron.
Gott gehören die Mächte der Erde; er ist hoch erhaben.
(aus Psalm 47)

Der nachpaulinische erste Timotheusbrief schließt seinen Dank über das Kommen Jesu Christi in die Welt mit dem Lobpreis Gottes, der alle Macht im Himmel und auf der Erde innehat:

Dem König der Ewigkeit,
dem unvergänglichen, unsichtbaren, einzigen Gott,
sei Ehre und Herrlichkeit. (1 Timotheus 1,17)

»Gott hat die Schlüssel der Himmel und der Erde«, deshalb gibt er dem Menschen reichliche Versorgung – so Sure 42,12. Auch an vielen anderen Stellen des Korans werden Schöpfung und Erhaltung, das Schaffen von Leben und die Versorgung der Lebewesen mit der Allmacht Gottes in Beziehung gebracht. Gott lässt seine Schöpfung nicht allein, er ist nicht der Kreator des Anfangs, der sich dann zurückzieht und mit seiner Schöpfung nichts mehr zu tun hat. Vielmehr ist – und darin ähneln sich Koran und Bibel durchaus – Gott derjenige, der seine Schöpfung mit Wohlwollen begleitet und das Leben fördert:

Sag: »Wer versorgt euch vom Himmel und von der Erde?
Wer verfügt über das Gehör und das Augenlicht?
Und wer bringt das Lebendige hervor aus den Toten
und das Tote aus dem Lebendigen?
Und wer erteilt den Befehl?«
Da werden sie sagen: »Gott.«
So sag: »Wollt ihr nicht gottesfürchtig sein?«
(Sure 10,31)

Hier und an vielen anderen Stellen des Korans ebenso wie in der Bibel zeigt sich Gott also als Freund des Lebens. Seine Allmacht ist nicht die Willkür eines unverantwortlichen und unberechenbaren Handelns, Gott »macht« nicht, was irgendwie denkbar ist, unabhängig von seinen Auswirkungen. Gott ist kein Tyrann, kein Despot, kein autoritärer Herrscher. Vielmehr sieht er auf das Wohl des Menschen und handelt dementsprechend – das und nichts anderes ist seine Macht. Gottes Macht ist immer eine Macht, die das Leben fördert.

Allein in den Zeichen, die Gott in der Welt setzt, kann der Mensch ihn erkennen. Dazu zählen vorrangig die Werke der Schöpfung, die jeder, der offene Augen und ein »offenes Herz« hat, erkennen kann. Gott hat in sechs Tagen – so der Koran im Anschluss an die erste Schöpfungserzählung der Bibel – alles erschaffen. Dabei konnte – so der Koran – »Gott keine Ermüdung anrühren«. Eine solche Formulierung ist wohl eine kleine Spitze gegenüber dem biblischen Schöpfungsbericht, wonach Gott am siebten Tag nach den sechs Schöpfungstagen *ruhte*. Wichtiger aber als die polemische Spitze gegen Juden und Christen ist die spielerische Leichtigkeit, mit der sich die Schöpfung aus der Macht Gottes heraus vollzieht.

Die Macht Gottes zeigt sich im Koran auch daran, dass Gott über alles Wissen hat, er ist der Allwissende, der Hörende, der Sehende, der Kundige, der Weise. Er durchzieht alles, den ganzen Kosmos, wie es die längste Sure des Koran ausdrückt:

> Gott – kein Gott außer ihm, dem Lebendigen! ...
> Sein ist, was in den Himmeln und was auf der Erde ist.
> Wer ist es, der bei Ihm Fürsprache einlegt
> ohne seine Erlaubnis?
> Er weiß, was vor ihnen liegt und was hinter ihnen ...
> Sein Thron umfasst die Weite des Himmels und der Erde,
> und Ihm ist nicht schwer zu bewahren beide.
> Er ist der unübertrefflich Hohe, der Gewaltige.
> (Sure 2,255)

Der Freund der Menschen

Sowohl Bibel als auch Koran kennen eine Fülle von Bezeichnungen für Gott, von Gottesbildern, die zusammengenommen ein Mosaik von Gottesvorstellungen ergeben. Solche unterschiedlichen Bezeichnungen Gottes ergeben sich aus den verschiedenen Erfahrungen, die Menschen und Völker auf ihrem Lebensweg mit Gott machten. Von daher ist es auch einsichtig, dass kein einzelnes Gottesbild verabsolutiert werden darf – erst das Zusammenspiel vieler Vorstellungen ergibt jüdisch-christlichen und muslimischen Glauben.

Dabei treffen in der Bibel personale und nonpersonale Gottesbilder aufeinander. Gott ist – nonpersonal – in der Bibel Licht und Fels, Festung und Schild, er ist – personal – Hirte und König, Retter und Helfer. Der Koran bevorzugt in seiner eher transzendenten Aussage über Gott personale Bilder – Geschaffenes wie Licht und Fels kann für ihn nicht den unerschaffenen Gott bezeichnen.

Unter den personalen Gottesbildern der Bibel ragt die Bezeichnung »Hirte« heraus: Gott ist wie ein zuverlässiger Hirte, der die Menschen auf eine gute Weide führt und ihnen Wasser zum Leben gibt (vgl. Psalm 23). Mit dem Bildwort des guten Hirten wird die Barmherzigkeit und Menschenfreundlichkeit Gottes in herausragender Weise dargestellt.

Vielleicht ist für den Koran dieses Bildwort vom Hirten zu sehr anthropomorph, menschenähnlich, sodass es sich hier nicht findet, obwohl der kulturelle nomadische Hintergrund des Vorderen Orients für beide Texte gilt. Der Koran wählt demgegenüber ein anderes personales Gottesbild, das des Freundes.

Freundschaft hat für die arabischen Stämme einen hohen Stellenwert und so verwundert es nicht, dass die Bezeichnung »Freund« im Koran häufig auf Gott angewandt oder mit ähnlichen Worten ausgedrückt wird wie »nahe sein, Helfer« (entsprechend der Wortwahl des Übersetzers):

Und Gott genügt als Freund,
und Gott genügt als Helfer. (Sure 4,45, Khoury)
Euer Freund ist Gott. (Sure 5,55 Khoury)

Gott, der Urheber des Lebens im Himmel und auf der Erde, ist den Menschen nahe in dieser Welt und im Jenseits des kommenden neuen Lebens, so Sure 12,101 (Khoury: »Du bist mein Freund im Diesseits und im Jenseits«). Weil der Mensch Gott als Freund und nicht als tyrannischen Herrscher erfährt, kann er sich ihm voll Vertrauen ergeben (Islam = Hingabe an Gott, Unterwerfung unter Gottes Willen). Diese Hingabe an Gott als Freund gilt im Leben und im Sterben – darin weiß sich der Muslim (der Gott Ergebene) mit allen Glaubensbrüdern einig.

Die Betonung der Freundschaft nicht nur zwischen den Gefährten des Propheten, sondern auch zwischen Gott und den

Menschen ist für den Wüstenbewohner eine Frage des Überlebens. Mit diesem Begriff geht es vorrangig um den Gläubigen – denn Freundschaft setzt eine gegenseitige Hinwendung voraus, »Ungläubige« lassen sich nicht auf die Freundschaft mit Gott ein. Der Gläubige aber bekennt Gott als Lebensspender, als den, der nahe ist, der Hilfe, ja, Rettung schenkt. Freunde können einander in jeder Situation um Hilfe bitten; so vertraut der gläubige Muslim darauf, dass Gott, sein Freund, ihm in Not zur Hilfe kommt, dass er allen Widersachern Grenzen setzt und die Perspektive eines gelingenden Lebens eröffnet.

Anders als der Koran nennt die Bibel unter ihren vielen Bezeichnungen und Bildworten für Gott nur an zwei Stellen den Begriff »Freund« und dies auch nur am Rande bzw. verschlüsselt im Gleichnis. In einer (griechischen) Spätschrift des christlichen Alten Testaments, die nicht in der Hebräischen Bibel enthalten ist, wird Gott sowohl als Freund des Menschen als auch des Lebens angesehen:

> Ein unerschöpflicher Schatz ist die Weisheit für die
> Menschen; alle, die ihn erwerben, erlangen die Freundschaft
> Gottes. Du schonst alles, weil es dein Eigentum ist,
> Herr, du Freund des Lebens. (Weisheit 7,14; 11,26)

Und im Neuen Testament gibt es ein Gleichniswort Jesu, das auf Gott anzuwenden ist. Da sagt ein Gastgeber zu einem, der bescheiden den untersten Platz beim Gastmahl eingenommen hat: »Mein Freund, rück weiter hinauf!« (Lukas 14,10) Jesus umschreibt mit Gleichnissen wie diesem das Wirken Gottes in Bezug auf den Menschen – es wird mit dem Begriff »Freundschaft« angemessen wiedergegeben. Doch eine solche Wortwahl ist in der Bibel selten.

Es gibt allerdings in diesem Zusammenhang noch einen weiteren Aspekt: Gott wird im Koran als der gesehen, der ganz konkret das Leben der Menschen, der ihm Ergebenen (der Muslime) beschützt und ihnen alles zukommen lässt, was sie zum Leben brauchen. Gott versorgt die Menschen, so der Koran, weil er ihnen in Liebe zugewandt ist. Nicht allein in außergewöhnlichen Vorgängen wie der Errettung aus Lebensgefahr, sondern vor allem im alltäglichen Leben zeigt er sich als Freund des Menschen. Er gibt ihm Speise und lässt ihn in Sicherheit leben:

> Sag: »Soll ich einen anderen zum Beistand nehmen als Gott,
> den Schöpfer der Himmel und der Erde,
> der allein ernährt und selbst wird nicht ernährt?«
> Sag: »Mir ist befohlen, dass ich der Erste derer bin,
> die ergeben sind.« (Sure 6,14)

Die Versorgung mit Nahrung erinnert vor dem kulturellen Hintergrund des Korans an die Bedeutung der Gastfreundschaft in den orientalischen Völkern. Solche Gastfreundschaft ist besonders bei nomadischen Völkern in einer unwirtlichen Umwelt überlebensnotwendig. Sie ist zudem auch ein Zeichen des Friedens: Wenn man mit jemandem sein Brot gebrochen hat, kann man mit ihm nicht mehr Feind sein. Wen man in sein Haus aufnimmt, der steht unter besonderem Schutz, für den muss man sich einsetzen. Wenn also im oben aufgeführten Koranvers Gott als derjenige bezeichnet wird, der Speise gibt, dann steht dies synonym für Freundschaft und Schutz.

Damit aber ergeben sich – auch wenn der Begriff »Freund« nicht explizit genannt wird – weitere Parallelen zu Texten der Bibel. In der Hebräischen Bibel ist hier besonders Abrahams Gastfreundschaft zu nennen. Abraham nimmt – ohne es zu wissen – mit drei Männern Gott selbst als Gast bei sich auf; er bewirtet Gott und dies schafft Freundschaft, Beziehung: den Abrahamsbund (vgl. Genesis 18,1–15). Dieser durch Gastfreundschaft bewirkte Freundschaftsbund zwischen Gott und den Menschen Abraham und Sara führt zur Verheißung eines Sohnes und damit im Letzten zur Perspektive eines Segens für alle Völker (vgl. Seite 152 ff.):

> Da sagte der Herr: »Abraham soll doch zu einem großen Volk werden, durch ihn sollen alle Völker der Erde Segen erlangen.« (Genesis 18,17)

Im Neuen Testament ergibt sich durch die Stichworte »Versorgung mit Nahrung« und »Gastfreundschaft« eine Beziehung zu Jesus und seinem zeichenhaften Wirken: Er hält Mahl mit Menschen unterschiedlichster Herkunft, an seinen Tisch sind alle geladen, auch und besonders die Menschen am Rande, die Armen, Kranken, Behinderten und in vielfältiger Weise Bedürftigen. In seinen Gleichnissen (etwa vom königlichen Hochzeitsmahl, Matthäus 22,1–14) erscheint Gott wie ein einladender Gastgeber – die Menschen aber sind zur Antwort des Glaubens herausgefordert: Lassen sie sich auf die Freundschaft Gottes ein oder nicht?

Diese Aufforderung zur Entscheidung für oder gegen eine Hingabe an Gottes Willen entspricht der ständigen Mahnung des Korans, sich an Gott zu orientieren. Diejenigen, die dies nicht tun, werden nachdrücklich gewarnt. Immer wieder mahnt der Koran eindringlich dazu, allein Gott als Schützer, Helfer, Freund auszuwählen (etwa Sure 42,9). Dies begründet sich daraus, dass allein Gott die Macht über alles hat und die Toten zum Leben bringen kann.

Die auf Seite 29 bereits zitierte Sure 4,45 wird von Khoury übersetzt: »Gott genügt als Freund und Gott genügt als Helfer.« Zu dieser Formulierung gibt es in der Bibel keine unmittelbare Parallele, wohl aber in der christlichen Tradition, denn die spanische Mystikerin Teresa von Avila (1515–1592) schreibt: »Solo Dios basta! – Gott allein genügt!«

Teresa gibt mit diesem Leitwort eine Grunderfahrung vieler glaubender Menschen im Christentum wie im Islam (und in anderen Religionen) wieder: Das Vertrauen auf Gott, die Bindung und Hingabe an ihn, die Freundschaft und der Bund mit ihm genügen, um menschliches Leben zu seinem Ziel zu führen, einer nach dem Tod zu erfahrenden übergreifenden und vollkommenen Gemeinschaft mit Gott. Der Koran fasst dies wie folgt zusammen:

> Wahrlich, Gottes ist die Herrschaft der Himmel und der Erde.
> Er macht lebendig und er lässt sterben.
> Und außer Gott habt ihr keinen Beistand
> und keinen Helfer. (Sure 9,116)

Gottes Liebe zu den Menschen

Die Kernaussage zur Beziehung von Gott und Mensch ist in der Hebräischen Bibel das Stichwort »Bund«; durchgehend durch alle alttestamentlichen Bücher wird vom immer wieder erneuerten Bund Gottes mit einzelnen Menschen (Noach, Abraham ...) und mit seinem Volk gesprochen. Doch »Bund« meint hier nicht die Beziehung von Gleichberechtigten, sondern eher die Beziehung eines Großkönigs zu seinen Vasallen: Diese schulden ihm Gehorsam, dafür erfahren sie Schutz und Hilfe. Der Mensch und besonders das erwählte Volk Israel ist zur Gottesliebe verpflichtet, dies drückt das wichtigste jüdische Gebet *Sch'ma Jisrael* aus, das auf Deuteronomium 6,4 f. zurückgeht: »Höre, Israel! Jahwe, unser Gott, Jahwe ist einzig. Darum sollst du den Herrn, deinen Gott, lieben mit ganzem Herzen, mit ganzer Seele und mit ganzer Kraft.«

Diesem Anspruch an die Menschen stehen in der Hebräischen Bibel vor allem Aussagen über Gottes Allmacht gegenüber. Nur an wenigen Stellen finden sich Hinweise darauf, dass auch Gott den Menschen liebt, etwa wenn Jeremia beschreibt, wie Gott für sein Volk Sorge trägt: »Mit ewiger Liebe habe ich dich geliebt, darum habe ich dir so lange die Treue bewahrt. Ich baue dich wieder auf, Israel.« (Jeremia 31,1–4) Vor allem der im 8. Jahrhundert v. Chr. im Nordreich wirkende Prophet Hosea versteht den Bund Gottes mit den Menschen als Liebesbund: »Als Israel jung war, gewann ich ihn lieb, ich rief meinen Sohn aus Ägypten.« (Hosea 11,1)

Das Neue Testament verstärkt diese biblische Linie, wenn es die Liebe Gottes als Kernaussage über Gottes Wesen versteht: »Gott ist die Liebe ... Nicht darin besteht die Liebe, dass wir Gott geliebt haben, sondern dass er uns geliebt hat« (1 Johannes 4,8.10). Diese Liebe Gottes erweist sich in neutestamentlich-christlicher Sicht vor allem darin, dass Gott seinen Sohn Jesus gesandt hat. Das Johannesevangelium formuliert dazu einen der wichtigsten Sätze der gesamten neutestamentlichen Botschaft – er ist eine Kurzformel christlichen Glaubens:

> Denn Gott hat die Welt so sehr geliebt, dass er seinen einzigen Sohn hingab, damit jeder, der an ihn glaubt, nicht zugrunde geht, sondern das ewige Leben hat. (Johannes 3,16)

Aus dieser Sicht eines liebenden Gottes gewinnt der Christ eine unumstößliche Hoffnung:

> Die Hoffnung aber lässt uns nicht zugrunde gehen, denn die Liebe Gottes ist ausgegossen in unsere Herzen durch den Heiligen Geist, der uns gegeben ist. (Römer 5,5)

Dem Koran ebenso wie der Bibel geht es in ihren Aussagen weniger um Spekulationen über das innere Wesen Gottes, das dem Menschen sowieso verschlossen bleibt, sondern um die Begegnung Gottes mit den Menschen sowie um Gottes gütiges und erbarmendes Wirken an den Menschen. An vielen Stellen wird deshalb auf die Liebe Gottes hingewiesen: Sein Eingreifen in den Kosmos und in die Geschichte der Menschen beruht auf seiner Liebe. So kann der Koran formulieren: »Mein Herr ist der unübertrefflich Barmherzige, der Liebevolle.« (Sure 11,90b)

Das wird bereits in der Schöpfung deutlich: Ihre vielfältigen Werke sind nichts anderes als »Botschaften für Leute, die ihren Verstand gebrauchen« (Sure 2,164), Hinweiszeichen auf die liebende Fürsorge Gottes, der alles zum Wohl der Menschen geordnet hat. Der Mensch kann Gottes Liebe aber nicht nur in dessen Wirken am Anfang des Universums erkennen, sondern auch im letzten Ziel von allem. Denn der Gott, der den Menschen das erste Mal geschaffen hat, hat nicht nur die Macht, dies im Jenseits wieder zu tun; er ist zudem auch »der unübertrefflich Vergebende« und »der von Liebe Erfüllte« (vgl. Sure 85,14).

Die Liebe Gottes erweist sich im *Zuspruch* und im *Anspruch* – auch dies ist eine Parallele zur biblischen Aussage. Gott spricht dem Menschen Vergebung zu, er schenkt Leben und erweckt ihn nach seinem Tod zu neuem Leben. Er gibt Nahrung und eröffnet dem Menschen den Weg der Rechtschaffenheit, einen Weg zur Quelle des Lebens (*Scharia*, vgl. Seite 140ff). Gottes Barmherzigkeit ist ein Synonym seiner Liebe und Güte, seiner Hilfe und seines Schutzes für den Menschen.

Der liebende *Zuspruch* Gottes zum Menschen bedeutet sowohl im Koran als auch in der Bibel immer auch einen *Anspruch* – den Anspruch, als Antwort auf das zuvorkommende liebende Wort Gottes nunmehr selbst zu einem Leben der Liebe bereit zu werden. Dieses liebende Wort Gottes ereignet sich für den Muslim vor allem in der Botschaft des Korans, in dem Gott seine Rechtleitung des Menschen kundtut, seinen unumstößlichen Willen, aber vor allem seine Barmherzigkeit und Güte. Für Christen ist das Wort Gottes mit der Person Jesu identisch, der in seinem Reden und Handeln die Liebe Gottes aufscheinen lässt und zu einem Leben der Liebe ermuntert.

Solche Verknüpfung von Zuspruch für und Anspruch an den Menschen wird in Koran und Bibel häufig in Bedingungssätzen wiedergegeben: »Wenn dies, dann das.« Da heißt es etwa:

> Spendet auf dem Weg Gottes ... und verrichtet Schönes!
> Wahrlich, Gott liebt die Schönhandelnden. (Sure 2,195)
> Wenn du aber richtest, dann richte gerecht zwischen
> ihnen! Siehe, Gott liebt die Gerechten. (Sure 5,42)
> Wenn du entschlossen bist, dann vertraue auf Gott:
> Denn Gott liebt die Vertrauenden. (Sure 3,159)

Ähnlich formuliert es auch die Bibel, in der etwa Psalm 145,20 ausdrückt: »Alle, die ihn lieben, behütet der Herr, doch alle Frevler vernichtet er.« Der neutestamentliche erste Johannesbrief interpretiert den Zusammenhang zwischen der Liebe Gottes und der daraus folgenden Liebe der Menschen anders:

> Wir wollen einander lieben, denn die Liebe ist aus Gott ... Wer nicht liebt, hat Gott nicht erkannt ... Wenn Gott uns so geliebt hat, müssen auch wir einander lieben ... Wenn wir einander lieben, bleibt Gott in uns. (1 Johannes 4,7–12)

Gott ist die Liebe – so die Bibel – und deshalb sind Menschen aufgefordert, selbst zu lieben: Gott, den Herrn, und ihren Nächsten. Das in der Hebräischen Bibel und im Neuen Testament vielfach bezeugte Doppelgebot der Gottes- und Nächstenliebe gibt in Kurzform das Wesentliche der gesamten biblischen Botschaft wieder.

Auch der Koran geht davon aus, dass Gott den Menschen zur Liebe befähigt. Er führt an, dass Gott die Liebe und die Zärtlichkeit zwischen Menschen hervorruft – dies soll den Menschen nachdenklich machen, also zum Glauben an den liebenden Gott führen (vgl. Sure 30,21).

Der Koran mahnt und warnt zugleich. So sagt er aus, dass die Ungläubigen, die Ungerechten, die Unheilstifter nicht von Gottes Liebe erreicht werden; sie fallen aus Gottes Liebe heraus und haben deshalb den Untergang vor Augen. Solche Aussagen sind oft in einer uns heute befremdenden Härte formuliert, die wir nur schwer mit den Kernaussagen über Gottes Barmherzigkeit (vgl. Seite 13 ff.) in Übereinstimmung bringen können. Auch ein einfaches Tat-Belohnungs-Schema ist eher fragwürdig:

> Die nun leugnen, Ich bestrafe sie mit einer Strafe,
> einer schweren, im Diesseits und im Jenseits ...
> Die glauben und verrichten gute Werke,
> ihnen gewährt Er ihren Lohn.
> Und Gott liebt nicht die Übeltäter. (Sure 3,56–57)

Solche Äußerungen mögen der Textsorte der Mahnung und Warnung entsprechen, sie müssen aber immer ergänzt werden durch Hinweise auf Gottes Güte und Langmut.

Gottes Güte und Langmut

Das biblische Buch der Psalmen gehört mit seiner poetischen Bildersprache zu den Perlen der Menschheitsliteratur. Es ist zum Gebetbuch nicht nur der Juden bis heute, sondern auch der Christen geworden. Alle Grunderfahrungen menschlichen Lebens von Glück und Leid finden sich in den Psalmen, ebenso reflektieren die zum Teil wohl 3000 Jahre alten Texte die unterschiedlichen Gotteserfahrungen, die Menschen gemacht haben. Auf diese Erfahrungen geben die Psalmen eine Antwort des Glaubens und des Vertrauens. So preist der Psalm 36 Gott in poetischen Bildern:

> Herr, deine Güte reicht, so weit der Himmel ist, deine Treue, so weit die Wolken ziehn. Deine Gerechtigkeit steht wie die Berge, deine Urteile sind tief wie das Meer. Gott, wie köstlich ist deine Huld. Denn bei dir ist die Quelle des Lebens, in deinem Licht schauen wir das Licht. (Psalm 36,6–10)

Immer wieder stimmen die Psalmen ein vielfältiges Loblied auf den gütigen Gott an: »Danket dem Herrn, denn er ist gütig und seine Huld währt ewig« (Psalm 106,1, ähnlich in Psalm 117,118,136). Doch auch die Verheißung des Propheten Jeremia im Hinblick auf einen Neuanfang für Jerusalem und Israel nach dem Unheil des Exils ist vergleichbar formuliert:

> Man hört wieder den Jubelruf und Freudenruf:
> Dankt dem Herrn der Heere; denn der Herr ist gütig,
> denn seine Huld währt ewig! (Jeremia 33,11)

Auch der Koran betont vielfach das Erbarmen und zugleich die Macht Gottes. Er ist der Herr über alle Dinge, er hat Macht über den Menschen. In seinen Entschlüssen ist er frei; sein Handeln ist vom Menschen anzunehmen, doch der Mensch kann nicht mit Gott rechten – wie der biblische Ijob es tut (vgl. Ijob 40,2). Gott kann dem Menschen sein Erbarmen zeigen – oder auch nicht. Doch der Glaubende darf auf Gottes Güte vertrauen, denn Gott ist grenzenlos in seinem Wesen, in seinem Erbarmen, in seiner Güte und Huld, in seiner Langmut und Vergebungsbereitschaft.

> Sag: »Die Gnadengabe ruht in Gottes Hand,
> Er gewährt sie, wem er will.
> Gott ist der unübertrefflich Umfassende.« (Sure 3,73c–74)

Auf die Güte und Huld Gottes dürfen die Menschen vertrauen. Wenn sie den Glauben annehmen und sich Gottes Willen ergeben (Islam), steht ihnen das Heil Gottes offen. Der Koran appelliert deshalb nicht nur an Muslime, sondern in Sure 4,174–175 an die ganze Menschheit, am Glauben an Gott festzuhalten. Dies soll aus zwei Gründen geschehen: Zum einen hat Gott ein klares Licht zu den Menschen herabgesandt – den Koran (islamisch entspricht also das Herabkommen des Korans der christlichen Sichtweise einer Herabkunft Jesu von Gott, vgl. Seite 78 ff.). Zum anderen währt die Huld und Gnade Gottes ewig; der Mensch kann darauf vertrauen, dass ihm der verlässliche Gott den rechten, den geraden Weg weist. Das versteht die Sure 4 als die »Wahrheit des Islam«.

Solche Sätze stimmen weithin mit biblischen Aussagen über die Güte Gottes überein. Auch hier geht es um Wegweisung (vgl. das Zehnwort vom Sinai, vgl. Seite 144) und Rechtleitung (vgl. Seite 40). Gott zeigt seine Güte darin, dass er dem Menschen den rechten Weg weist.

Die biblischen Propheten verstehen die Huld Gottes vor allem als Zukunftsperspektive für Israel: Gott wird in Huld und Güte sein Volk neu zusammenführen und alle Not beenden. Der Koran sieht die Huld Gottes vor allem mit Blick auf das Jenseits: Die Güte Gottes, seine Zuwendung zum Menschen gipfelt darin, dass er ihm einen Weg in ein kommendes Leben weist, das in seinem Glück das Diesseits weit übertrifft. Dabei zeichnet der Koran entsprechend seinem Anliegen einer Mahnung und Warnung allerdings erneut schwarz-weiß – die Glaubenden stehen den Leugnern der Wahrheit gegenüber. Doch auch im Weltgerichtsgleichnis Jesu (Matthäus 25,31–46), das ebenfalls zur Entscheidung für den Glauben mahnt, geschieht mit denjenigen auf der rechten bzw. linken Seite des Weltenrichters eine vergleichbare schwarz-weiße Unterscheidung.

Und Er bewahrheitet die Wahrheit mit Seinen Worten.
Wahrlich, Er weiß wohl, was in der Brust.
Und Er ist es, der annimmt die Umkehr von Seinen Dienern
und vergibt die Missetaten ...
Er erhört die, die glauben und verrichten gute Werke ...
Die Leugner erwartet eine Strafe, eine heftige.
(Sure 42,24–26)

Die Begriffe Güte und Huld, Langmut und Vergebung stehen sowohl im Koran als auch in der Bibel in einem inneren Zusammenhang. Nach dem Verständnis des Korans geht es bei allen Bezeichnungen um Selbstoffenbarungen Gottes, die er den Menschen über die Propheten und vor allem den letzten der Propheten, Mohammed, zukommen lässt. In der Sicht der Bibel geht es um Erfahrungen, die Menschen mit Gott machen und die in den Heiligen Schriften wiedergegeben und reflektiert werden. Auch wenn dieses Verständnis der Texte unterschiedlich akzentuiert ist – das Ergebnis ist das Gleiche: Sie sind Aussagen über Gott, die den Menschen zum Glauben und zur Hingabe ermuntern sollen. So kann man vergleichen:

> Verkünde meinen Dienern: Ich bin der unübertrefflich Vergebende, der Barmherzige. (Sure 15,49)
>
> Der Herr ist uns Schild und Hilfe. Lass deine Güte über uns walten, denn wir schauen aus nach dir. (Psalm 33,20.22)

Immer wieder betont der Koran die Bedeutung eines reinen und ungeschmälerten Glaubens, eines unbedingten Vertrauens auf das Erbarmen Gottes, eines Festhaltens an der Ergebung in Gott. Doch im gleichen Zusammenhang betont die koranische Sichtweise, dass der Glaube im Letzten ein Geschenk Gottes ist, weil er einen rechten und geraden Weg weist. Wahre Gläubige sind nur die Menschen, die zum Glauben an den einen und einzigen Gott und an seinen Gesandten Mohammed gefunden haben und die sich für Gottes Sache hart anstrengen (*Dschihad*, vgl. Seite 222). Islam – Ergebung – bedeutet keine Unterwerfung unter den Propheten, sondern ist im Letzten ein Geschenk Gottes:

> Gott hält euch gegenüber als Wohltat vor,
> dass er euch zu dem Glauben rechtleitet,
> wenn ihr wahrhaftig seid.
> Wahrlich, Gott kennt das Verborgene ...
> und Gott sieht sehr wohl, was ihr tut. (Sure 49,17–18)

Der Glaube als Gunst Gottes – das erinnert an den Römerbrief des Apostels Paulus und sein Ringen um das Verhältnis von Glauben und Werken im Bemühen des Menschen, vor Gott gerecht zu werden. Für Paulus und damit für den Glauben der Christen gilt, dass der Mensch nicht aus eigener Kraft und Leistung gerecht werden kann, sondern allein aus dem Glauben an den Gott, der sich ihm in Gnade, Huld und Langmut zuwendet:

> Deshalb gilt: »aus Glauben«, damit auch gilt: »aus Gnade«.
> Nur so bleibt die Verheißung für alle Nachkommen gültig,
> nicht nur für die, die das Gesetz haben (die Juden),
> sondern auch für die, welche wie Abraham den Glauben
> haben. (Römer 4,16)

Die Sicht des Korans und des Islam ist in diesem Punkt mit der Aussage des Paulus identisch: Es geht um den gleichen Glauben wie ihn Abraham hatte (nicht um die biologische Abstammung von ihm wie in jüdischer Sicht; vgl. zu Abraham (Ibrahim) Seite 182 ff.).

Gottes Rechtleitung

Der Begriff »Rechtleitung« taucht in der Bibel nicht auf. Allerdings gibt es Aussagen, die durchaus mit einem solchen Wort verbunden werden können, die darlegen, wie Gott den Menschen begleitet und auf einen guten Weg führt. In der Hebräischen Bibel wird dieser Begleitung und Wegweisung durch Gott vorrangig an die »Gesetzgebung« am Sinai im Rahmen der Mose- und Exodustradition gedacht (vgl. Exodus 19–20).

Innerhalb des großen Gesetzgebungswerkes, das in seiner heutigen biblischen Form einen längeren Entwicklungsprozess durchlaufen hat und erst nach der Landnahme Kanaans durch Israel zur Vollendung kam, ragen die sogenannten »Zehn Gebote« heraus. Vor allem die Gebote der zweiten Tafel, die sich auf mitmenschliches Verhalten bezieht, werden als Menschenethos verstanden, das über Religions- und Kulturgrenzen hinweg für alle Menschen verbindlich sein soll. Aber auch die Gebote der ersten Tafel, die sich auf das Verhältnis des Menschen zu Gott beziehen, können von den monotheistischen Religionen über das Judentum hinaus bejaht werden und finden sich deshalb auch im Ethos von Christentum und Islam. Das Verbot anderer Götter, um den Glauben an den einen und einzigen Gott zu schützen, und das Verbot des Versuches, durch Götterbilder Macht über Gott erlangen zu wollen, liegen exakt in der Intention des Korans und des Propheten Mohammed. Die Botschaft des Korans baut auf den vorangegangenen Botschaften Gottes in der Tora für die Juden und im Evangelium für die Christen auf (vgl. Seite 78 ff.).

Die Bibel versteht die »Gesetzgebung« vom Sinai als Wegweiser, spricht deshalb eher vom »Zehnwort«. Dieses ist eine Richtschnur, wie der Mensch den von Gott angebotenen Bund in rechter Weise leben kann. Die »Zehn Gebote« sind somit Wegweiser, wie der Mensch das von Gott geschenkte Leben bewahren und für sich und andere schützen kann, wie der Mensch zu gelingendem Leben finden kann. Weil Gott Israel aus Ägypten befreit hat, weil er sich somit als befreiender und erbarmender Gott erwiesen hat, gibt der Mensch seine Antwort mit einem rechtgeleiteten Leben. Dieses Wechselspiel von erbarmendem Wort Gottes und einer rechtgeleiteten Antwort des Menschen zeigt sich im Gottesspruch der Bibel: »Wenn ihr auf meine Stimme hört und meinen Bund haltet, werdet ihr unter allen Völkern mein Eigentum sein.« (Exodus 19,5)

Doch der Mensch kann sich selbst angesichts des Erbarmens Gottes frei für Glauben und Nichtglauben entscheiden, für ein Leben nach Gottes Willen oder ein Leben, das der Weisung Gottes nicht entspricht. Diese beiden Möglichkeiten zeigt Psalm 1, gleichsam die Überschrift über das Buch der Psalmen, in klaren Bildworten auf:

> Wohl dem Mann, der ... nicht auf dem Weg der Sünder geht, sondern Freude hat an der Weisung des Herrn ...
> Er ist wie ein Baum, der an Wasserbächen gepflanzt ist.
> Nicht so die Frevler: Sie sind wie Spreu, die der Wind verweht ... der Herr kennt den Weg der Gerechten, der Weg der Frevler aber führt in den Abgrund. (Psalm 1)

Die Unterscheidung zwischen Glaubenden und Nichtglaubenden ergibt sich im Islam aus seiner Entstehungsgeschichte: Mohammeds Verkündigung des in den Suren des Korans geoffenbarten Wortes Gottes stieß bei den Menschen seiner Umwelt auf ein zwiespältiges Echo. In seiner Heimatstadt Mekka wurde in dem würfelförmigen Gebäude der Kaaba eine Vielzahl von Göttern verehrt; Pilger von der arabischen Halbinsel brachten Wohlstand in die Stadt. Die herrschenden Kaufleute lehnten aus wirtschaftlichen Gründen jede Veränderung ab und erklärten sich mit dem von Mohammed propagierten Ein-Gott-Glauben nicht einverstanden. Mohammed erfuhr in seiner Heimat also heftigen Widerstand – er durchlebte wohl eine existenzielle Krise, die der Koran als »Kummer« bezeichnet (etwa in Sure 6,33), der Mohammed quält, weil seine Mitbürger von Mekka nicht an seine Botschaft glauben.

In Medina (*Medinat-an-nabi* = Stadt des Propheten, vormals Yathrib genannt) sah der Widerstand gegen Mohammed anders aus. In dieser Stadt war er das Oberhaupt, doch nicht alle der dort lebenden fünf Stämme folgten seiner Weisung und seinen religiösen Vorstellungen. Die drei jüdischen Stämme wurden deshalb von Mohammed und seinen Gefährten vertrieben oder getötet – erst danach war die Bevölkerung als muslimische Gemeinschaft in Medina geeint und konnte sich in der Folge nach Mekka und über die ganze arabische Halbinsel ausbreiten.

Unterschiedliche Reaktionen auf ihre Botschaften erfuhren auch die biblischen Propheten (vgl. dazu das Schicksal des Propheten im Buch Jeremia 37,11–38,6) und in deren Folge auch Jesus. Als er in der Synagoge seiner Heimatstadt lehrte, wurde Anstoß an ihm genommen, was Jesus wie folgt kommentierte: »Nirgends hat ein Prophet so wenig Ansehen wie in seiner Heimat, bei seinen Verwandten und in seiner Familie.« (Markus 6,4)

Die Folge solch unterschiedlicher Reaktionen auf das Wirken der Propheten ist zum einen die deutliche Unterscheidung zwischen den Glaubenden und den Nichtglaubenden. Zum anderen wird aber auch darüber reflektiert, warum es diesen Unterschied überhaupt gibt. Die Antwort darauf lautet im Koran: weil Gott es so vorherbestimmt, weil es sein vom Menschen nicht hinterfragbarer Wille ist. Daher werden die einen rechtgeleitet und zum Glauben geführt, die anderen aber nicht:

> Wen Gott aber rechtleiten will,
> dem weitet er die Brust für die Ergebung.
> Und wen Er irreleiten will,
> dem macht Er die Brust eng und bedrückt ...
> So legt Gott den Greuel auf die, die nicht glauben ...
> Und dies der Weg deines Herrn, ein gerader.
> Wir haben die Zeichen für Leute dargelegt,
> die sich ermahnen lassen.
> Für sie: ein Haus des Friedens bei ihrem Herrn,
> und Er: ihr Beistand dafür, was sie stets getan.
> (Sure 6,125–127)

Was aber ist nun die Rechtleitung Gottes, die den Glaubenden auf einem geraden Weg führt? Der Koran verweist häufig auf die Geschichte Israels und seiner Propheten, um an ihnen beispielhaft Linien aufzuzeigen, die schließlich (nach Verfälschung der ursprünglichen Botschaft von Tora und Evangelium durch Juden und Christen) in die endgültige und unübertreffliche Botschaft des Korans münden. Dabei werden auch Mose und sein Bruder Aaron als Propheten verstanden, die eine Rechtleitung Gottes gebracht haben – nämlich die Tora, die fünf Bücher Mose am Beginn der Bibel:

> Gegeben haben Wir Moses und Aaron (Musa, Harun)
> die Unterscheidung, Licht und Ermahnung für die Gottesfürchtigen, die fürchten ihren Herrn im Verborgenen ...
> Das ist eine Ermahnung, eine gesegnete,
> die Wir herabgesandt.
> (Sure 21,48–49)

Im Rückblick auf die Väter Israels Abraham, Isaak, Jakob (Ibrahim, Ishaq und Yaqub) wird die Anforderung der Offenbarung präzisiert: Gott schenkt ihnen und allen Rechtgeleiteten (allen Glaubenden, sich ihm Unterwerfenden [Muslimen]) den Willen, gute Werke zu tun, das tägliche Gebet zu verrichten, Almosen zu geben und vor allem, allein den einzigen Gott zu verehren (vgl. Sure 21,73b). Wer dies tut, den »ruft Gott zur Wohnstätte des Friedens, denn er leitet, wen er will, zu einem geraden Weg« (Sure 10,25, Khoury).

In diesen Beispielen eines rechten, von Gott geleiteten Lebens klingen bereits drei der fünf »Säulen des Islam« an: Glaubensbekenntnis (Glaube an den einen Gott), tägliches Gebet, Almosen geben – hinzu kamen später das Fasten im Monat Ramadan (der Monat der Offenbarung des Koran) und die Wallfahrt (*Hadsch*) nach Mekka, dem zentralen Ort muslimischer Gottesverehrung (vgl. dazu Seite 108–131).

Gott, der Eine und Einzige

Die erste und wichtigste »Säule des Islam«, die erste der fünf unbedingt einzuhaltenden Vorschriften für jeden Muslim, ist die *Shahada*, das muslimische Glaubensbekenntnis (vgl. Seite 108ff.). Der Begriff Shahada ist abgeleitet vom arabischen *shahida* (= »bezeugen«). Der kurze Text (verglichen etwa mit christlichen Glaubensbekenntnissen ist er eine Kurzformel des Glaubens) lautet:

La ilaha illa-llah; muhammad rasula llah.
Es gibt keinen Gott außer dem einzigen Gott;
Mohammed ist der Gesandte Gottes.

Der Koran führt die beiden Teilsätze an vielen Stellen auf, meist getrennt voneinander. In den traditionellen islamischen Legenden wird die erste Satzhälfte mit dem Bekenntnis zum einen Gott bereits als Äußerung Noachs verstanden, der sie seinen Söhnen weitergab und so als erster Prophet im Sinne des Islam verstanden werden kann. Dieses Bekenntnis findet sich im Koran unter anderem in Sure 37,35 oder 47,19. Die zweite Satzhälfte mit dem Bekenntnis, dass Mohammed der Gesandte Gottes ist, findet sich etwa in Sure 48,29 (vgl. dazu auch Seite 212 ff.).

Das Bekenntnis zu Gott, dem Einen und Einzigen, zum Barmherzigen und Allerbarmer, ist grundlegend für muslimischen Glauben. Wie noch zu zeigen ist, steht es damit in einer Linie mit dem jüdischen Bekenntnis zu Jahwe, dem einen Gott, und in modifizierter Form auch mit dem christlichen Bekenntnis des drei*einen* Gottes. Im Koran wird dieses Bekenntnis wie folgt ausgedrückt:

Und ruf zu deinem Herrn
und gehöre nicht zu den neben Mich Anderes Stellenden.
Und nicht ruf an neben Gott einen Gott, einen anderen!
Kein Gott außer Ihm.
Alles ist untergehend: nicht sein Antlitz.
Sein ist die Urteilsmacht.
Und zu Ihm werdet ihr zurückgebracht. (Sure 28,87c–88)

Das Bekenntnis zu dem einen und einzigen Gott wird von allen Muslimen gefordert, es ist auch die Formel für eine Konversion zum Islam. Wer diese »Kurzformel muslimischen Glaubens« vor zwei muslimischen Zeugen ernsthaft ausspricht, ist ab dann Muslim. Darauf wird angespielt, wenn im Koran erzählt wird, dass einige Juden zum muslimischen Glauben gefunden haben. Sie reflektieren danach:

Wir haben gehört einen Koran, einen verwunderlichen,
der zum rechten Wandel leitet. Da haben wir an ihn geglaubt.
Und wir stellen neben unseren Herrn nicht einen. Und:
Erhaben ist die Majestät unseres Herrn! Er hat Sich nicht eine
Gefährtin genommen und nicht ein Kind. (Sure 72,1b–3)

Hier wird bereits deutlich, dass das Bekenntnis zu einem Gott zugleich eine bewusste Abkehr von anderen Gottesvorstellungen ist: Das Bestreiten einer Gattin Gottes, einer weiblichen Göttin (»Gemahlin«), richtet sich gegen die Polytheisten, die Mohammed in seiner Heimatstadt Mekka erlebte (von anderen »Polytheisten« im weiter östlich gelegenen persischen und indischen Raum mag er durch Händler erfahren haben). Der letzte Satz richtet sich aber ebenso gegen die Verehrung Marias durch die Christen und deren Bekenntnis zu Jesus, dem Sohn Gottes.

Neben vielen anderen Göttern wie etwa Hubal, deren Statuen in vorislamischer Zeit in der Kaaba aufbewahrt und verehrt wurden, wurden dort auch drei Göttinnen in herausragender Weise verehrt: al-Lat (= »die Göttin«), al-Uzza und Manat. Dazu erzählt Sure 53,19–20.23: Die Verehrung von al-Lat, al-Uzza und Manat ist nichts anderes als die Anbetung leerer Namen, die von Menschen erfunden wurden. Solcher Glaube an Göttinnen ist deshalb nichtsnutziges Menschenwerk und hat nichts mit der Religion des Islam zu tun.

Die – nebensächliche – Erwähnung dieser Göttinnen im Koran hat zu erheblichen Konflikten geführt. Muslime bezeichnen diese Verse als Mohammed und deshalb dem Koran vom Teufel untergeschoben; sie werden daher auch »Satanische Verse« genannt, weil sie Menschen vom Glauben an den einzigen Gott ablenken (vgl. hierzu auch die Auseinandersetzung um das Buch des indischen Muslim Salman Rushdie, *1947, mit dem Titel »Die satanische Verse« [1988], die in eine *Fatwa* mündete, den Autor zu töten). Das Bekenntnis zu einem Gott ist der Kerngedanke muslimischen Glaubens – hier darf es keine Abweichung geben: Gott, kein Gott außer Ihm, dem Lebendigen, dem Beständigen. (Sure 3,2)

Mit diesem unbedingten Bekenntnis zu dem einen und einzigen Gott steht der Islam nicht allein da, sondern er befindet sich in einer Linie, die er selbst bewusst von Abraham (Ibrahim) zieht (vgl. Seite 182). Sure 21,51–71 erzählt, wie Abraham die Götterfiguren seines Vaters und seines Heimatortes zerschlägt und die Menschen zum Bekenntnis zum einen Gott auffordert – ähnlich handelt Mohammed, als er im Jahr 630 Mekka einnehmen kann und die Kaaba von Götterfiguren und damit dem polytheistischen Glauben »reinigt«.

Das Bekenntnis zu einem Gott steht aufgrund der Gestalt des Abraham in unmittelbarer Beziehung zum Judentum, in dem sich – vergleichbar dem Islam – ein radikaler Ein-Gott-Glaube durchgesetzt hat. Wurde in der Frühzeit Israels Jahwe bzw. El eher als Stammes- beziehungsweise Volksgott verstanden, neben dem es in anderen Völkern durchaus andere Götter gibt (die wie Baal und Astarte auch in Israel verehrt wurden, vgl. die Elija-Erzählungen 1 Könige 16,29–19,18), so setzte sich zunehmend ein ausschließlicher Ein-Gott-Glaube durch. Dieser eine Gott war zuerst nur der Gott Israels – andere Völker mochten andere Götter haben. Immer mehr aber gelangte man zur Überzeugung, dass der Gott Israels auch der Gott aller Völker ist. Jede andere Gottesverehrung außer der Jahwes ist somit Götzendienst und unnützes Menschenwerk:

> Die Götzen der Völker sind nur Silber und Gold,
> ein Machwerk von Menschenhand. Sie haben einen Mund
> und reden nicht, Augen und sehen nicht; sie haben Ohren
> und hören nicht ... Die sie gemacht haben, sollen ihrem
> Machwerk gleichen, alle, die den Göttern vertrauen.
> (Psalm 115,4–8)

Diese Bejahung des einen Gottes Jahwe und die Verneinung der Götzen der anderen Völker führte Israel dann im »Zehnwort vom Sinai« (vgl. Exodus 20, »Zehn Gebote«, Endredaktion wohl im Babylonischen Exil im 5. Jahrhundert v. Chr.) zur andere Götter ausschließenden Formel:

> Ich bin Jahwe, dein Gott, der dich aus Ägypten geführt hat:
> Du sollst neben mir keine anderen Götter haben.
> Du sollst dir kein Gottesbild machen. Du sollst dich nicht
> vor anderen Göttern niederwerfen. (Exodus 20,2–5)

Dieses jüdische Gottesbild prägt die Endfassung aller alttestamentlichen Schriften; die Verehrung des einen Gottes, dessen Name für fromme Juden unaussprechlich ist, ist der Kern jüdischen Glaubens bis heute. Dieses Gottesbild prägte auch den Glauben des Juden Jesu. Er bekennt ebenso den einen und einzigen Gott: »Niemand ist gut, außer Gott, dem Einen« (Markus 10,18).

In den neutestamentlichen Schriften, besonders im Johannesevangelium, wird später zunehmend die Stellung Jesu reflektiert; er wird als von Gott kommendes Wort verstanden (Johannes 1,1.14), in ihm scheint Gottes Herrlichkeit auf, ja,

Thomas kann in Bezug auf Jesus bekennen: »Mein Herr und mein Gott« (Johannes 20,28). Die Theologiegeschichte christlichen Glaubens kommt nach langen Prozessen zum Bekenntnis, dass sich der eine Gott dreifach den Menschen zeigt: Er ist der eine Gott in drei Personen (»drei Gesichter des einen Gottes«).

Dieser Deutung kann Mohammed nicht folgen: Für ihn haben Christen dem einen Gott zwei weitere »hinzugesellt«: Jesus und Maria – dies entspricht allerdings nicht dem christlichen Glauben. Doch dadurch ist in muslimischer Sicht die Offenbarung Gottes im Evangelium von den Christen verfälscht worden und muss durch den Koran korrigiert werden. Jesus ist allein Gesandter Gottes und Prophet, aber nicht mehr, nicht »Sohn« Gottes:

> Geleugnet haben die, die sagen: »Gott, Er ist der Messias, der Sohn der Maria«, während der Messias aber selbst sagte: «O ihr Kinder Israels, dient Gott, meinem Herrn und eurem Herrn.« *(Sure 5,72)*

Gott, nah und verborgen

Die Heiligen Schriften der Menschheit, auch Bibel und Koran, machen vielgestaltige Aussagen über Gott, tragen Erfahrungen zusammen, die Menschen mit Gott gemacht haben, und fassen sie in Bildworte, Metaphern, Gleichnisreden – ein Gottesmosaik entsteht, durch das sich die Religionen der Welt durchaus gegenseitig bereichern können.

Dennoch muss man sich bewusst sein, dass Gott Geheimnis ist und bleibt. Er ist jenseits unserer Bilder, größer und tiefer als unser Denken und weiter als alle unsere Worte. Gott wird in vielen Religionen, auch in Judentum, Christentum und Islam, als Person vorgestellt, zu der Menschen »du« sagen dürfen. Aber er hat kein Gesicht, das wir beschreiben können wie die Gesichter der Menschen, die uns umgeben. Gott begegnet uns zwar als der Nahe und uns Zugewandte, aber diese Nähe und

Zuwendung sind grundsätzlich anders als die Nähe und Zuwendung von Menschen um uns herum. So erscheint Gott auch – und in unserer Zeit und Kultur vielleicht stärker als früher – als der Ferne und Unnahbare, der Unfassbare, der Jenseitige, als ein letztes und tiefstes Geheimnis der Welt, das mit menschlichem Forschen nicht zu begreifen ist, aber den Urgrund von allem darstellt.

Wo Gott zugleich als der Nahe und als der Ferne, als das Gegenüber und als der ganz Andere, als der im alltäglichen Leben Begegnende und als der Unbegreifliche erscheint, da kann der Mensch in letzter Konsequenz angesichts des Rätsels Gottes nur verstummen und schweigen.

Sicher ist das Sprechen *über* Gott wichtig: Menschen brauchen Austausch, gemeinsames Fragen und Suchen. Sicher ist auch das Gespräch *mit* Gott wichtig: Menschen brauchen eine Orientierung auf den letzten Grund des Lebens hin. Dennoch ist wichtiger als all dies, dass der Mensch sich schweigend *vor* Gott stellt (wie so viele Gestalten der Bibel) und sich Gott unterwirft (so der Wesenszug des Islam).

Die Hebräische Bibel drückt dies im Bilderverbot aus: »Du sollst dir kein Gottesbild machen« (Exodus 20,4). Wer sich ein »Bildnis« von Gott macht – sei es als Statue oder auch nur als gedankliches Bild – der versucht damit, Gott in den Griff zu bekommen, Macht über ihn und sein Handeln zu gewinnen. Solches Tun findet sich in vielen Religionen als Magie und Beschwörung, auch im biblischen und koranischen Umfeld. Die drei monotheistischen Religionen des Vorderen Orients – Judentum, Christentum, Islam – wenden sich scharf gegen ein solches Tun: Der nahe und menschenfreundliche Gott, der Erbarmer und Barmherzige, bleibt dem Menschen verborgen, ist jenseits aller menschlichen Vorstellungen. Trotz all dem aber dürfen Menschen nicht aufhören, nach Gott in ihrem Leben zu suchen.

Dies erinnert an die (fiktive) Areopagrede des Paulus, in welcher der Apostel ausgehend vom Altar für einen »Unbekannten Gott« sein jüdisch-christliches Gottesbild darlegt:

> Die Menschen sollten Gott suchen, ob sie ihn ertasten
> und finden könnten; denn keinem von uns ist er fern.
> Denn in ihm leben wir, bewegen wir uns und sind wir.
> (Apostelgeschichte 17,27–28a)

Das Christentum erfährt im 8. Jahrhundert einen heftigen Bilderstreit (der später von den Reformatoren Johannes Calvin und Ulrich Zwingli aufgegriffen wird): Dürfen Gott, Christus, die Heiligen in Bildern (Ikonen) dargestellt werden? Im Zweiten Konzil von Nizäa im Jahr 787 werden solche Bildwerke erlaubt, weil Jesus als menschgewordener Gott auch mit menschlichen Sinnen wahrnehmbar war und die Ikonen selbst zudem nicht angebetet werden dürfen, wohl aber zur Anbetung Gottes inspirieren und anleiten.

Vergleichbar dem jüdischen Bilderverbot spricht auch der Islam ein strenges Verbot aus, sich von Gott ein Bildnis zu machen, eine Götterstatue oder ein Abbild Gottes herzustellen. Denn Gott ist aus der Sicht von Judentum und Islam der über alles Erhabene, der Transzendente, der vom Menschen nicht in Bildern wiedergegeben werden kann. Deshalb finden sich auch in Moscheen und anderen islamischen Bauwerken keine Abbildungen von Gottes (ähnlich in Synagogen). Ja, selbst Bilder von Menschen und Tieren sind verboten, denn sie werden als Neuschöpfungen gewertet – etwas Neues erschaffen aber kann nur Gott selbst. Es gibt in den islamischen Kulturen nur wenige Ausnahmen von diesem Bilderverbot, etwa in der Miniaturmalerei im indischen, persischen und osmanischen Kontext.

Im Koran wird Gottes Transzendenz im unterschiedlichen Vermögen von Gott und Mensch deutlich: »Nicht erreichen Ihn die Blicke, aber er erreicht die Blicke.« (Sure 6,103)

Wer Gott so sieht, der gelangt nicht nur zu seinem Bekenntnis, sondern auch zu seinem Lob. Denn wenn Gott die Ursache von allem ist, hat er auch Macht über Himmel und Erde, über das Leben eines jeden Einzelnen. Diese Macht jedoch, so die Überzeugung der Muslime, ist nichts anderes als das Erbarmen Gottes, mit dem er sich den Menschen zuwendet. Die Einleitung jeder Sure (*Bismala*) erinnert an Gottes Erbarmen, ebenso auch Sure 57:

> Was in den Himmeln und was auf der Erde, preist Gott.
> Und er ist der unübertrefflich Erhabene, der Weise.
> Sein ist die Herrschaft der Himmel und der Erde.
> Er macht lebendig und lässt sterben,
> und er ist aller Dinge mächtig. (Sure 57,1–2)

Gott ist erhaben über seine Schöpfung und kann deshalb vom Menschen auch nicht unmittelbar gesehen werden. Zugleich aber ist er durch sein Wirken in Bezug auf den Menschen und das Universum vom Menschen zu erkennen, er ist »sichtbar« in seinem unmittelbaren Wort, dem Koran. Adel Khoury übersetzt Sure 57,3 wie folgt: »Er ist der Erste und der Letzte, der Sichtbare und der Verborgene. Und Er weiß über alle Dinge Bescheid.«

Der verborgene Gott ist aber zugleich der Gott, der den Menschen nahe ist und ihnen beisteht. Die Nähe Gottes wird mit einem der schönsten Koranverse ausgedrückt:

> Erschaffen haben Wir den Menschen und Wir wissen,
> was ihm einflüstert seine Seele. Und Wir sind ihm näher
> als die Halsschlagader. (Sure 50,16)

Diese Nähe Gottes zum Menschen wird an verschiedenen anderen Stellen umschrieben, so heißt es etwa:

> Gott ist derjenige, der weiß, was in der Erde entsteht und aus ihr hervorgeht. Er weiß, was vom Himmel herabkommt und was zu ihm aufsteigt. Er ist immer bei den Menschen, wo immer sie sein mögen, und sieht alles, was die Menschen tun, denn bei ihm ist alle Herrschaft über die Himmel und die Erde. Alles Leben geht auf Gott als seine Quelle zurück. (Sure 57,4b–5, vgl. auch Psalm 139)

Gott ist nah und verborgen, erbarmend und barmherzig – so lassen sich die koranischen Aussagen zusammenfassen:

> Ist denn Der, der erschafft, dem gleich, der nicht erschafft? Lasst ihr euch nicht mahnen? Und wenn ihr Gottes Gnade zählen wolltet, so würdet ihr sie nicht berechnen können. (Sure 16,17–18)

Der Koran: Das Buch

Die Heiligen Schriften und der Koran

Die Frage aller Religionen ist: Wie kann der Mensch Gott, die Götter, den Urgrund des Lebens erreichen? Kann sich der Mensch aus eigener Kraft auf einen Weg zur Gottheit machen oder muss er in diesem Bemühen nicht grundsätzlich scheitern, weil die Differenz zwischen ihm und Gott vom Menschen aus nicht zu überwinden ist? Gott bleibt der ganz Andere, der Unfassbare, der Unsagbare, das tiefste Geheimnis des Lebens.

Die Antwort der Religionen zeigt eine andere Richtung auf: Nicht der Mensch kommt zu Gott, sondern Gott kommt zum Menschen. Doch wo ist das »Eintrittstor« Gottes in unsere Welt?

Vereinfacht lassen sich drei Wege aufzeigen, wie die Religionen Gottes »Einfall« in die Menschenwelt verkünden:

- Für die einen, besonders für die Anhänger der Naturreligionen, ist alles beseelt; Geister und Ahnen sind Brücken zwischen Himmel und Erde, zwischen dem Göttlichen, den Göttern und den Menschen.
- Für andere gibt es die Konzeption der Inkarnation (Christentum) oder des *Avatara* (Hinduismus) oder des *Bodhisattva* (Mahayana-Buddhismus). Hier erscheint Gott auf der Erde als Gottmensch (Jesus als Immanuel, Gott-mit-uns) oder als rettender Avatara des Gottes Vishnu oder als helfende Gestalt des Bodhisattva.
- Ein dritter Weg ist die Selbstdarstellung Gottes im Wort (im Buch), das er Menschen offenbart (oft durch Zwischenwesen vermittelt wie im Islam durch den Engel Gabriel [Dschaba'il], der Mohammed den Koran einflüstert). Das unmittelbare Wort Gottes in Tora, Bibel, Koran und in geringerem Maß auch in den Heiligen Schriften der fernöstlichen Religionen stellt eine geoffenbarte Wahrheit dar, an der es keinen Zwei-

fel gibt, die auch nicht veränderbar und grundlegende Richtschnur für den Menschen ist.

Heilige Bücher der Religionen erzählen von Gott (den Göttern, der Gottheit, dem Absoluten ...) und dem bunten und vielfältigen Leben der Menschen, von Völkern und Kulturen, vom Jenseits und vom Diesseits. Sie öffnen die Menschen für eine andere Dimension, lassen sie durch unterschiedliche Textsorten etwas vom Unfassbaren, Unbegreiflichen, den Menschen Übersteigenden erahnen und geben zugleich Impulse für das Leben in unserer Welt. Unter den Heiligen Schriften, die von den Weltreligionen als Grundlage, Maßstab und Herausforderung verehrt werden, ragen die Bibel der Juden und Christen und der Koran der Muslime besonders heraus.

Heilige Schriften sind wie Leuchttürme für die Menschheit, sie strahlen Licht aus in unsere Welt. Bischof Augustinus von Hippo (354–430) schreibt:

> Jahre und Jahrhunderte kommen und gehen. Mit ihnen kommen und gehen die Menschen, aber die Heilige Schrift wird bleiben, sie ist die Handschrift Gottes. Alle sollen sie auf ihrer Pilgerschaft durch das irdische Leben lesen, damit sie ein gutes Leben führen. Lass die Heilige Schrift für dich wie Gottes Antlitz sein. Gewinne an ihr Klarheit. Dann findet das Wort Gottes in uns einen Anlegeplatz.

Die Heiligen Schriften der Religionen sind »Gottes Antlitz«, das sich dem Menschen zuwendet. Es sind Schriften mit sehr unterschiedlicher Textform, zu unterschiedlichen Zeiten entstanden, mit verschiedenen Textsorten, eingebettet in unterschiedliche Kulturen. Doch der Grundgedanke aller Heiligen Schriften ist gleich: Das Heil für die Menschen wird bewirkt durch Gott, die Götter, das Göttliche, den Urgrund des Lebens.

Unter den Heiligen Schriften der Religionen ist die *Bibel* zu etwa zwei Dritteln für Juden und Christen gültig. Die Schriften der Hebräischen Bibel der Juden sind weithin das Erste, Alte Testament der Christen (hinzu kommen dort einige griechische Spätschriften). Die Bibel ist so eine unverzichtbare Brücke zwischen Judentum und Christentum; sie ist für beide Religionen das »Buch der Bücher«. Dabei hat die *Tora*, die ersten fünf Bücher der Bibel (fünf Bücher Mose), für Juden eine herausragende Bedeutung. Unter den neutestamentlichen Schriften haben die vier *Evangelien* den höchsten Stellenwert. Beide Teile greift der Koran auf, wenn er von der Tora als dem Buch der Juden und vom (einen) Evangelium als Buch der Christen spricht.

Die fernöstlichen Religionen kennen eine Fülle Heiliger Schriften: Im Hinduismus sind die *Veden* grundlegend, eine Sammlung von zwischen 1200 und 500 v. Chr. entstandenen, aber erst viel später schriftlich niedergelegten Texten mit rituellen Gesängen, Opfersprüchen, Ritualtexten, dazu die *Upanishaden*, philosophisch-theologische Texte esoterischer Art. Die beiden Epen des *Mahabharata* mit der darin enthaltenen *Bhagavadgita* und des *Ramayana* gehören ebenso zur Tradition des Hinduismus. Der Theravada-Buddhismus besitzt den *Pali-Kanon* mit seinem »Dreikorb« von Lehrreden des Buddha, disziplinarischen Anweisungen für die Mönche und weiterführenden erklärenden Texten. Zu diesen Texten kommen im Mahayana-Buddhismus und im Vajrayana-Buddhismus eine fast unüberschaubare Fülle von *Sutren*. Auch andere Religionen kennen Heilige Schriften: der Daoismus das dem Laozi zugeschriebene *Daodejing*, der Sikhismus den *Guru Granth Sahib*, die Bahai die Schriften ihres Gründers *Baha'ullah*.

Kommen wir zum Islam und seiner Heiligen Schrift, dem *Koran*. Dieses Buch ist die Grundlage des Glaubens für die etwa 1,6 Milliarden Anhänger des Islam, der nach dem Christentum zweitgrößten und am schnellsten wachsenden Weltreligion. Auf der arabischen Halbinsel entstanden, finden sich heute die größten muslimischen Länder weiter im Osten: Indonesien, Pakistan, Bangladesch und Indien mit einem großen Bevölkerungsanteil (ca. 15 %). In Europa hat der Islam außer den schon früher zum Islam konvertierten Ländern Albanien und Bosnien in unserer Zeit vor allem durch Zuwanderung Bedeutung gewonnen: Der Islam gehört zur Lebenswirklichkeit Deutschlands und Europas.

Der Islam geht auf Mohammed (570–632, arabisch: Muhammad) zurück. Im Jahr 610 erschien ihm im Traum der Engel Gabriel und berief ihn als »Gesandten Gottes«, als letzten Propheten. Bis zu seinem Tod hatte Mohammed immer wieder solche Visionen, in denen ihm nach und nach der gesamte Text der 114 Suren des Korans durch den Engel mitgeteilt wurde. Er wurde aufgefordert, in seiner Heimat den Glauben an den einen und einzigen Gott zu predigen und gegen den Vielgottglauben der Mekkaner und der umliegenden arabischen Stämme vorzugehen. Weil jedoch die Wallfahrt der Araber zu dem vorislamischen Heiligtum der Kaaba von erheblicher wirtschaftlicher Bedeutung für die Mekkaner war, entstand in seiner Heimatstadt heftiger Widerstand gegen den Propheten, sodass er unfreiwillig in die nördlich gelegene Stadt Yathrib (später in *Madinat an-Nabi* = Stadt des Propheten, Medina umbenannt) umsiedelte.

Das Jahr der *Hidschra* (der Auswanderung von Mekka nach Medina) ist der Beginn der islamischen Zeitrechnung (christlich das Jahr 622), denn Mohammed baute dort ein erstes muslimisches Staatswesen auf. Er war nun nicht mehr allein Prophet, sondern auch Regent und Feldherr. Von Medina aus eroberten muslimische Heere weite Teile der arabischen Halbinsel, und schließlich konnte Mohammed kurz vor seinem Tod im Jahr 632 auch nach Mekka zurückkehren.

Für alle Richtungen des Islam ist der Koran die Richtschnur ihres Glaubens. Dies gilt für die Sunniten ebenso wie für die verschiedenen Gruppierungen der Schiiten (Zwölferschia, Ismailiten, Zaiditen, Aleviten [Türkei], Alawiten [Syrien] und die Ahmadiyya). Allein die Sufis, eine mystische Strömung des Islam, achten den Koran geringer und suchen eher eine unmittelbare, nicht durch Propheten, Lehrer oder ein Heiliges Buch vermittelte Beziehung zu Gott.

Der Name *al-Qur'an* kommt von arabisch *quara'a* (= »lesen, rezitieren«). Der Gläubige liest also im Koran das Wort Gottes. Der Koran ist Wort für Wort, Zeichen für Zeichen Gottes unverfälschtes Wort und deshalb allzeit bindendes Gesetz. Er wird auch *al-kitab* genannt, »das Buch«, so wie Christen die Bibel als »Buch der Bücher« bezeichnen.

Mohammed selbst soll angeblich des Lesens und Schreibens nicht kundig gewesen sein. Aber bereits zu seinen Lebzeiten wurden erste Korantexte (Suren) aufgeschrieben und in Sammlungen zusammengefasst. Erst der dritte Kalif, Otman (644–656), beauftragte den Schreiber Mohammeds, eine offizielle Gesamtausgabe des Korans zu schaffen.

Der Koran wird von Muslimen als heilig verehrt. Wer ihn auswendig kann, wird *Hafiz* genannt und hoch verehrt. Im Haus wird der Koran an einem hohen Platz aufgestellt, sodass kein anderes Buch über ihm steht.

Der Koran wird zweifach eingesetzt:

- als *Lesebuch* zur persönlichen Besinnung und Meditation über den Weg Gottes und Rechtleitung,
- als *Lektionar* zum Vorlesen vor der muslimischen Gemeinde (Freitagsgebet) und zum Studium in den Koranschulen beziehungsweise Medresen (islamischen Hochschulen).

Der Koran ist die höchste Autorität im Islam. Seine Worte gelten uneingeschränkt und sind für jeden Muslim verpflichtend.

Die Einteilung des Korans: die Suren

Die *Bibel* ist stärker gegliedert als der Koran; sie besteht aus *vielen* einzelnen Büchern: Bereits die Hebräische Bibel der Juden kennt 24 Einzelschriften. Aufgrund von Zusammenfassungen werden manchmal nur 22 genannt entsprechend der 22 hebräischen Buchstaben. Dies symbolisiert die Vollkommenheit der Heiligen Schriften. Das christliche Alte Testament unterteilt mehrere Bücher der Hebräischen Bibel (etwa Chronik in 1 und 2 Chronik) und fügt Spätschriften in griechischer Sprache hinzu, sodass sich 46 Schriften ergeben. Hinzu kommen in der christlichen Bibel noch die 27 Bücher des Neuen Testaments – alles in allem eine ganze Bibliothek. Die einzelnen Bücher sind im

Mittelalter zur besseren Übersichtlichkeit in Kapitel und Verse eingeteilt worden, sodass sich eine eindeutige Kennzeichnung eines jeden Satzes ergab.

Das *eine* Buch des Koran ist in 114 Suren eingeteilt. Der Begriff »Sure« kommt wahrscheinlich vom syrischen *surta* (= »Schrift«). Nach der einleitenden Sure 1 (»Die Eröffnung«) folgen die weiteren Suren der Textlänge (im Arabischen) nach geordnet. Es gibt also keine historisch anmutende Reihenfolge wie etwa in den »geschichtlichen» Büchern der Hebräischen Bibel.

Der Koran ist eine Zusammenstellung unterschiedlicher Textsorten, die nahtlos ineinander übergehen – was das Lesen sehr erschwert: Da ist Gottesrede und Prophetenrede, mahnender Spruch und Prophezeiung, Erläuterung eines Vorgangs oder Glaubenssatzes mit immer neuen persönlichen Ansprachen an die Leser oder Hörer gemischt. Viele Stellen wiederholen sich auch. Der Koran ist ein heiliges, zugleich ein schwieriges Buch – ein Studium des Korans ist für den Muslim unerlässlich.

Anders als die erst später erfolgte Einteilung der biblischen Bücher in Kapitel ist die Einteilung des Korans in Suren bereits im ursprünglichen Text enthalten. An mehreren Stellen wird der Begriff »Sure« als innerkoranische Texteinheit bereits im Koran erwähnt:

> Eine Sure, die Wir herabgesandt und zur Pflicht gemacht
> haben, und herabgesandt darin Zeichen, klare,
> damit ihr euch vielleicht ermahnen lasst. (Sure 24,1)

Die Suren des Korans tragen nicht von Anfang an eine *Überschrift*. Erst in späterer Zeit sind zur leichteren Orientierung Überschriften formuliert worden; diese benennen in der Regel das wichtigste Thema der Sure, oft aber auch nur ein Stichwort, das irgendwo in der Sure auftaucht. Man kann deshalb nur bedingt von der Überschrift auf den Inhalt der Sure schließen. Im Folgenden werden einige Beispiele genannt:

- Sure 2: »Die Kuh« (weil in 2,67–69 von der Opferung einer Kuh erzählt wird),
- Sure 19: »Maryam« (weil von Maria und Jesus erzählt wird),

- Sure 24: »Das Licht« (weil in 24,35 Gott als »Licht der Himmel und der Erde« bezeichnet wird).

Der islamischen Tradition nach empfing Mohammed über einen Zeitraum von 23 Jahren durch den Engel Gabriel (Dschabra'il) Stück für Stück den Text des Korans, insgesamt 6236 Verse in den 114 Suren (ein erheblich geringerer Textumfang als die Bibel). Die Offenbarung von Gottes Wort an Mohammed begann im Jahr 610 im Monat Ramadan, der deshalb zum »heiligen« Monat der Muslime wurde, die ihn mit Fasten begehen. Über 13 Jahre hinweg lebte Mohammed während der Koranoffenbarung in seiner Heimatstadt Mekka, danach, nach der *Hidschra* (Auswanderung) am 24. September 622, bis zu seinem Tod im Jahr 632 in Yathrib (Medina). Die Rolle Mohammeds veränderte sich bei diesem Wechsel grundlegend: War er in seiner Heimatstadt der Prophet, der die religiösen Traditionen der Verehrung vieler Götter und Göttinnen in Mekka in Frage stellte, so wird er in Medina zum Anführer der Stadt, damit zusätzlich zum politischen und militärischen Führer, der auch für die innere Rechtsordnung der Stadt verantwortlich war. Dementsprechend sind auch die Suren zu unterscheiden zwischen denen, die in Mekka, und denen, die in Medina geoffenbart wurden:

- *Die 24 mekkanischen Suren*: In Mekka ging es mehr um den Glauben an den einen und einzigen Gott; es ging um die grundsätzliche Entscheidung zur im Koran geoffenbarten Religion. Als in Mekka zunehmend Widerstand gegen Mohammeds Verkündigung deutlich wurde, entstanden auch scharfe Texte gegen die Ungläubigen. In der Regel sind die mekkanischen Suren kürzer und in ihren Bildworten geheimnisvoller als die medinischen.
- *Die 90 medinischen Suren:* Entsprechend der neuen Rolle des Propheten geht es um gesellschaftliche und wirtschaftliche Fragen (wie das Erbrecht) sowie um das Zusammenleben in der muslimischen Gesellschaft (wie im Strafrecht). Der Glaube an den einen Gott war in Medina selbstverständlich geworden, sodass hierzu keine weitere Offenbarung nötig war.

Im Einzelnen unterscheidet man die Suren in *vier Perioden*:

- 1. mekkanische Periode (610–615): poetischer Stil,
- 2. mekkanische Periode (615–620): das Wirken Gottes,
- 3. mekkanische Periode (620–622): lange Predigten; Texte gegen Ungläubige,
- medinische Periode (622–632): gesetzgeberische, politische, wirtschaftliche Regeln, nicht mehr prophetisch.

Obwohl der Koran nach muslimischer Auffassung unmittelbar von Gott geoffenbart wurde (vgl. Seite 78 ff.) und deshalb in muslimischer Sicht einer historisch-kritischen Textuntersuchung (wie bei der Bibel) nicht zugänglich ist, gibt es heute Koranwissenschaftler, die aus den unterschiedlichen Entstehungszeiten der einzelnen Suren auch eine unterschiedliche Verbindlichkeit dieser Texte folgern: Die frühen mekkanischen Suren behandeln die Grundprinzipien muslimischen Glaubens und haben deshalb eine höhere Verbindlichkeit als diejenigen medinischen Suren, die vor allem gesellschaftliche Fragen behandeln und somit mehr an die damalige Zeit und Kultur gebunden sind.

Hadithe zum Koran

> Der Gläubige, der den Koran liest, gleicht der Apfelsine.
> Sie riecht gut und sie schmeckt gut.
> Der Gläubige, der den Koran nicht liest, gleicht der Dattel.
> Sie riecht nicht, aber sie schmeckt gut.
> Der Heuchler, der den Koran liest, gleicht der Geranie.
> Sie riecht gut, aber sie schmeckt bitter.
> Der Heuchler, der den Koran nicht liest,
> gleicht dem Bitterapfel.
> Er riecht nicht und er schmeckt bitter.
> (*Hadith Mohammeds)*

Die Mehrheit der Muslime nennt sich Sunniten nach dem arabischen Wort *sunna* (= »überlieferte Norm«). Für sie sind neben dem Koran auch Aussprüche und überlieferte Verhaltensweisen

Mohammeds (*sunnat an-Nabi*) eine maßgebende Richtschnur für Glauben und Leben. Die *Sunna* ist neben dem Koran eine wichtige Quelle islamischen Lebens und islamischen Rechts.

Tradierte Aussprüche, Verhaltensweisen und Handlungen des Propheten werden *Hadith* genannt von arabisch für »Erzählung, Bericht«. Es gibt eine Fülle solcher Hadithe, viele tausend sind überliefert. Sie beinhalten Themen wie den Glauben an den einen Gott, die fünf »Säulen des Islam«, Sitten und Gewohnheiten der muslimischen Gemeinschaft, Ordnung der Gemeinschaft durch Rechtsprechung und Brauchtum und viele andere mehr.

Auch zum Koran nehmen die Hadithe Stellung. Einige Beispiele (zitiert nach Adel Theodor Khoury, Der Hadith, Band I):

> Das Buch Gottes ist ein zwischen Himmel und Erde gespannter Faden. (Hadith Nr. 112)
>
> Wer sich auf den Weg macht, um Wissen zu suchen, dem ebnet Gott einen Weg ins Paradies. Und niemals kommen Menschen in einem Haus der Häuser Gottes zusammen, um das Buch Gottes zu verlesen und miteinander zu studieren, ohne dass die Ruhe spendende Gegenwart Gottes über sie herabkommt und die Barmherzigkeit sie bedeckt und die Engel sie umgeben und Gott sie bei denen erwähnt, die bei ihm sind. (623)
>
> Nichts bringt die Diener Gott näher als das, was von ihm ausgegangen ist, das heißt der Koran. (631)
>
> Im Buch Gottes steht der Bericht über das, was vor euch da war, und die Ankündigung dessen, was nach euch kommt, und das Urteil über das, was zwischen euch geschieht. Es ist das starke Seil Gottes. Es ist die weise Ermahnung. Es ist der gerade Weg. Die Wissenden haben nicht genug von ihm. Es veraltet nicht wegen zu häufiger Benutzung. (633)

Viele Hadithe fordern dazu auf, den Koran immer wieder zu lesen und zu studieren (etwa 619): »Der Beste unter euch ist der, der den Koran lernt und lehrt«.

Koranauslegung und Koranstudium

Wer tiefer in die Offenbarung Gottes eindringen will, muss sich in Gemeinschaft und auch alleine mit dem Koran beschäftigen. Der muslimischen Gemeinschaft werden beim Freitagsgebet Koransuren vorgelesen – das Heilige Buch dient als *Lektionar*, aus dem der Imam der Moschee geeignete Abschnitte auswählt, vorträgt und anschließend in der Predigt vom *Minbar* (Predigtstuhl) aus erläutert und kommentiert.

Doch der Koran ist auch das *Lesebuch* jedes einzelnen Gläubigen. Es dient der persönlichen Besinnung, der Hinführung zum Gebet, der Erkenntnis der Rechtleitung durch Gottes Willen. Vor allem aber ermuntert es den Leser, sich Gott hinzugeben (Islam) und sein Leben nach Gottes Willen zu gestalten. Oft wird vor Beginn einer Koranlesung eine Waschung durchgeführt, die symbolisch eine innere Reinigung aufzeigt, damit der Leser bereit ist für Gott. Dies entspricht der Waschung der Muslime vor dem Freitagsgebet in der Moschee.

Das Koranstudium ist eine wichtige Aufgabe für jeden Muslim. Deshalb sieht man in Moscheen oft Männer (selten Frauen, deren Rolle eher im Haus gesehen wird) mit einem Koran sitzen. Sie vertiefen durch das Studium des Korans ihren Glauben. Gott wird dabei als barmherziger Freund des Menschen gesehen, der den Koran als Hilfe für einen rechten Lebensweg gesandt hat. Den Koran lesen bedeutet von daher auch Dankbarkeit Gott gegenüber: »Mein Beistand ist Gott, der herabgesandt die Schrift. Und er beschützt die Rechtschaffenen.« *(Sure 7,196)*

Eine bessere Kenntnis des Korans ist auch das Ziel der Koranschulen. Meist aber wird dort – weil der Koran nur in Hocharabisch gelesen oder »singend« rezitiert werden darf – nur ein Auswendiglernen arabischer Verse ohne Verständnis des Sinns gefördert. In *Medresen* (arabisch *madrasa* = »Ort des Studiums«), den islamischen Hochschulen, dagegen wird zuerst Hocharabisch gelehrt, sodass die Studenten auch zu einem inneren Verständnis des Korans gelangen. Ein Muslim, der den gesamten Text des Korans auswendig rezitieren kann, wird *Hafiz* (von arabisch »[den Koran] behüten«) genannt und hoch geehrt.

Da die arabische Schrift (wie alle semitischen Schriften, auch die hebräische) ursprünglich nur die Konsonanten der Wörter notierte – die Punktation der Vokalzeichen kam erst später hinzu –, gab es in der islamischen Überlieferung zu Beginn verschiedene Lesarten. Heute wird im sunnitischen Islam in der Regel die 1923 an der Al-Azhar Universität im ägyptischen Kairo festgelegte Textform *Hafs ʿan ʿAsim* verwendet.

Da der Koran eine unmittelbar von Gott an Mohammed gesandte Offenbarung ist – und zwar in arabischer Sprache –, darf der Text in keiner Weise verändert werden. Bei Übersetzungen geschieht dies aber unweigerlich, da diese immer auch Deutungen, Interpretationen, Verschiebungen in einen anderen Sprachkontext hinein sind. Der Koran darf deshalb ausschließlich in Arabisch verlesen werden, denn nur das Original gibt das ursprüngliche und damit echte Wort Gottes wieder. Somit wird der Koran in den Moscheen aller Länder in Arabisch rezitiert.

Übersetzungen des arabischen Korans sind inzwischen erlaubt, um Menschen ohne Arabischkenntnisse einen Zugang zu den Inhalten des Korans zu ermöglichen. Es gibt wissenschaftlich orientierte Übersetzungen, die die arabischen Worte möglichst eins zu eins übertragen (etwa die deutsche Übersetzung von Rudi Paret). Es gibt auch meist kommentierte Übersetzungen, die freier mit dem Original umgehen, um die Verständlichkeit für den Leser zu erhöhen (etwa die Übersetzung und Kommentierung von Muhammad Asad).

Die 114 Suren des Korans sind in der Regel an bestimmte Situationen gebunden und geben Antwort auf Fragen der Menschen zur Zeit und im Umfeld Mohammeds. Eine wissenschaftliche Korandeutung geht deshalb besonders auf den Anlass ein, der einer Sure zugrunde liegen könnte. Die Unterscheidung in mekkanische und medinische Suren gibt dabei einen ersten Anhaltspunkt (vgl. Seite 58 f.). Es geht also bei der Erforschung des Korans vor allem um eine Kontextualisierung, um dadurch den gemeinten Sinn besser erschließen zu können.

Die historisch-kritische Bibelexegese seit der Mitte des 19. Jahrhunderts untersucht den ursprünglichen Bibeltext mit unterschiedlichen Methoden der Textkritik, Literarkritik, Form- und Gattungskritik, Quellenkritik, Redaktions- und Kompositionskritik oder Überlieferungskritik. Aus solchen Forschungen und Strukturanalysen haben sich verschiedene exegetische (die Bibel erläuternde) Richtungen ergeben: feministische, soziologische, tiefenpsychologische, befreiungstheologische, kanonische Exegese und viele andere mehr.

Die Erforschungen des Korans dagegen sind durch die im Islam unumstrittene Vorstellung eines Wort für Wort von Gott geoffenbarten Buches gegenüber der Bibelerforschung erheblich eingeschränkt. Das ursprüngliche Wort Gottes kann man nicht textkritisch oder mit anderen Methoden erforschen; es geht deshalb bei dem wissenschaftlichen Umgang mit dem Koran allein um eine Auslegung des jeweiligen Sinns einer Sure sowie um eine angemessene und den ursprünglichen Sinn nicht verändernde Anwendung der Kerngedanken auf neue Situationen in einer neuen Zeit, Gesellschaft und Kultur. Grundlegend ist dabei der Glaube an die Barmherzigeit Gottes, die sich im Koran spiegelt: »Und wenn vorgetragen wird der Koran, so hört zu und schweigt, auf dass ihr Erbarmen findet.« (Sure 7,204)

Eine humanistische Koranauslegung

Die Heilige Schrift des Korans (und vor ihm Tora und Evangelium) sind dem Menschen von Gott als Gunst und Wohltat erteilt worden. Gott zeigt sein Erbarmen dadurch, dass er den Menschen immer wieder neu Heilswege durch sein Wort und durch seine Gesandten (Mose mit der Tora, Jesus mit dem Evangelium, Mohammed mit dem Koran) aufzeigt. »Gott ist barmherzig« –

das ist nicht allein die zentrale inhaltliche Aussage des Korans (vgl. Seite 13ff.). Dieser Satz kennzeichnet auch den Vorgang der Koransendung zu den Menschen.

Dabei erwartet Gott vom Menschen Hingabe an seinen Willen, das ist im Arabischen *islam*. Das Wort leitet sich vom arabischen Verb *aslama* ab und bedeutet »übergeben, sich hingeben«. Der Mensch gibt sich in die Hände des barmherzigen Gottes. Damit ist allerdings kein Verhältnis zwischen Herrscher und Untertan gemeint und demnach keine willenlose Unterwerfung, die auf Zwang und Angst vor Strafen beruht. Es geht nicht um einen Gehorsam, der von außen dem Menschen aufgezwungen wird, sondern es geht um eine innere Entscheidung, den Willen Gottes als Maßstab und Richtschnur des eigenen Lebens anzunehmen. Islam ist das Verhältnis einer Liebesbeziehung: zuerst von Gott zum Menschen durch sein Wort (den Koran), danach vom Menschen zu Gott und in der Konsequenz auch zu anderen Menschen. Denn die Barmherzigkeit Gottes durch die Offenbarung »steckt ihn an« und lässt ihn zur Barmherzigkeit mit anderen bereit werden.

Der Islamwissenschaftler Mouhanad Khorchide bezeichnet in seinem Buch »Islam ist Barmherzigkeit« (Freiburg 2012) diesen Grundsatz einer Korrelation von Gottes Barmherzigkeit zu barmherzigem Verhalten des Menschen als wesentlich für ein Verständnis des Korans. Er schreibt: »Eine Koranhermeneutik [Koranauslegung], die diesen Gedanken Rechnung tragen will, sieht im Menschen ein Subjekt und kein Objekt der koranischen Offenbarung. Im Koran geht es um den Menschen, nicht um Gott. Daher spreche ich von humanistischer Koranhermeneutik: einer Hermeneutik, die im Menschen ein Medium der Verwirklichung göttlicher Liebe und Barmherzigkeit durch den freien Willen und das freie Handeln des Menschen sieht. Gott und Mensch kooperieren Seite an Seite, um Liebe und Barmherzigkeit als gelebte Wirklichkeit zu gestalten.« (Seite 169)

Eine vergleichbare Korrelation von Gottes Barmherzigkeit mit einer Barmherzigkeit des Menschen propagiert auch Paulus: In seinem grundlegenden Römerbrief ruft er zum Einsatz in den christlichen Gemeinden entsprechend den von Gott geschenkten Charismen (das ist Gottes Barmherzigkeit) auf. Als Einleitung eines Kapitels schreibt er dort:

> Angesichts des Erbarmens Gottes ermahne ich euch, meine Brüder [und Schwestern], euch selbst als lebendiges und heiliges Opfer darzubringen, das Gott gefällt; das ist für euch der wahre und angemessene Gottesdienst. (Römer 12,1)

Gottes erbarmendes Wort und die barmherzige Antwort des Menschen korrespondieren miteinander, das wird deutlicher, wenn das Leben der Muslime dargestellt wird (vgl. ab Seite 98).

Universelle Bedeutung und Zeitbezug

Am Ende des 20. Jahrhunderts wurde in der deutschen christlichen Religionspädagogik das Stichwort *Korrelation* diskutiert. Damit ist eine kritisch-produktive Wechselwirkung zwischen der Glaubensüberlieferung und der Lebenswelt der Menschen gemeint, ein Dialog zwischen dem überlieferten Glauben und dem heutigen Leben. Dahinter steht die Annahme, dass die Offenbarung (das »Wort Gottes an die Menschen«) nicht im luftleeren Raum über der Welt schwebt und vom Menschen immer nur unkritisch mit Kadavergehorsam angenommen werden kann. Vielmehr steht die Botschaft Gottes stets in Beziehung zur jeweiligen menschlichen Wirklichkeit, die eingebettet ist in die unterschiedlichen Bedingungen von Raum und Zeit, Kultur und Epoche, Gesellschaft und Entwicklung. Gott offenbart sich in menschlicher Geschichte mit all ihrer Zeitbedingtheit und ihren kulturellen, sozialen, wirtschaftlichen, politischen wie auch religiösen Voraussetzungen. »Himmlische« Offenbarung wird »geerdet«, sonst erreicht sie den Menschen nicht.

Dieses Verständnis der Bibel als Gotteswort *in* Menschenwort ist für Christen leichter zu akzeptieren als ein entsprechendes Koranverständnis für Muslime, für die der Koran als

Wort für Wort geoffenbart und deshalb nicht veränderbar gilt. Dennoch muss auch im Islam unter den heutigen Bedingungen einer Welt mit vielen Kulturen (nicht mehr allein der arabischen Kultur zu Beginn des 7. Jahrhunderts n. Chr.) gefragt werden, ob selbst bei Akzeptanz der Annahme einer Wort-für-Wort-Offenbarung alle Offenbarungsworte die gleiche Relevanz für andere Zeiten und Kulturen haben.

Einige moderne islamische Theologen stellen sich dieser Frage; der bereits genannte Mouhanad Khorchide, Inhaber des Lehrstuhls für Islamische Religionspädagogik in Münster, gehört zu den Verfechtern einer differenzierteren Sicht der koranischen Suren. Er bezieht sich auf Forschungen an der Universität Ankara in den 1990er-Jahren und auf den pakistanischen liberal-islamischen Philosophen Fazlur Rahman (1919–1988). Rahman vertritt eine Wechselwirkung zwischen dem Koran und der Zeit seiner Entstehung im arabischen Raum auf der einen Seite sowie dem heutigen Leben auf der anderen Seite.

Die Erforschung des Korans im Sinne von Rahman und Khorchide untersucht eine koranische Aussage zuerst in Hinblick auf die historische Situation ihrer Entstehungszeit. Danach wird zweitens zwischen allgemein Gültigem und Zeitbedingtem unterschieden, zwischen der inhaltlichen Kernaussage und den zeitbedingten Anwendungen. Die Kerngedanken nun werden in einem dritten Schritt in die heutige Zeit übertragen. Der Kern der Offenbarung wird also nicht verändert; wohl aber wird die Anwendungsmöglichkeit einer koranischen Aussage dadurch verbessert, dass sie nunmehr mit dem Leben neuer Zielgruppen anderer Zeiten und Kulturen besser korreliert. Es wird unterschieden zwischen allgemein gültigen und nicht veränderbaren Aussagen und solchen Aussagen, die nur auf eine bestimmte und zeitbedingte Situation hin getroffen wurden. Der Koran sagt:

> Er ist es, der herabgesandt auf dich die Schrift,
> in ihr sind eindeutig klare Zeichen –
> sie sind die Mutter der Schrift –
> und andere, mehrdeutige. (Sure 3,7)

Eine solche Unterscheidung fällt bei vielen Koranversen leicht. Wenn es in Sure 3,5 heißt: »Wahrlich, nichts auf Erden ist vor Gott verborgen«, dann ist das eine allgemein gültige Aussage über Gott. Wenn es in der gleichen Sure (3,13) wahrscheinlich über die Schlacht von Badr (in der wenige Muslime ein großes mekkanisches Heer besiegten) heißt: »Ihr habt ein Zeichen in den beiden Scharen gehabt, die in der Schlacht aufeinandertrafen, eine Schar für Gott kämpfend, und die andere, ihn leugnend«, dann bezieht sich diese Aussage auf eine bestimmte zeitbedingte Situation, die nicht wiederholbar ist. Eine solche Aussage hat naturgemäß eine andere Relevanz unter den koranischen Texten.

Was aber kann ein hermeneutischer Schlüssel sein, der bei der Unterscheidung zwischen grundsätzlichen und zeitbedingten Versen des Korans hilft, ein grundsätzliches Kriterium, vor dessen Hintergrund man die Texte des Korans einordnen kann? Für eine Antwort können wir auf die Texte der Bibel schauen, bei deren Deutung man vor dem gleichen Problem steht. Es gibt in der Hebräischen Bibel eine Fülle von Aussagen über Gott, Gotteserfahrungen, die in unterschiedliche Richtungen gehen: Gott als Hilfe und Gott als Rächer, Gott als Erbarmender und Gott als Gewalttätiger, Gott als Befreier und Gott als Richter. Wenn man solche Aussagen über Gott sammelt und kritisch bewertet, kommt man zum Schluss, dass die Vorstellung von Gott als Erbarmender, Befreiender, Schützer und Hüter der Menschen die vorherrschende theologische Linie der Bibel ist: »Dein Erbarmen komme über mich, damit ich lebe, denn deine Weisung macht mich froh.« (Psalm 119,77)

Ähnlich ist es im Koran: Auch hier überwiegen die Aussagen über den erbarmenden Gott, wenn es etwa heißt: »Und gesandt haben Wir dich (Mohammed) nur aus Barmherzigkeit für die Welten.« (Sure 21,107) Bei allen zeitbedingten Aussagen des Korans ist seine grundsätzliche Aussage vorrangig und unverzichtbar, dass »Gott der Barmherzige, der Allerbarmer« ist. Das allein ist die innere Mitte des Korans, das ist der *Schlüssel zum Verständnis* aller Koranverse.

Der Koran und die Bibel

Die Bibel erzählt von der Berufung der biblischen Propheten durch Gott (vgl. etwa Jesaja 6,1–13; Jeremia 1,4–10). Ezechiel, der Prophet in der Exilszeit Israels in Babylon, berichtet von einer Vision am Anfang seines Wirkens. Der Herr beauftragt ihn in einer bildhaften Sprache mit seiner prophetischen Sendung: Ezechiel soll seinen Mund öffnen und eine Buchrolle essen, die ihm entgegengestreckt wird. Anschließend heißt es:

> Iss dieses Buch. Dann geh und rede zum Haus Israel!
> Ich fülle dein Inneres mit dieser Rolle. Dann geh
> zu den Verschleppten deines Volkes und sag zu ihnen:
> So spricht Gott, der Herr. (Ezechiel 2,8–3,11)

Die erste und älteste Sure des Korans ist nach übereinstimmender Meinung der Wissenschaftler Sure 96. In ihr wird vom Auftrag Gottes an Mohammed erzählt, die ihm durch den Engel Gabriel (Dschabra'il) überbracht wird:

> Trag vor im Namen deines Herrn, der erschuf, erschuf den Menschen aus einem Blutklumpen! Trag vor, denn dein Herr ist im Guten unübertrefflich, der durch das Schreibrohr nahe brachte, den Menschen lehrte, was er nicht wusste. (Sure 96,1–5)

Die arabische Tradition erzählt diese Beauftragung Mohammeds ausführlicher: Der Engel Gabriel forderte Mohammed am Berg Hira dreimal zum Lesen auf, doch Mohammed entgegnete, dass er nicht lesen könne. Als er schließlich unter Druck des Engels fragt: »Was soll ich lesen?«, trägt der Engel ihm den Text der Sure 96 vor, Mohammed wiederholt diese Verse. Danach führt die Legende eine Erinnerung Mohammeds an: »Ich erwachte, und es war mir, als wären mir die Worte ins Herz geschrieben. Dann vernahm ich vom Himmel: O Muhammad, du bist der Gesandte Gottes.«

Es fällt auf, dass die biblischen Prophetenberufungen und die des Mohammed nach dem gleichen Schema gestaltet sind: Ein

Mensch wird aus seinem Alltag herausgerufen, erfährt in einer Vision eine Beauftragung, wehrt sich dagegen (»Ich bin noch zu jung«, »Ich kann nicht lesen«), doch dieser Widerstand wird gebrochen und er ist bereit, den Auftrag Gottes zu erfüllen. Danach steht sein ganzes Leben unter diesem Auftrag, sein Leben erfährt eine entscheidende Wende.

Diese Parallele ist nicht überraschend, denn es gibt eine Beziehung des Korans zur Bibel. Zur Zeit des Mohammed gab es auf der arabischen Halbinsel jüdische und christliche Gemeinden. Juden kamen schon vor der Zeitenwende als Händler nach Arabien und gründeten dort Diasporagemeinden. Nach der Zerstörung des Jerusalemer Tempels dürften diese Gemeinden durch Zuwanderer gewachsen sein, eventuell auch durch arabische Konvertiten. Jüdische Stämme werden deshalb entlang der Handelswege genannt, demnach auch in Medina. Auch eroberte der jüdische König Yusuf Asar 517 n. Chr. die christliche Oasenstadt Najran im Süden der arabischen Halbinsel.

Christliche Gemeinden bildeten sich hier ebenfalls in früher Zeit. Dabei folgten diese Christen wohl nicht dem Hauptstrom der christlichen Lehre, wie sie sich im Römischen Reich entwickelte. Nicht das hellenistisch-römische Christentum war hier vorherrschend, sondern ein Judenchristentum, das sich von Flüchtlingen ableitete, die nach der Zerstörung Jerusalems im Jahr 70 nach Süden gingen. Diese judenchristliche Richtung wurde verstärkt, als das äthiopische Reich nach Arabien expandierte, dessen Glaube von einer ähnlichen Christologie geprägt war.

Über die jüdischen und christlichen Gemeinden kam Mohammed mit Sicherheit auch mit der Bibel in Berührung. Da er der Überlieferung nach nicht lesen konnte, wird die Kenntnis biblischer Themen ausschließlich über eine mündliche Tradierung erfolgt sein – das war aber damals der allgemein übliche Weg und die mündliche Tradierung in nomadischen Kulturen ist nicht schlechter als die schriftliche.

Im Koran findet sich eine Fülle von biblischen Bezügen. Wichtige biblische Personen werden genannt, etwa: Adam

(Adem), Eva, Noach (Nuh), Abraham (Ibrahim), Isaak (Ishak), Jakob (Yaqub), (der alttestamentliche) Josef (Yusuf), Mose (Musa), Aaron (Harun), Miriam, David (Dawud), Salomo (Suleiman), dazu die Propheten Amos, Elija (Ilyas), Hosea, Jeremia, Jesaja, Jona (Yanus), Micha, Zephanja, selbst die Prophetin Hulda. Neutestamentlich werden Johannes (Yahya), Jesus (Isa) und Maria (Maryam) genannt. (Zu den biblischen Gestalten vgl. auch Seite 178–217.)

Nach biblischen Gestalten werden ganze Koransuren benannt: Sure 12: Yusuf (Josef), Sure 14: Ibrahim (Abraham), Sure 19: Maryam (Maria, die einzige Frau, die namentlich im Koran aufgeführt wird), Sure 71: Nuh (Noach). Aber auch biblische Orte werden benannt – etwa in der Sure 52: at-Tur (Sinai – mit Verweis auf die dort ergangene Offenbarung des Gesetzes an Mose). Jerusalem, die drittheiligste Stadt des Islam, wird im Koran nicht namentlich erwähnt, wohl aber spricht Sure 17,1 von der (visionären?) Nachtreise Mohammeds, bei der Gott »Seinen Diener bei Nacht von dem Unverletzlichen Haus der Anbetung (Kaaba in Mekka) zu dem Fernen Haus der Anbetung (in Jerusalem?) beförderte«. In der islamischen Tradition wird diese Nachtreise später fest mit Jerusalem verknüpft: Der ca. 691 erbaute Felsendom auf dem Tempelberg in Jerusalem ist über dem legendären Felsen gebaut, der der Beginn der Himmelreise gewesen war. Auch der Name der benachbarten al-Aksa-Moschee erinnert daran (*al-aksa* = »die ferne Kultstätte«).

Neben den biblischen Personen werden viele Erzählungen und Themen der Bibel aufgegriffen. Manche dieser Erzählungen sind mit den biblischen nahezu identisch, andere wiederum setzten eigene Akzente oder bringen eine eigene Deutung ein.

Vor allem aber ist die Offenbarungsgeschichte des Korans unmittelbar mit derjenigen der Bibel verbunden: Es gibt eine Linie von Offenbarungen und Propheten, die schließlich in Mohammed mündet, dem letzten der Propheten und dem abschließenden und beglaubigenden »Siegel« aller Propheten. Die Texte der Bibel, besonders die in Tora und Evangelium, werden aus islamischer Sicht gleichsam im Koran korrigiert, auf Gottes ursprüngliches Wort zurückgeführt und inhaltlich abgeschlossen. Der Koran ist die letzte Offenbarung Gottes nach Tora und Evangelium. Deshalb ergibt sich eine inhaltliche Beziehung der Heiligen Bücher von Juden, Christen und Muslimen.

Der Koran für Christen

Das Verhältnis zwischen Koran und Christen ist zwiespältig. Es muss von beiden Seiten aus betrachtet werden:

Im Koran finden sich Aussagen zu den Christen in der medinischen, also der späten Entstehungsphase. Als Gemeindeleiter der Stadt Medina hatte Mohammed auch mit Christen zu tun; die Auseinandersetzungen, schließlich auch Kämpfe mit Byzanz erforderten eine inhaltliche Klärung des Verhältnisses der Muslime zu Christen (und Juden). Juden und Christen werden als »Leute des Buches« bezeichnet, weil ihnen ihre Gesandten Gottes Heilige Bücher mit der Offenbarung Gottes gebracht haben (Mose die Tora, Jesus das Evangelium). Diese Bücher stimmen mit der Botschaft des Korans überein, der Koran spricht von der Gemeinschaft mit »den Anhängern früherer Offenbarungen« (vgl. Sure 3,64) und erkennt eine innere Verbindung von Bibel und Koran, von Muslimen und Christen an, wenn er ausdrückt: »Gewiss findest du auch, dass den Gläubigen die am nächsten stehen in Liebe, die sagen: ›Wir sind Christen.‹« (Sure 5,82)

Ein Streitpunkt bleibt die Stellung Jesu. Für den Koran ist er Prophet, ja, Gesandter Gottes, weil er das Evangelium gebracht hat. Die christliche Bezeichnung Jesu als Sohn Gottes lehnt der Koran jedoch vehement ab (vgl. Seite 210 ff.):

> Der Messias, Jesus, Sohn der Maria, ist der Gesandte Gottes
> und Sein Wort, das Er hat Maria entboten,
> und Geist von Ihm. So glaubt an Gott und Seine Gesandten!
> Und sagt nicht: »Drei!« *(Sure 4,171)*

In späterer Zeit verschärfte sich der Gegensatz zwischen Muslimen und Christen. So werden die Muslime am Ende der medinischen Zeit aufgefordert: »O ihr, die ihr glaubt, nehmt nicht die Juden und die Christen als Beistand!« (Sure 5,51), »Bekämpft die ... von denen, denen gegeben worden ist die Schrift, bis sie aushändigen den Tribut als Unterlegene.« (Sure 9,29)

Christen werden zu Schutzbürgern, die keine volle Gemeinschaft mit den Muslimen haben und eine Sondersteuer zahlen müssen. Damit werden sie von der im muslimischen Staat geforderten Pflicht freigestellt, für den Islam zu kämpfen (*Dschihad*, vgl. Seite 148 ff.). Sie sind ebenso wie die Juden im Staat »Bürger zweiter Klasse«. Entsprechend dem *Hadith* Mohammeds »Der Islam herrscht und wird nicht beherrscht« können Christen auch keine hohen staatlichen Ämter einnehmen. In der Praxis sah dies in den Dynastien der Ummayyaden und Abbasiden anders aus; dort hatten Christen in Staat und Wissenschaft hohe Stellungen inne.

Wie nun können umgekehrt Christen den Islam und den Koran sehen? Lange Zeit waren die Muslime das Feindbild der christlich geprägten Länder; heute wächst aufgrund von nicht mit dem Koran zu vereinbarendem Terror von Islamisten erneut ein undifferenziertes Misstrauen von Christen gegenüber Muslimen. Doch gibt es auch Gegenbewegungen: Einen Aufbruch zu einem besseren Verständnis und Miteinander stellt Abschnitt 3 in der »Erklärung über die nichtchristlichen Religionen« des Zweiten Vatikanischen Konzils (1965) dar:

> Mit Hochachtung betrachtet die Kirche auch die Muslim, die den alleinigen Gott anbeten, den lebendigen und in sich seienden, barmherzigen und allmächtigen, den Schöpfer Himmels und der Erde, der zu den Menschen gesprochen hat. Sie mühen sich, auch seinen verborgenen Ratschlüssen sich mit ganzer Seele zu unterwerfen, so wie Abraham sich Gott unterworfen hat, auf den der islamische Glaube sich gerne beruft. Jesus, den sie allerdings nicht als Gott anerkennen, verehren sie doch als Propheten, und sie ehren seine jungfräuliche

Mutter Maria, die sie bisweilen auch in Frömmigkeit anrufen. Überdies erwarten sie den Tag des Gerichtes, an dem Gott alle Menschen auferweckt und ihnen vergilt. Deshalb legen sie Wert auf sittliche Lebenshaltung und verehren Gott besonders durch Gebet, Almosen und Fasten ...

Der Text kennzeichnet einfühlsam wesentliche Aussagen muslimischen Glaubens (ein Gott, Jesus als Prophet, ewiges Leben) und benennt wesentliche Züge muslimischer Glaubenspraxis (Gebet, Almosen, Fasten). Das ist innerhalb der katholischen Kirche eine völlig neue Sprache des Respekts vor Anhängern der Schwesternreligion Islam. Leider fehlt in diesem kurzen Abschnitt ein Hinweis auf Mohammed und ebenso zum Koran als Offenbarung Gottes – beides ist mit dem christlichen Selbstverständnis nicht vereinbar, dass Gott seine Offenbarung in Jesus abgeschlossen hat. Trotz dieser Einschränkung können Christen

- den Koran lesen als Zeugnis tiefen Glaubens an den einen Gott – dies verbindet Juden, Christen und Muslime;
- die Aussagen des Korans über Jesus als Anstoß nehmen, sich weniger missverständlich auszudrücken: Christen beten keine drei Götter an, sondern verstehen die drei Personen des einen und einzigen Gottes als drei verschiedene »Gesichter«, in denen sich Gott den Menschen zuwendet;
- die vielen Weisungen des Korans zu ethischen Fragen auch auf ihre Relevanz für Christen bedenken;
- durch die Auferstehungsbotschaft des Korans ermuntert werden, die gemeinsame Hoffnung auf Vollendung durch Gott zu bekennen;
- in Respekt, Toleranz und im Bemühen um Dialog eine weltweite Ökumene der Religionen zu fördern.

Der Koran gibt zu solchem Miteinander einen Impuls, der 1986 beim Friedensgebet der Religionen in Assisi vorgetragen wurde:

Wir haben euch gemacht zu Völkern und Stämmen,
auf dass ihr einander kennt.
Wahrlich, der Edelste von euch vor Gott
ist der Gottesfürchtigste. (*Sure 49,13b)*

Der Koran und die Religionen

Mit Juden und Christen sieht sich der Islam trotz aller Unterschiede durch eine den drei vorderorientalischen Schwesternreligionen gemeinsame Linie von Offenbarungen des einen und einzigen Gottes verbunden. Der Blick des Korans auf Gläubige anderer Religionen ist in seinem Urteil schärfer: Dabei geht es vor allem um das Bekenntnis zum einen und einzigen Gott. Wo dies in den Augen des Korans in Frage gestellt ist – etwa durch den Glauben an mehrere Götter –, ist eine deutliche Abgrenzung, ja, Bekämpfung dieser falschen Sicht nötig:

> Und wer anruft neben Gott einen Gott, einen anderen,
> ohne einen Beweis,
> der hat seinem Herrn Rechenschaft abzulegen.
> Wahrlich, den Leugnern wird es nicht wohl ergehen.
> Und sagt: »Mein Herr, vergib und erbarme dich!
> Du bist der beste Erbarmer.«
> (Sure 23,117–118)

Die Ablehnung eines Vielgottglaubens führt in der frühen mekkanischen Zeit noch nicht zu einer kämpferischen Auseinandersetzung, sondern eher zu einem beziehungslosen Nebeneinander von Muslimen und Polytheisten. In medinischer Zeit wird die Auseinandersetzung mit den Polytheisten schärfer. Es gibt nun eine deutliche Trennung: Muslime dürfen nicht diejenigen zu Verbündeten nehmen, die die Wahrheit des einen und einzigen Gottes leugnen (vgl. Sure 3,28).

In Medina stand Mohammed im Kampf gegen seine Heimatstadt Mekka. Die folgenden Verse aus Sure 2 beziehen sich deshalb auf diesen konkreten Kampf. Sie machen deutlich, dass die Haltung der Muslime kompromissloser geworden ist. Diese Linie setzt sich dann auch fort in der nach Mohammed folgenden Eroberung des Vorderen Orients, Nordafrikas und Zentralasiens durch muslimische Heere: Wo Juden und Christen als »Leute des Buches« schonend behandelt wurden, wenn auch als

Bürger zweiter Klasse, ist der Kampf gegen die polytheistischen Ungläubigen unerbittlich. Davon kann natürlich im Koran noch nicht explizit die Rede sein, doch der Kampf gegen das ungläubige, weil polytheistische Mekka wurde später vielfach prägend für die Auseinandersetzung des Islam mit anderen Religionen und ist es bei manchen Muslimen heute noch:

> Bekämpft auf dem Weg Gottes diejenigen,
> die euch bekämpfen,
> doch begeht keine Übertretung!
> Siehe, Gott liebt nicht die Übertretung Begehenden.
> Und tötet sie, wo immer ihr sie trefft,
> und vertreibt sie, von wo sie euch vertrieben …
> Das ist die Vergeltung für die Leugner.
> (Sure 2,190–191, vgl. auch Seite 151 ff. zum Dschihad)

Allahu akbar – Gott ist größer

Der Koran ist das Heilige Buch der Muslime, aus ihrer Sicht der endgültige und nicht zu überbietende Abschluss der Offenbarungen Gottes an seine Gesandten und Propheten, deren endgültiger Abschluss und »Siegel« Mohammed darstellt. Der Koran versteht sich als Grundlage islamischen Glaubens und gibt in seinen oft schwierigen Sprachformen und Bildreden die wesentlichen Aspekte muslimischen Glaubens wieder. Er ist aber nicht allein Richtschnur für den Glauben der Muslime, sondern zugleich Gebet und Lobpreis des einen und einzigen Gottes, zu dessen Bekenntnis der Koran in seiner Gänze aufruft.

Deshalb kann man als die innere Mitte des Korans den Ausruf (*Takbir*) ansehen, den der Muezzin viermal hintereinander vom Minarett ruft und damit die Muslime zum Gebet und zur Verehrung Gottes mahnt: »Allahu akbar – Gott ist größer.«
Das arabische Wort *al-Illah* (zusammengezogen *allah*) bedeutet »der Gott« – es gibt nur den einen und einzigen. Die höchste Steigerungsform (Elativ) *akbar* (von *kabir* = »groß«) drückt aus,

dass allein Gott Macht hat über alles. Er ist der Mächtige und zugleich der Allerbarmer, er ist der Herr über die Himmel (im Islam gibt es sieben Himmel mit je gesteigertem Glück) und die Erde, er hat die Verfügungsgewalt über jedes Lebewesen und jedes Ding im Universum.

Allahu akbar leitet sich implizit von der Kernaussage des Korans und explizit von mehreren Koranversen ab:

> Sagt: »Aller Preis gebührt Gott«,
> der keinen Nachkommen zeugt
> und keinen Teilhaber an seiner Seite hat [gegen Christen]
> und keine Schwäche hat
> und daher kein Bedürfnis nach irgendwelcher Hilfe«
> und also lobpreise Seine grenzenlose Güte.
> (Sure 17,111, Asad)

Ähnlich lautet die Offenbarung Gottes an den Propheten Mohammed in Sure 74,2–3 (der nach den ersten Versen von Sure 96 frühesten Offenbarung), in der Mohammed aufgefordert wird, die Menschen zu warnen und zugleich die »Größe deines Erhalters« zu rühmen.

Nicht allein der Muezzin nutzt den Ruf »allahu akbar«, sondern jeder Muslim spricht ihn zu Beginn des fünfmaligen täglichen Gebetes (vgl. Seite 112 ff.), dazu auch während des weiteren Ablaufs des Gebetes. Auch zu anderen Gelegenheiten – etwa bei Beerdigungen – wird der Ruf gesprochen. Er ist zudem oft in den Bauschmuck von Moscheen und anderen muslimischen Gebäuden eingeflossen, in Zierkacheln, ja, in ganzen Wandgestaltungen wie etwa in der Sala de Embajadores (Botschaftersaal, als Thronsaal genutzt) der maurischen Stadtburg Alhambra in der andalusischen Stadt Granada. Der Leitspruch der dortigen Nasridenkönige war »allahu akbar«, dementsprechend umgibt er die Wände rund um den (heute nicht mehr vorhandenen) Königsthron.

Der Ausruf »allahu akbar« als innerstes Bekenntnis des Islam findet sich auch auf den Flaggen des Irak, von Afghanistan und seit der islamischen Revolution ab 1980 des Iran. Diese Flaggen dürfen nicht auf Halbmast gesetzt werden, da dies eine Beleidigung Gottes darstellen würde.

Sure 29 fasst die Beziehung von Koran, muslimischem Gebet und dem Bekenntnis zu einem Gott wie folgt zusammen:

> Trag vor, was dir offenbart von der Schrift!
> Und verrichte das Gebet!
> Wahrlich,
> das Gebet verbietet das Schändliche und das Verwerfliche.
> Und Gottes zu gedenken, ist gewiss größer.
> Und Gott weiß sehr wohl, was ihr macht.
> (Sure 29,45)

Der Koran: Die Offenbarung

Der Koran: Die Urnorm

Juden und Christen erforschen die Bibel als Menschenwort, als in unterschiedlichen Textsorten gesammelte Erfahrungen von Menschen, als Antworten auf die Grundfragen nach dem Woher und Wohin und vor allem dem Wozu und Wie des Lebens. In vielfältiger Weise und unterschiedlichen Textsorten nehmen die biblischen Schriftsteller Stellung. Selbstverständlich waren diese Schriftsteller ebenso an die Bedingungen ihrer Zeit und Kultur, ihrer Region und ihres Weltverständnisses gebunden wie alle anderen Menschen um sie herum. Somit sind auch die Texte der Bibel von Zeit, Ort und Kultur ihrer Entstehung abhängig. Die Vorstellungen und Gedanken der biblischen Schriftsteller fließen in die biblischen Texte ebenso ein wie persönliche Vorlieben, aber auch Begrenzungen im Verständnis, die sich aus der jeweiligen Zeit und Kultur ergeben. *Die Bibel ist immer Menschenwort.*

Dennoch bekennen Juden wie Christen, dass die Bibel mehr ist: Sie ist ebenso Gotteswort. Dies ist sie aber nicht in dem Sinne, dass Gott oder einer seiner Engel den biblischen Schriftstellern den Text in die Feder diktiert oder unmittelbar ins Ohr geflüstert hat (wie etwa der Engel Gabriel [Dschabra'il] es bei Mohammed mit den Suren des Koran tat). Vielmehr sind die Bücher der Bibel nach der Vorstellung der Christen »unter der Einwirkung des Heiligen Geistes geschrieben« (Zweites Vatikanisches Konzil, Dogmatische Konstitution über die göttliche Offenbarung, 1965, Abschnitt 11). Das meint nicht, dass Gott selbst geschrieben hat, sondern dass sich Menschen Gott geöffnet haben und so zu einem inspirierten, erleuchteten, anregenden Aufschreiben ihrer Erfahrungen mit Gott (und der Erfahrungen anderer Menschen, denen sie begegneten) bewegt wurden.

Juden wie Christen vernehmen somit in der Bibel Gottes Wort an die Menschen und orientieren deshalb ihr Leben an diesen Heiligen Schriften. Die Bibel stellt einen Zuspruch Gottes an die Menschen dar und erhebt zugleich den Anspruch, dass der Mensch auf dieses gute Wort hin seine Antwort des Glaubens und der Liebe geben soll. *Die Bibel ist somit immer Gotteswort.*

Die muslimische Sicht auf die Offenbarung und damit auf die Entstehung des Korans ist grundsätzlich anders:

- Es gibt einen *Urkoran* bei Gott im Himmel, eine Urnorm, die von Gott selbst aufbewahrt wird. Diese Urnorm wird von Gott aus – meist durch einen Engel, etwa Gabriel – an verschiedene von Gott berufene Propheten zu unterschiedlichen Zeiten vermittelt, damit diese den heiligen Text an die Menschen weitergeben.
- Die erste Offenbarung dieser Art ging an *Ibrahim* (Abraham, vgl. Seite 182 ff.), der den aus dieser Botschaft sich ergebenden Glauben an den einen und einzigen Gott an seine Söhne Ismael (den Erstgeborenen, vgl. Seite 186 ff.) und Isaak weitergab und so eine erste Traditionslinie islamischen Glaubens eröffnete: Abraham wird deshalb als erster Muslim und als Prophet in islamischer Sicht verstanden. Weil Abraham der erste Muslim ist, ist seine Religion (der Islam als die Unterwerfung unter Gott) auch die älteste Religion. Zugleich ist sie aber auch die jüngste Religion, weil sie durch Mohammed, den letzten der Propheten, wieder ins Leben gerufen wurde. Der Islam als erste und letzte Religion – das ist muslimisches Selbstverständnis.
- Später erging wiederum eine Offenbarung an *Musa* (Mose, vgl. Seite 192 ff.). Dies ist die auf dem Berg Sinai geoffenbarte *Tora*, die Wegweisung Gottes (die fünf Bücher Mose am Anfang der Bibel). Doch die Juden verfälschten diese Botschaft in der Folge dadurch, dass sie das Wort Gottes in der Tora (dem mosaischen »Koran«) nur auf ihr eigenes Volk bezogen, obwohl es doch allen Völkern gelten sollte.

- Wegen dieser Beschränkung der Botschaft Gottes allein auf die Juden musste von Gott aus eine erneute Botschaft ergehen – dieses Mal an den Propheten *Isa* (Jesus, vgl. Seite 210ff.). Diese erneute Herabsendung des Urkorans ist das *Evangelium* (wobei der Islam nicht zwischen den vier verschiedenen Evangelientexten unterscheidet, sondern sie als Einheit, als einheitliche Botschaft sieht). Doch auch die Christen verfälschten diese erneute Botschaft des christlichen »Korans«: Sie gesellten nachmuslimischer Sicht dem einen und einzigen Gott zwei weitere als göttlich verstanden Personen bei – zum einen Jesus, den Propheten selbst, zum anderen Mariyam (Maria). (Hier verstehen Muslime die christliche Trinität von Vater, Sohn und Geist falsch.) Diese Beigesellung menschlicher Wesen wie Jesus und Maria zu Gott ist für Muslime nicht hinnehmbar:

  Geleugnet haben die, die sagen:
  »Gott, Er ist der Messias, der Sohn der Maria«,
  während der Messias aber selbst sagte: »O ihr Kinder
  Israels, dient Gott, meinem Herrn und eurem Herrn.«
  Wer neben Gott Anderes stellt,
  dem hat verwehrt Gott den Garten ...
  Geleugnet haben die, die sagen:
  »Gott ist der dritte von Dreien.«
  Kein Gott außer Gott, dem Einzigen ...« (Sure 5,72–73)
- Somit musste Gott noch einmal eine Offenbarung als Rechtleitung zu den Menschen senden: Durch den Engel Gabriel an Mohammed, den letzten der Propheten, das Siegel der Propheten. Das ist der über einen längeren Zeitraum von etwa zwanzig Jahren geoffenbarte Koran. Seine Suren werden dem nicht lese- und schreibkundigen Mohammed »ins Ohr geflüstert«, später dann auch aufgeschrieben. Der Koran ist somit die unverfälschte Offenbarung Gottes, die dem himmlischen Urkoran Wort für Wort entspricht: »Bei Gott ist die Mutter der Schrift.« (Sure 13,39) (Khoury übersetzt: »die Urnorm des Buches«, Asad: »die Quelle aller Offenbarung«.)

(Gott spricht:) Bei der Schrift, der offenkundigen!
Wahrlich gemacht haben Wir ihn zu einem Koran,
zu einem arabischen, damit ihr vielleicht versteht.
Und wahrlich, er ist bei Uns in der Mutter der Schrift,
erhaben, weise ...
Wie viele Propheten sandten Wir an die Früheren!
(Sure 43,2–6)

Der Koran gilt also als himmlisches, göttliches Buch, das auf die Menschen herabgekommen ist – aber warum tut Gott dies? Der Koran gibt selbst die Antwort: Weil Gott barmherzig ist!

Und Wir haben ihnen gebracht eine Schrift,
die Wir mit Wissen darlegten als Rechtleitung
und Barmherzigkeit für die Leute, die glauben.
(Sure 7,52)

Der Koran ist im muslimischen Verständnis fehlerfrei und in allem Gottes unmittelbares Wort an die Menschen. Deshalb muss er auch in der Offenbarungssprache, dem Hocharabischen, weitergegeben werden: »Dies die Schrift, darin kein Zweifel, Rechtleitung für die Gottesfürchtigen.« (Sure 2,2)

Die Offenbarungen Gottes im Islam:

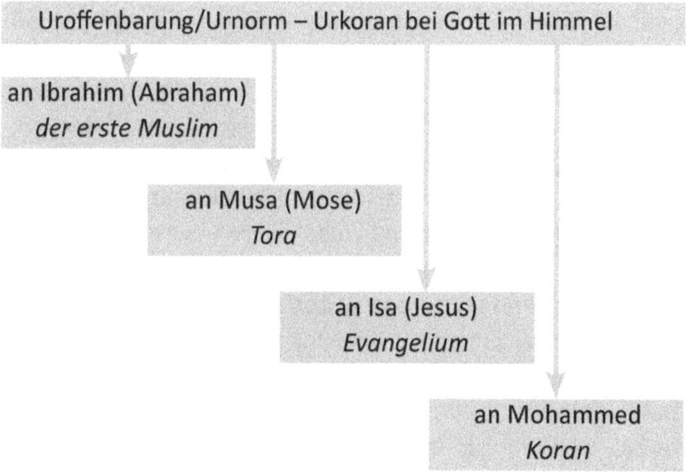

Licht für die Gläubigen

Die Erfahrung von Licht und Dunkelheit gehört zu den elementaren Erfahrungen menschlichen Lebens, beginnend bei der Geburt mit dem Übergang aus der Dunkelheit (der Geborgenheit, der Höhle) in ein helles Licht. Bedingt durch den Wechsel von Tag und Nacht, Wach- und Schlafzeit, von Wärme und Kälte, von Sommer und Winter wird der Mensch sensibel für den Kontrast von Licht und Dunkelheit. Beides kann zu einem Symbol für tiefer liegende Wirklichkeiten werden. Dabei bezeichnet die Dunkelheit vor allem Angst, symbolisiert Gefährdung, Kälte, unsicheres Leben, Untergang, Tod. Dunkelheit steht für Irrtum, Dummheit und geistige Blindheit. In religiöser Hinsicht kann Dunkelheit (Finsternis) zum Symbol des Dämonischen, der gegengöttlichen Kraft werden.

Anders dagegen das Licht: Es ist Symbol für Geborgenheit, Angenommensein, geordnetes Leben (vgl. die Scheidung von Licht und Dunkelheit in der biblischen Schöpfungserzählung Genesis 1,4). Tiefer gesehen ist Licht ein religiöses Symbol der Gottheit, des Oberen, des den Menschen Übersteigenden. Nicht umsonst spielt Licht (Feuer, Sonne, Gestirne) eine erhebliche Rolle in vielen Kulturen und Religionen (zum Beispiel in Altägypten, im Inkareich, in Altpersien, aber auch beim Verständnis von Christus als »Licht der Welt«). Viele Religionen fordern, aus der Dunkelheit zum Licht aufzusteigen (wie die Morgendämmerung), um so dem Göttlichen begegnen zu können.

Licht ist im Bereich christlichen Glaubens und christlicher Lebensformen ein wichtiges Symbol. Es verweist auf Gottes gute Schöpfung, auf eine von Gott geordnete Welt (Genesis 1). Licht ist die Bezeichnung für Gott selbst, etwa in Psalm 27,1: »Der Herr ist mein Licht« oder 1 Johannes 1,5: »Gott ist Licht und keine Finsternis ist in ihm«. Aus neutestamentlich-christlicher Sicht wird Licht auch zur Bezeichnung für Jesus, den Christus Gottes, etwa in Johannes 8,12: »Ich bin das Licht der Welt« oder

Johannes 1,9: »Das wahre Licht, das jeden Menschen erleuchtet, kam in die Welt«.

Im Koran und damit im Islam wird durchaus auch vom »Licht Gottes« gesprochen. So heißt es: »Gott ist Licht der Himmel und der Erde.« (Sure 24,35)

Doch weil es unmöglich ist, Gott zu definieren – selbst mit einem Bildwort wie dem des Lichtes geht das nicht –, fährt die Sure mit einem Vergleich fort:

Das Gleichnis von Seinem Licht:
Eine Nische, in der eine Leuchte ... Licht über Licht.
Gott leitet zu seinem Licht, wen Er will.
Und Gott prägt Gleichnisse für den Menschen.

Das Licht Gottes leuchtet durch die Herabsendung des Korans, damit wird es für den Menschen zugänglich und beschreibbar:

O ihr Menschen,
zu euch ist gekommen ein Beweis von eurem Herrn.
Und Wir sandten zu euch herab Licht, Offenkundiges.
(Sure 4,174)

Das Licht Gottes, dargelegt in den Worten des Korans, gilt den Menschen, damit sie den geraden Weg erkennen, den Gott ihnen vorgibt, und damit sie mit Gottes Rechtleitung (also mit der Schrift des Korans, mit Gottes Urnorm) zum Heil finden im Diesseits und im Jenseits. Der Koran wird so als die entscheidende Hilfe angesehen, die Gott dem Menschen gibt. Was Christen in der Person Jesu, des Christus Gottes, bekennen, dass er Heil ist von Gott für alle, das bekennen Muslime mit Blick auf den Koran: Er ist Gottes Heil für alle.

Und so haben Wir dir geoffenbart
Geist nach unserem Befehl.
Nicht wusstest du, was die Schrift ist und was der Glaube.
Aber geschaffen haben Wir sie zu einem Licht,
mit dem wir rechtleiten ...
Du leitest recht auf dem Weg, dem geraden ...
(Sure 42,52)

Rechtleitung und Führung

Rechtleitung durch Gott ist einer der Schlüsselbegriffe des Islam und taucht deshalb auch vielfach im Koran auf (vgl. dazu Seite 40–44).

Wie alle Religionen, so versteht auch der Islam den Lebensweg des Menschen als einen Weg, der oft schwierig ist, manchmal nicht deutlich erkennbar, der durch Höhen und Tiefen führt. Notwendig ist für den Lebensweg also eine klare und deutliche Orientierung, damit der Mensch nicht irregeht. So geben die Religionen der Welt nicht nur unmittelbar »religiöse« Botschaften wieder, sondern stellen auch religiöse und ethische Forderungen an den Menschen auf, die von Gott, den Göttern, dem Göttlichen her begründet werden. Religion ist nicht nur »Himmelssache«, sondern auf der Erde und damit mitten im Leben der Menschen verwurzelt. Sie gibt also Lebensweisheit wieder und kann deshalb den suchenden und fragenden Menschen jeder Zeit und Kultur Halt und Orientierung schenken. Religion – und das gilt besonders für die drei Schwesternreligionen Judentum, Christentum und Islam – bekennt den *Zuspruch* Gottes zum Menschen, bekennt aber ebenso, dass sich aus diesem Zuspruch ein *Anspruch* Gottes an den Menschen ergibt.

Doch Zuspruch und Anspruch Gottes gehen darin überein, dass seine Rechtleitung einen guten Weg vorgibt, den der Mensch gehen kann, um zu einem gelingenden Leben im Diesseits und zum Heil im Jenseits zu finden. Der von Gott gewiesene Weg ist deshalb der »Weg an die Quelle des Lebens« (vgl. Psalm 36 auf Seite 37). Das alttestamentliche Buch der Sprichwörter (14,27) bezeichnet die »Gottesfurcht« (und damit das Schreiten des Menschen auf dem Weg Gottes entsprechend seiner Rechtleitung) als »Lebensquell, um den Schlingen des Todes zu entgehen«. In der großen Bildrede am Jakobsbrunnen drückt Jesus dies in vergleichbarer Form aus und schließt damit an die Texte der Hebräischen Bibel an:

Wer von dem Wasser trinkt, das ich ihm geben werde,
wird niemals mehr Durst haben;
vielmehr wird das Wasser, das ich ihm gebe,
in ihm zur sprudelnden Quelle werden,
deren Wasser ewiges Leben schenkt.
(Johannes 4,14)

Die Zusage des Lebens als Geschenk Gottes steht auch im Kern der koranischen Botschaft. Weil Gott sich den Menschen zuwendet und der Barmherzige ist (vgl. Seite 13 ff.), weil er als Freund der Menschen (vgl. Seite 28 ff.) ihnen in Liebe zugetan ist (vgl. Seite 33 ff.), schenkt er Rechtleitung, sodass die Menschen einen geraden und richtigen Weg gehen können, der im Diesseits zu einer gerechten und friedlichen Gesellschaft (*Umma*) führt und zudem den Weg in das Paradies des Jenseits zeigt.

Dies klingt an vielen Stellen des Koran an, etwa auch in Sure 39:

Herabgesandt hat Gott die schönste Verkündigung:
Eine Schrift, eine sich gleichartig wiederholende,
die erschauern lässt die Häute derer,
die fürchten ihren Herrn.
Dann besänftigen sich ihre Häute
und ihre Herzen zum Gedenken Gottes.
Das ist die Rechtleitung Gottes ...
Und wahrlich, geprägt haben Wir
den Menschen in diesem Koran Gleichnisse,
damit sie sich vielleicht ermahnen lassen.
(Sure 39,23.27)

Das ist die Aufgabe der Propheten und die Aufgabe des Mohammed als letztes und bestätigendes Siegel aller Propheten in besonderer Weise: Sie sollen die Menschen ermahnen, ihnen die Weisung und Rechtleitung Gottes vermitteln. Aber sie sollen keinen Zwang im Glauben ausüben, sondern die Menschen sollen sich frei für oder gegen Gottes Weisung, damit allerdings auch für oder gegen das Heil von Gott entscheiden. Dabei gilt die Botschaft der Propheten zuerst den Menschen in ihrem direkten Umfeld, darüber hinaus aber auch der ganzen Menschheit. Wiederum gilt dies besonders für Mohammed; von seiner Aufgabe wird im Koran wie folgt gesprochen:

> Und dich gebracht haben Wir als Zeugen über sie.
> Und herabgesandt haben Wir dir die Schrift
> als Erklärung aller Dinge, als Rechtleitung,
> Barmherzigkeit und frohe Kunde für die Ergebenen ...
> Wahrlich Gott ermahnt euch.
> Vielleicht lasst ihr euch ermahnen!
> (Sure 16,89–90)

Am Anfang der Sure 41, die arabisch *fussilat* (= »klar dargelegt«) überschrieben ist, wird dieser Aspekt des Korans umfassend ausgedrückt:

> Herabsendung von dem Barmherzigen, dem Erbarmer,
> eine Schrift, deren Zeichen klar dargelegt,
> als ein Koran, ein arabischer, für Leute, die Wissen haben.
> Als Verkünder froher Kunde und Warner.
> (Sure 41,2–4)

Bekenntnis zu Gott

Die Beziehung von Gott zum Menschen wird in den jüdischen, christlichen und islamischen Traditionen durchaus in vergleichbarer Weise gesehen. Gott tritt aus Liebe zum Menschen und aus Erbarmen aus seiner Verborgenheit heraus und offenbart sich dem Menschen. Umgekehrt könnte der Mensch nie etwas von Gott erkennen und auch nur über ihn sprechen, wenn Gott nicht als Ersthandelnder auf ihn zugekommen wäre. Juden bekennen dieses Entgegenkommen Gottes in einem Buch, der Tora; Christen bekennen es im Menschen Jesus Christus. Muslime erkennen den Weg Gottes zum Menschen wiederum in einem Buch, im Koran. Nach islamischem Verständnis sind die Botschaften Gottes an die Menschen in Tora, Evangelium (durch den Propheten Isa/Jesus) und Koran aber identisch –

immer geht es um das Heil des Menschen. Die Aussagen der Heiligen Schriften dieser drei abrahamitischen Religionen über Gott beziehen sich in der Folge nie auf das innere Wesen Gottes – das kann der Mensch nicht erkennen. Wohl aber sprechen sie von den Erfahrungen, die Menschen, vor allem die Propheten, mit Gott und der Botschaft Gottes gemacht haben. Von daher sind alle Heiligen Schriften (Tora, Evangelium und Koran) letztendlich nichts anderes als ein Glaubensbekenntnis zum Gott der Barmherzigkeit, der den Menschen nahe ist, der ihm »näher als seine Halsschlagader ist« (Sure 50,16, vgl. Seite 51) beziehungsweise der »ihn von allen Seiten umgibt« (Psalm 139,5).

Deutlicher als meist in den alt- oder neutestamentlichen Schriften der Bibel werden die Verse des Korans als Glaubensbekenntnis zum einen und alleinigen Gott, zum »Barmherzigen und Erbarmer« verstanden (vgl. den Einleitungsvers aller Suren, die *Basmala*, die Anrufung Gottes). Die Einheit aller Botschaften Gottes in Tora, Evangelium und Koran klingt dennoch an (auch wenn sie aus islamischer Sicht durch die Juden [Tora] und die Christen [Evangelium] verfälscht wurden, vgl. Seite 79 f.). Für die Gläubigen gilt ein Versprechen Gottes, das Versprechen des Paradieses (Asad, Khoury), beziehungsweise des Gartens (Karimi): »Ein Versprechen, das ihm obliegt, in Wahrheit in der Tora, im Evangelium und im Koran.« (Sure 9,111)
Die Heiligen Schriften und allen voran der unverfälschte Koran der Muslime sind Gottes deutliches und rechtleitendes Wort. Aus ihnen ergibt sich die Aufforderung, zum Glauben an Gott bereit zu werden und Gottes Weg zu gehen:

> O ihr, die ihr glaubt,
> glaubt an Gott und Seinen Gesandten,
> und an die Schrift,
> die Er herabgesandt hat Seinem Gesandten [den Koran],
> und an die Schrift, die Er zuvor herabgesandt hat
> [die Tora und das Evangelium].
> (Sure 4,136)

Ein gesegnetes Buch

Vier der fünf Bücher der jüdischen Tora handeln von Mose, dem großen Propheten, von dem es im letzten Buch der Tora, dem Deuteronomium (= »Zweites Gesetz«) heißt: »Niemals wieder ist in Israel ein Prophet wie Mose aufgetreteten« (Deuteronomium 34,10). In diesem Buch wird die Wegweisung Gottes, die er im Bundesschluss am Sinai gegeben hat (vgl. Exodus 19–20), in etwas anderer Form wiederholt. Zugleich ist das Buch Deuteronomium eine Reflexion Israels über das Verhältnis von Gott und den Menschen; ihr Bundesschluss soll eingehalten und fortgeführt werden. In diesem Sinne heißt es zu den Geboten, die Mose im Auftrag Gottes an das Volk weitergegeben hat (nach einem Aufruf zur Gottesliebe, vgl. Seite 33):

Diese Worte, auf die ich dich heute verpflichte,
sollen auf deinem Herzen geschrieben stehen.
Du sollst sie deinen Söhnen wiederholen.
Du sollst von ihnen reden, wenn du zu Hause sitzt
und wenn du auf der Straße gehst,
wenn du dich schlafen legst und wenn du aufstehst.
Du sollst sie als Zeichen um das Handgelenk binden,
Sie sollen zum Schmuck auf deiner Stirn werden.
Du sollst sie auf die Türpfosten deines Hauses
und in deine Stadttore schreiben.
(Deuteronomium 6,6–9)

Die Bedeutung, die hier in den offenbarten und später auch schriftlich niedergelegten Worten Gottes für den Juden ausgesagt wird, könnte Muslime bestätigen. Für sie ist der Koran das »Buch der Bücher« (vgl. Seite 56), das alle anderen Schriften übertrifft, weil es unmittelbar Wort Gottes ist.

Im Neuen Testament finden sich vor allem in den Briefen Hinweise auf die Bedeutung der Schrift für den Glaubenden:

Und alles, was einst geschrieben worden ist,
ist zu unserer Belehrung geschrieben,

> damit wir durch Geduld
> und durch den Trost der Schrift Hoffnung haben.
> (Römer 15,4)

Die herausragende Bedeutung des Korans für jeden Muslim wird bereits im Koran selbst immer wieder herausgestellt. Solche Selbstverweise und Selbstbewertungen gibt es etwa in der Bibel, aber auch in den Heiligen Schriften anderer Religionen wie im hinduistischen Mahabharata oder dem chinesischen Daodejing nicht. Die Hochschätzung des Korans klingt an vielen Stellen an, er wird mit herausragenden Attributen gekennzeichnet und damit der Verehrung durch den Gläubigen empfohlen. Zum Beispiel heißt es in Sure 36,2 »Bei dem Koran, dem weisen«. Sure 50,2 führt auf »Beim Koran, dem ruhmreichen«. Nach einer Beschreibung der Freuden des Paradieses werden die zum Jenseits gemachten Aussagen in Sure 56,77 bestätigt: »Das ist ein Koran, ein edler, in einer Schrift, einer wohlverwahrten.«

Selbst eine Schar von *Dschinn* (Asad: »ungesehene Wesen«), von sterblichen und vernunftbegabten Geistern, die zwischen den Menschen und den Engeln stehen, ist zum Preis des Korans und seiner Botschaft fähig; Mohammed wird zu folgender Rede aufgefordert:

> Sag: Mir ist geoffenbart, dass eine Schar von Dschinn (der Verkündigung des Korans) zuhörte. Da sagten sie: »Wir haben gehört einen Koran, einen verwunderlichen, der zum rechten Wandel leitet. Da haben wir an ihn geglaubt.« (Sure 72,1–2)

In der Deutung dieser Verse werden die Dschinn oft mit den Juden gleichgesetzt (so Asad, vgl. Seite 45), weil in Sure 46,30 eine ähnliche Situation erzählt, dort aber mit der Offenbarung an Mose und Israel verbunden wird. Gleich wie man dies deutet – es ergibt sich immer die Aussage, dass die Schrift des Korans auch von Wesen anerkannt wird, die außerhalb des eigentlichen Islam und der muslimischen *Sunna* stehen.

Die Bedeutung des Korans sowohl für die gläubigen Muslime als auch für die ganze Menschheit lässt sich zusammenfassen: »Eine Schrift, dir herabgesandt voller Segen.« (Sure 38,29)

Der Koran: unveränderliches Wort Gottes

> Nun konnte dieser Qur'an unmöglich
> von irgend jemandem außer Gott ersonnen worden sein:
> nein, fürwahr, er bestätigt die Wahrheit dessen,
> was immer [von früheren Offenbarungen] noch erhalten ist,
> und legt die Offenbarung klar dar,
> [die] – keinen Zweifel soll es darüber geben –
> vom Erhalter aller Welten kommt.
> (Sure 10,37, Asad)

Dem Koran, so wie er Mohammed durch den Engel Gabriel übermittelt und nach dem Tod Mohammeds aufgeschrieben wurde und uns heute vorliegt, entspricht dem Urkoran, der sicher bei Gott verwahrt wird (vgl. Seite 79 und 81). Damit aber ist der Koran nicht durch Menschen entstanden und geformt worden. Diese Auffassung entspricht nicht der jüdisch-christlichen Sicht der Bibel (vgl. Seite 78 f.), deren Texte zwar als von Gott inspiriert, aber durch menschliche Schriftsteller geformt wurden. Die Bibel ist aus jüdisch-christlicher Sicht deshalb immer ein gemeinsames Werk des inspirierenden Gottes und zugleich der Menschen. Eine Erforschung und Auslegung der Bibel ist deshalb unerlässlich – dies hat ab dem 19. Jahrhundert zur historisch-kritischen Bibelforschung und im 20. Jahrhundert zu vielen weiteren Richtungen des Umgangs mit der Bibel geführt.

Beim Koran liegt die Sache anders: Seine besondere Bedeutung in jedem Vers und jedem Wort ergibt sich daraus, dass er bei Gott selbst entstanden ist und aufbewahrt wird und schließlich von Gott selbst den Menschen gegeben worden ist. Deshalb hat auch allein Gott die Verfügungsgewalt über den Koran. Und da Gott der Unveränderliche bleibt, ist auch der Koran unveränderliches Wort Gottes, das noch nicht einmal in einem einzigen Zeichen durch Menschen geändert werden darf.

Der Mensch hat also keine Verfügungsgewalt über den Koran; er ist nur aufgerufen, seinen Worten zu folgen. Der Anspruch an den Menschen ist es, sich ganz Gott zu ergeben (Islam). Das bedeutet aber auch von seiner Seite aus das Anerkennen des Korans als göttliche Schrift, die seinem Leben Rechtleitung und Licht schenkt, über die er aber nicht verfügen kann und darf.

Deshalb unterliegt der Koran aus traditioneller muslimischer Sicht auch nicht einer historisch-kritischen Forschung etwa zu der Frage, was darin unverfügbares und unveränderbares Wort Gottes und was zeitbedingt ist und deshalb auch in anderen zeitlichen und kulturellen Umständen (etwa in den heutigen Kulturen) nicht länger die gleiche Verbindlichkeit haben kann. Der Koran muss wegen seiner unmittelbaren Herkunft von Gott auch in seiner Originalsprache, in Arabisch, gelesen und rezitiert werden. Übersetzungen sind heute als Hilfsmittel erlaubt, um Menschen anderer als der arabischen Völker den Inhalt des Korans zu erschließen.

Erst allmählich gibt es unter islamischen Theologen – und dies besonders in Europa – Ansätze eines erneuerten Koranverständnisses. Der Islamwissenschaftler Mouhanad Khorchide (vgl. Seite 64) und andere unterscheiden zwischen allgemeinen Aussagen des Korans, die nicht in einem konkreten und historisch fassbaren Ereignis gründen (etwa zum Glauben an den einen Gott), und solchen, die sich konkret mit bestimmten Ereignissen verbinden (etwa die Kommentierung einer Schlacht der Muslime gegen die Mekkaner). Letztere sind zeitgebunden, können zwar auf allgemeinen Grundsätzen beruhen, stimmen aber nicht ungeprüft mit den völlig verschiedenen Anforderungen unserer heutigen Zeit und den unterschiedlichen Weltkulturen überein.

Hinzu kommt, dass es nach dem Koran selbst (Sure 3,7, vgl. Seite 66) eindeutige und mehrdeutige Verse gibt. Hier ist eine Auslegung in besonderer Weise erforderlich. Khorchide schreibt in seinem Buch »Islam ist Barmherzigkeit«: »Die ›eindeutigen Verse‹, die den Kern des Koran bilden, stellen diese allgemeingültigen Prinzipien dar, durch die Beliebigkeit und völliger Relativismus in den Lesarten des Koran verhindert werden. Bei den mehrdeutigen Versen handelt es sich vor allem um kontextabhängige juristische und gesellschaftliche Aspekte, die konkrete Anweisungen beinhalten und dem gesellschaftlichen Wandel unterliegen.« (Seite 171)

Das im Koran enthaltene Gotteswort richtet sich allerdings nach koranischem Selbstverständnis keineswegs nur an die Muslime, sondern auch an die Anhänger der beiden vom Islam als Buchreligionen anerkannten Schwesternreligionen Judentum und Christentum und darüber hinaus an die ganze Menschheit. Der Koran hat somit auch für Juden und Christen (»Leute der Schrift«) eine heilbringende (*salam* = Frieden, Heil) Bedeutung. Das klingt in Sure 5 an:

> O Leute der Schrift,
> unser Gesandter ist zu euch gekommen,
> um euch vieles zu verdeutlichen,
> was ihr von der Schrift verheimlicht
> und um vieles nachzusehen.
> Gekommen sind zu euch von Gott
> Licht und Schrift, eine offenkundige.
> (Sure 5,15)

Der Koran: ein Text der Menschen

Die Linguistik unterscheidet zwischen verschiedenen Textsorten (Sprachformen), die sich in ihrer Form und ihrer Aussageabsicht unterscheiden: Ein Roman ist eine Textsorte, ein Kochbuch eine andere, ein Mathematikbuch wieder eine andere ...

Die Bibel kennt viele solcher sehr unterschiedlicher Textsorten: prophetischer Text (Weissagung), Wundererzählung, Legende, Sage, Gedicht, Märchen, Gebet, Mythos, Predigt, Segensspruch, aufgeschriebenes Brauchtum, Sprichwörter und Lebensregeln, Glaubensbekenntnis, Listen mit Namen, Orten oder Gegenständen, Lied (vom Liebeslied bis zum Leichenlied), Ätiologie (Erzählung, die den Namen eines Ortes oder einer Person erklärt), Rechtsspruch, Vertrag, (geschichtlicher) Bericht, Reisetagebuch, Anekdote, Gleichnis, Fluch, Brief, Gesetzessammlung, rituelle Anweisung und viele andere mehr. Dabei ist die Aussageabsicht des Verfassers entscheidend. Nur danach darf gefragt werden, es kann nicht jede Frage an jeden Text gerichtet werden. An einen Hymnus, ein Loblied wie Genesis 1 etwa, kann man also keine naturwissenschaftlichen Fragen stellen. Ebenso geht es bei Wundererzählungen nicht um historische Fakten, sondern um Glaubensbekenntnisse. Die Textsorte entscheidet also wesentlich über das Verständnis eines Textes.

Auch der Koran kennt solche unterschiedlichen Textsorten: Da gibt es Gottesrede, Prophetenrede, da gibt es Erwiderungen von Nichtgläubigen, da gibt es Rechtssetzungen und traditionelle Sprüche, da finden sich Erzählungen, Mythen, Ermahnungen, Gleichnisse und vieles andere mehr. Solche Textsorten zeigen bereits, dass es darum geht, Menschen in unterschiedlichen Situationen sehr Unterschiedliches nahezubringen. Die Deutung liegt nahe, dass Menschen (allen voran Mohammed) solche Textsorten geformt haben, um die ihnen von Gott übermittelte Botschaft in einer verständlichen und leicht anzunehmenden Form zu übermitteln. Ist der Koran also Gottes Wort und zugleich Menschenwerk? Und dies auch notwendigerweise, um eine Korrelation zwischen seiner Botschaft und den Kontexten menschlicher Kultur zu ermöglichen?

Die Aussagen des Korans selbst gehen in eine andere Richtung: Immer wieder wird auf Gottes Eingreifen verwiesen – er erweist den Menschen eine Wohltat dadurch, dass er aus ihrer Mitte einen Gesandten hat erstehen lassen, der sie das »Buch und die Weisheit lehrt« (Sure 3,164, Khoury). Der Koran ist und bleibt allein Gotteswerk – Menschen und allen voran Mohammed sollen diese unveränderliche Botschaft weitertragen:

> Erleichtert haben Wir ihn [den Koran] in deiner Sprache,
> damit du durch ihn verkündest die frohe Kunde
> den Gottesfürchtigen und warnst Leute, die streitsüchtig.
> (Sure 19,97)

Die Themen des Korans

Juden teilen ihre Hebräische Bibel in die drei Teile ein:
- Die *Tora* mit den fünf Büchern Mose als Kern der Bibel und als »Herzstück« jüdischen Glaubens,
- die *Propheten*, beginnend mit dem Buch Josua und endend mit dem Propheten Maleachi,
- die *Schriften* mit Büchern wie die Psalmen, Ijob, Rut.

Christen teilen ihre Bibel ein in das Alte Testament, das mit der Hebräischen Bibel der Juden weithin identisch ist, und in das Neue Testament. Das Alte Testament besteht aus christlicher Sicht aus
- den *Büchern der Geschichte*, die nur teilweise historische Texte enthalten, ansonsten aber ein Glaubenszeugnis sind für die Geschichte Gottes mit den Menschen;
- den *Büchern der Lehrweisheit* (ähnlich den Schriften der Juden);
- den *Büchern der Propheten* von Jesaja bis Maleachi.

Das christliche Neue Testament fügt dem in den Evangelien ein vierfaches Glaubenszeugnis und Bekenntnis zu Jesus, dem Christus, hinzu; in den weiteren Schriften wird der Weg der jungen christlichen Gemeinschaft aufgezeigt.

Ein Grundthema der gesamten Bibel ist schwer aufzuzeigen, weil die lange Entstehungsgeschichte (ca. 1000 Jahre), die unterschiedlichen Aussageabsichten und die verschiedenen kulturellen Hintergründe und Sprachen der Bibel zu einer Mischung vielfältiger Themen geführt haben. Doch es gibt eine Linie, an der sich alle unterschiedlichen Textsorten der Bibel abarbeiten: Es geht in ihren Schriften um das Verhältnis von Gott und den Menschen, genauer um Gottes Entgegenkommen, um sein erbarmendes und befreiendes Handeln mit Menschen.

Der Koran hat eine grundsätzlich andere Struktur. Er ist in einem relativ kurzen Zeitraum von wenigen Jahrzehnten übermittelt und aufgeschrieben worden und richtet sich (zuerst) an eine einheitliche beduinisch-arabische Hörerschaft. Zudem besteht er nicht aus vielen unterschiedlichen Schriften, sondern aus einem Text, der zwar in vielerlei Textsorten gegliedert ist (vgl. Seite 93), aber in sich geschlossen wirkt. Seine Aussagen passen deshalb naturgemäß viel enger zusammen als der große Themen- und Aussagereichtum der Bibel. Was aber sind seine Themen?

Das Grundthema des Korans ist durchaus mit dem der Bibel zu vergleichen: Es geht um das Verhältnis des transzendenten, aber dennoch den Menschen barmherzig zugewandten Gottes zu seinen Geschöpfen, die er immer wieder rechtleiten will. So behandelt ein erster großer Themenkomplex das Bekenntnis zu einem Gott, der als Freund der Menschen in Barmherzigkeit erscheint. Vielfältige Aussagen über Gott (als Erfahrungen von Menschen mit Gott und seinem Handeln) sind in Bezeichnungen Gottes gefasst (vgl. den Abschnitt »Die hundert schönen Namen«, Seite 16 f.): Gottes Allmacht und Souveränität, aber auch seine Güte und Liebe sind beständiges Thema. Er steht über allem und bestimmt die Wege der Menschen. Er ist der Eine und Einzige, dem keine anderen Götter beigesellt sind und auch nicht vom Menschen beigesellt werden dürfen.

Entsprechend handelt ein zweiter Komplex koranischer Aussagen von den Menschen, an denen sich das Handeln Gottes aus muslimischer Sicht in besonderer Weise gezeigt hat: Es geht um die Propheten, die immer wieder in der Geschichte Gottes Wort verkündet und zur Entscheidung für den Glauben aufgerufen haben. Diese bilden eine Linie von Adam über Abraham, Mose, David und Jesus bis zu Mohammed. Sie sind Gottes Propheten, Mose, Jesus und Mohammed seine Gesandten, die die göttliche Schrift des Korans durch die Vermittlung des Engels Gabriel erhalten und dann an die Menschen ihres Umfelds weitergegeben haben. Diese herausragenden Gestalten sind Vorbilder des Glaubens, allen voran Abraham und natürlich Mohammed.

Im Koran wird in einer dritten Linie das Handeln Gottes in Bezug auf Menschen aufgezeigt: Dies geschieht über diese großen Gestalten muslimischen Glaubens hinaus, es wird immer wieder neu das Handeln Gottes im Leben der Menschen thematisiert. Er greift rettend ein, er mahnt und warnt, er beschert den Lebensunterhalt, stellt aber die Menschen ebenso auf die Probe. Als Freund der Menschen vereitelt er die List der Bösen, doch ist er auch voller Vergebung. Immer wieder heißt es: »Gott liebt die ...« und »Gott liebt die nicht ...«.

Dies führt zu einem vierten Themenkomplex, der die Antwort des Menschen auf das Entgegenkommen Gottes darlegt. Für den Menschen ist allein Islam, die vollständige und unbedingte Hingabe an Gott, gefordert. Wie die großen Propheten, so soll auch der gläubige Muslim sein Leben auf Gott ausrichten, sich an dessen Weisungen und Rechtleitung halten. Es geht um ein Leben aus dem Glauben, der den höchsten Stellenrang für den Muslim haben muss. Mit diesem Themenkomplex geht es dem Koran also – ähnlich durchaus der Bibel – um das Wechselspiel von Wort Gottes und Antwort der Menschen.

Ein fünfter Themenkomplex des Korans betrifft den Glauben an Auferweckung durch Gott und an das jenseitige Leben. Der Tod ist allgegenwärtig und muss in den Blick genommen werden. Doch dem Tod folgen die Auferweckung der Toten durch Gott und das Gericht. Dann zeigt sich, ob ein Mensch sein diesseitiges Leben als Muslim, als Gottergebener, gestaltet hat oder nicht. Entsprechend warten auf ihn die Verheißungen des Paradieses oder der Schrecken der Hölle. Diese doppelte Aussicht ist auch für die Glaubensantwort des Menschen auf Gottes Botschaft im Koran entscheidend, weil in ihr eine Motivation aufgezeigt wird, sich im Leben an die Rechtleitung durch Gott, an seine Weisung zu halten. Wer sich Gott ergibt, auf den wartet umfassendes Heil im Jenseits, das Paradies.

So wie am Ende die Verheißung eines guten Paradieses steht, so steht am Anfang die gute Schöpfung Gottes – ein sechstes Thema. In diese Schöpfung ist der Mensch eingebettet, er lebt also nicht außerhalb der Welt und soll sich auch nicht aus der Welt zurückziehen – Eremitenmönche wie in Christentum,

Hinduismus oder Buddhismus gibt es im Islam nicht. Auch darf der Mensch die Freuden dieser Welt (im Rahmen der Gebote Gottes) genießen – eine Leibfeindlichkeit gibt es im Islam nicht, auch kein Verzicht auf Ehe und Sexualität. Die Welt mit ihrer erstaunlichen Schönheit wird als Ort der Glaubensfindung gesehen, an ihrem Lebensreichtum und dem vielfältigen Zusammenwirken von Kräften in ihr kann der Muslim die ordnende Hand Gottes erkennen und so in seinem Glauben gestärkt werden. Die Welt ist aber auch der Ort der Bewährung, an dem es zwar vielfache Versuchungen gibt, der Glaubende sich aber durch seine Unterwerfung unter Gott bewähren soll, damit er das Ziel erreicht, das vollendete Glück im Jenseits.

Viele weitere Themen des Korans sind Einzelthemen, die zu einem der Weisung Gottes gemäßen Leben führen. Dies sind zum einen die Vorschriften zu den fünf Säulen des Islam (vgl. Seite 108–131): Glaubensbekenntnis, Gebet, Fasten, Almosengeben, *Hadsch*. Diese bilden die Grundlage eines gottgemäßen Lebens und sind für den Muslim unerlässlich. Hinzu kommen weitere Aussagen zu guten Werken und umgekehrt zu Verfehlungen, zu den Geboten des Lebensschutzes, der Wahrhaftigkeit, des Schutzes von Eigentum und Ehre anderer, des Schutzes der Ehe. Den verbreiteten menschlichen Lastern wie Geiz, Hass und Undankbarkeit werden Tugenden gegenübergestellt und es wird zu Gerechtigkeit und Bruderliebe aufgerufen – all dies sind Punkte, die sich in ähnlicher Form auch über die Schriften der Bibel verstreut finden. Das Ethos von Koran, Judentum und Christentum ist sehr ähnlich, die Grundforderungen sind gleich, nur in Detailanforderungen finden sich kleinere Unterschiede.

Ein letzter Themenkomplex betrifft das Verhältnis der Muslime zu Menschen, die nicht zum Islam gefunden haben, zu »Ungläubigen« oder »Andersgläubigen« wie etwa den Angehörigen der beiden Buchreligionen Judentum und Christentum. Entsprechend der Auseinandersetzungen im Kontext der Entstehung des Islam finden sich hier positive wie negative Einschätzungen, der Aufruf zum Frieden ebenso wie der zum Kampf.

Die Menschen: Glauben und Leben

Gottergebenheit (Islam)

Die Heiligen Bücher der Religionen setzen sich nicht das Ziel, das innere Wesen Gottes oder der Götter darzulegen. Sie wollen vielmehr beim Menschen eine Ausrichtung auf Gott erreichen, sie wollen auf das Verhalten des Menschen einwirken, ihn zu einem Leben aus dem Glauben anleiten und ermuntern. Das Thema Glaube und Ergebenheit in Gott spielt deshalb auch in der Bibel und im Koran eine erhebliche Rolle.

In der Hebräischen Bibel wird Glaube mit dem Heil des Volkes verknüpft: Immer dann, wenn das Volk sich von Jahwe abwendet und anderen Göttern zuwendet – den nichtigen Götzen aus Sicht der Bibel, Machwerken aus Menschenhand (vgl. Psalm 115,4–8, Seite 47) –, gerät das Volk in Not, die von außen kommen kann (durch fremde, Israel unterdrückende Mächte) oder von innen (durch soziale Ungerechtigkeit, so zum Beispiel beim Propheten Amos). Der Prophet Jesaja führt ein deutliches Beispiel für diese Wechselwirkung an: Zur Zeit des Königs Ahas von Juda (734–728 v. Chr.) ziehen die Aramäer, verbündet mit dem Nordreich Israel, von Damaskus gegen Jerusalem; das kleine davidische Königreich gerät in höchste Gefahr. Der Prophet Jesaja aber ruft zum Vertrauen auf Gott auf: Allein Gott kann nun retten, es gilt, sich ihm zuzuwenden und seinem Willen zu unterwerfen: »Glaubt ihr nicht, so bleibt ihr nicht.« (Jesaja 7,9)

Im Neuen Testament taucht das Thema Glaube in expliziter Form häufig auf, Glaube und Unglaube sind ständige Themen in den Evangelien. Besonders aber Paulus behandelt die Frage nach der Bedeutung des Glaubens in seinem Römerbrief. Er geht von der Gestalt des Abraham aus (vgl. dazu Seite 182 ff.), versteht dann den Glauben an Christus als den Weg zur Rettung und kann als Fazit formulieren:

Wer mit dem Herzen glaubt, und mit dem Mund bekennt,
wird Gerechtigkeit und Heil erlangen.
(Römer 10,10)

Der Glaube ist für Juden und Christen der Weg zur Rettung und zum Heil, deshalb rufen die Propheten der Hebräischen Bibel ebenso wie Jesus und auch Paulus immer wieder zum Glauben auf. Jesus sagt nach der Heilung des Gelähmten: »Wer mein Wort hört und dem glaubt, der mich gesandt hat, hat das ewige Leben« (Johannes 5,24).

In ähnlicher Weise könnte es auch Mohammed gesagt haben: »Wer auf das Wort Gottes hört, das ich im mir geoffenbarten Koran überliefere, wer also Gott selbst glaubt, der wird von Gott gerettet werden.« Die Themen Glaube – Unglaube, Ergebung in Gott (Islam) – Verweigerung des Glaubens, Gemeinschaft der Gläubigen – Gemeinschaften der Ungläubigen, Entscheidung für oder gegen den Glauben bilden eine durchlaufende Linie des Korans.

Wer hat schönere Religion,
als der, der sein Angesicht hingibt (Islam) Gott.
Handelt gut, und folgt dem Glauben Abrahams,
rechtgläubig!
(Sure 4,125)

Die wahre und richtige Religion ist aus der Sicht des Korans der Islam, der mit der Gottergebenheit des Abraham begonnen hat. Dieser Glaubensrichtung soll entsprechend der Offenbarung an Mohammed nun jeder folgen, der seinem Leben ein sinnvolles Ziel setzen möchte:

Kein Gott außer Ihm,
dem unübertrefflich Erhabenen, dem Weisen.
Die Religion bei Gott ist die Ergebung.
(Sure 3,18–19)

Entsprechend der orientalischen Erzählweise wird dieser absolute Grundsatz des Islam nicht nur in den Koranversen ausgedrückt, sondern auch in alten Legenden. Dies geschieht etwa in Bezug auf die Kaaba, das alte vorislamische Heiligtum in Mekka. Die Kaaba wurde durch Mohammed von den in diesem elf Meter hohen wie breiten Kubus enthaltenen Götterfiguren gereinigt, der Innenraum ist heute leer, weil man Gott, den Einen und Einzigen, nicht bildhaft darstellen kann. Doch dieses – als solches seit Mohammed bestehende – Zentrum des islamischen Glaubens, welches das Ziel der Pilgerfahrt ist (*Hadsch*, vgl. Seite 128), kennt eine viel längere Geschichte, die bereits bei Adam, dem ersten Menschen und zugleich ersten Glaubenden, beginnt:

Die islamische Legende erzählt von Adam. Als er – getrennt von seiner Frau Eva – aus dem Paradies vertrieben worden war, durchstreifte er die Welt auf der Suche nach dem verlorenen Paradies. So kam er auch in das Tal, das heute die Stadt Mekka beherbergt. Dort fand Adam einen weißen Stein mit leuchtendem Glanz, der ihn an die Herrlichkeit Gottes erinnerte. Er wollte, dass seine Nachkommen diese wie er vor Augen haben sollten; deshalb baute er ein Heiligtum, ein würfelförmiges Haus, in das der glänzende Stein eingemauert wurde – die Kaaba als Tempel des einen Gottes.

Die große Flut, von der in der Noachlegende erzählt wird, riss diesen Kultbau ein, doch der Stein strahlte weiterhin und Noachs Arche umkreiste siebenmal diese Stätte – ein Vorbild für das siebenmalige Umkreisen der Kaaba durch die muslimischen Pilger beim *Hadsch*.

Viel später vertrieb Abraham seine Magd Hagar und ihren gemeinsamen Sohn Ismael, seinen Erstgeborenen, der später der Stammvater aller arabischen Stämme wurde und aus dem auch der Stamm der Quraisch entstand, der Stamm Mohammeds. Hagar floh mit ihrem kleinen Sohn in die Wüste und suchte dort verzweifelt nach Wasser. Sie rief Gott, den Einen und Einzigen, um Hilfe an und wurde erhört: Zu ihren Füßen entsprang auf wunderbare Weise die Quelle Zamzam, zu der auch heute noch die Pilger des Hadsch gehen, nicht weit vom heutigen Ort Mekka entfernt.

Abraham aber hatte seinen Erstgeborenen nicht vergessen und besuchte ihn viele Jahre später in der Wüste Arabiens, Hagar war zu diesem Zeitpunkt bereits tot. Abraham erkannte die Heiligkeit dieses Ortes und baute mit seinem Sohn erneut eine Kultstätte auf. Dazu erhielt er vom Engel Gabriel den verloren gegangenen glänzenden Stein, der nun aber durch den Götzendienst der Menschen nicht mehr weiß war, sondern schwarz. Abraham baute ihn wie Adam in die Außenwand der neu errichteten Kaaba ein, wo ihn noch heute die muslimischen Pilger bei deren Umkreisen berühren.

Diese alten Legenden sind zum einen eine Ätiologie des Kultortes der Kaaba in Mekka, eine Erklärung für die Heiligkeit des Ortes und auch für manchen Pilgerbrauch des heutigen Hadsch. Zum anderen klingt aber in diesen Texten immer wieder die Mahnung an die Hörer an, sich selbst wie Adam, Noach, Abraham und Ismael Gott zu ergeben, den Islam als die eigene und einzig wahre Religion zu bekennen. Die Legenden im Zusammenhang mit der Kaaba sind Bestandteil der Gründungsgeschichte des Islam und seines Selbstverständnisses. Über Ismael, den Sohn des ersten Muslims Abraham, ging ja der Islam, die Ergebung in Gott, an die arabischen Stämme, aus denen viel später der letzte der Propheten, Mohammed, erwuchs.

Die Religion des Islam wurde nach Abraham durch Verfälschungen bedroht, sodass Gott immer wieder den Koran neu senden musste (vgl. Seite 78ff.). Sure 98 verweist auf Juden (die leugnen) und Christen (die anderes neben Gott stellen) und mahnt dann zum Befolgen der wahren Religion:

> Die Leugner unter den Leuten der Schrift
> und die, die neben Gott Anderes stellen,
> konnten sich nicht länger loslösen [von den Verfälschungen],
> bis der klare Beweis zu ihnen käme,
> ein Gesandter Gottes, der ihnen Blätter verliest,
> reine, sie enthalten wahre Schriften ...
> Jedoch wurde ihnen nichts anderes befohlen,
> als zu dienen Gott,
> aufrichtig in der Religion, reinen Glaubens.
> (Sure 98,1–5)

Glaube und Frömmigkeit

Im heutigen Sprachgebrauch hat das Wort »Frömmigkeit« keinen hohen Stellenwert, weil es für viele mit heuchlerischer »Frömmelei« oder einer Weltabgewandtheit gleichgesetzt wird. Auch klingt in negativem Sinn ein »lammfrommes« Verhalten nach unguter Abhängigkeit und Fügsamkeit, dem die Eigenständigkeit und der Wert einer individuellen und selbstverantwortlichen Person nicht entspricht.

Doch die Herkunft des Wortes aus dem Althochdeutschen ergibt einen anderen Sinn: Da geht es um Nutzen und Brauchbarkeit, da wird eine *vrum* Person als »tüchtig, tapfer und angesehen« verstanden. Diesen Sinn nimmt auch Martin Luther in seiner Bibelübersetzung auf. Sowohl in der Bibel als auch im Koran wird der Begriff »Frömmigkeit« synonym zu »Glauben« verstanden. Der Glaubende ist der Fromme, der sich Gott Unterwerfende, derjenige, der versucht, nach Gottes Willen zu leben. So formuliert der Psalmist: »Singt dem Herrn ein neues Lied! Sein Lob erschalle in der Gemeinde der Frommen.« (Psalm 149,1)

Frömmigkeit ist dabei kein weltabgewandtes Tun, sondern bindet sich an die Verwirklichung der Gerechtigkeit in der Welt: Weil ein Mensch sich fromm an Gottes Willen hält, wird er sich um Gerechtigkeit mühen. Gottes- und Menschenliebe gehören nach dem Verständnis der Bibel unlösbar zusammen: »Liebt Gerechtigkeit ..., denkt in Frömmigkeit an den Herrn, sucht ihn mit reinem Herzen!« (Weisheit 1,1) Und Schüler des Paulus fordern um 100 n. Chr. von Timotheus (und damit von allen, die Verantwortung in der jungen Kirche tragen): »Strebe unermüdlich nach Gerechtigkeit, Frömmigkeit, Glauben, Liebe, Standhaftigkeit und Sanftmut.« (1 Timotheus 6,11)

Dieser biblischen Sicht entspricht die Sicht des Korans. In den deutschen Koranübersetzungen findet sich der Begriff »Frömmigkeit« nur selten (etwa in Sure 2,177, vgl. Seite 159), wohl aber wird vielfach auf das auch im biblischen Kontext Gemeinte verwiesen. Aus dem Glauben an Gott und aus der Ausrichtung des Lebens auf Gottes Willen ergibt sich eine Lebensgestaltung, die den anderen in den Blick nimmt und damit in den Augen Gottes recht wandelt. Dem Zuspruch Gottes im Glaubensgeschenk des Islam (»Gott hat euch eine Wohltat erwiesen dadurch, dass Er euch zum Glauben geführt hat« [Sure 49,17, Khoury], vgl. Seite 39) entspricht der Anspruch an den Menschen, nunmehr der Rechtleitung Gottes zu folgen mit allen Konsequenzen, die dies für die Lebensgestaltung des Glaubenden hat:

> Unter uns sind Ergebende [Muslime],
> und unter uns sind Abweichende [Ungläubige].
> Und die sind ergeben,
> bemühen sich um den rechten Wandel.
> (Sure 72,14)

Immer wieder werden im Koran der Glaube an Gott und der Auftrag, Gutes zu tun, aneinander gebunden. So heißt es etwa: »Und wer spricht schönere Worte, als der ruft zu Gott und verrichtet gute Werke und sagt: ›Ich bin einer der Ergebenen‹?« (Sure 41,33).

Der Islam als Religion der Gottergebenheit ist für den Gläubigen ein Geschenk, weil er ihm Licht gibt für seinen Lebensweg (»Ist einer, dem Gott die Brust geweitet hat für die Ergebung, so dass er vom Licht von Seinem Herrn getragen ...«, Sure 39,22). Der Islam ist somit sowohl Religion als auch Weltgestaltung. Dass für Muslime Glauben, Gesellschaft und staatliche Ordnung als Einheit zu sehen sind, ist hierin begründet. Alles im Leben, gleich welcher Bereich, muss in Beziehung zur Gottergebenheit stehen – Frömmigkeit im Islam ist daher der Auftrag, Gesellschaft und Welt entsprechend dem Willen Gottes zu gestalten. Daraus erwächst dann in nachkoranischer Zeit die Tradition der *Scharia* (vgl: Seite 140 ff.). Es entstehen heute aber auch Probleme mit Muslimen, wenn sie in einer Gesellschaft und einem Staat leben, der nicht von islamischen Prinzipien geleitet wird.

Unglaube

Religionen rufen zur Entscheidung auf, sie mahnen zum Glauben und wehren dem Unglauben. Sie müssen sich in der argumentativen Konfrontation mit anderen religiösen Vorstellungen ihrer Umwelt, aber auch mit dem Bestreiten jedes Gottglaubens auseinandersetzen. Für die Hebräische Bibel bedeutete dies oft einen Kampf gegen die Verehrung der vielen Götter, die bis in die späte Königszeit von Menschen in Israel gepflegt wurde – auch am Königshof. Die Geschichte des Propheten Elija (Ilyas) im 9. vorchristlichen Jahrhundert zeigt dies überdeutlich. So sind die großen Gestalten der Hebräischen Bibel immer Kämpfer für den Ein-Gott-Glauben: von Mose bis Elija und darüber hinaus. Erst in und nach der Exilszeit kristallisiert sich für Israel auch in der Auseinandersetzung mit den umliegenden mesopotamischen und ägyptischen Kulturen und deren Polytheismus ein klares Bekenntnis zu Jahwe, dem einen Gott, heraus, der nicht nur der Herr Israels ist, sondern der König aller Völker.

Das Thema Unglaube aber bleibt weiterhin präsent. Es geht dabei zum einen um das Ringen von Menschen um den Glauben an Gott (»Ich glaube, hilf meinem Unglauben«, so der Vater des besessenen Jungen zu Jesus, Markus 9,24). Es geht zum anderen um die vielfältigen Fragen des Zusammenlebens, die sich für die kleinen christlichen Diasporagemeinden im Römischen Reich ergeben: Was ist mit Tischgemeinschaft (vgl. 1 Korinther 10,27), was ist mit ungläubigen Ehepartnern (vgl. 1 Korinther 7,12–15)? Es stellt sich auch die grundsätzliche Frage: »Was hat ein Gläubiger mit einem Ungläubigen gemeinsam« (2 Korinther 6,15)? Paulus greift an dieser Stelle die Forderung Jesajas auf: »Zieht darum weg aus ihrer Mitte und sondert euch ab.« (Jesaja 52,11)

Eine solche Forderung der Absonderung ist in der Geschichte der Christen nie voll verwirklicht worden – allein kleine christliche Gruppen versuchen dies mit unterschiedlichem Erfolg. Doch war die christliche Mission oft genug in Europa und

Lateinamerika, aber auch anderenorts, vom Gedanken der Ausrottung jeglichen »Götzendienstes« bestimmt – eine Gewaltgeschichte, der viele Menschen zum Opfer fielen.

Eine ähnliche Einstellung finden wir im Koran wie auch im Leben mancher Extremisten, die sich mit ihrem Einsatz von Gewalt gegen »Ungläubige« auf Islam und Koran berufen. An vielen Stellen warnt der Koran in heftigen Worten vor Unglauben und vor den Ungläubigen, vor denen, die leugnen:

> Wahrlich, über diejenigen, die leugnen
> und sterben in ihrem Leugnen, kommt der Fluch Gottes
> und der Engel und aller Menschen.
> Darin werden sie ewig weilen.
> Die Strafe wird ihnen nicht erleichtert. (Sure 2,161)

Unglaube bedeutet im Koran nur selten die Leugnung Gottes; vielmehr ist die Beigesellung anderer Götter zum einen und einzigen Gott das Problem der damaligen Zeit. Dabei unterscheidet der Koran zwischen der Buchreligion der Christen, die in seinem Verständnis dem einen Gott Jesus und Maria zugesellt, und zwischen den Polytheisten, die viele unterschiedliche Götter anbeten. Letzteren gilt vor allem die totale Verwerfung (vgl. etwa Sure 23,117, Seite 74), gegen sie sind die Propheten als Mahner angetreten:

> Und geführt werden die, die leugnen, zur Hölle in Scharen.
> Wenn sie dort angekommen sind, werden ihre Tore geöffnet
> und ihre Wächter sagen zu ihnen:
> »Sind nicht gekommen zu euch Gesandte aus eurer Mitte,
> um euch vorzutragen die Zeichen eures Herrn
> und euch zu warnen vor dem Treffen mit diesem eurem Tag?
> Tretet ein in die Tore der Hölle und ewig darin weilt!«
> (Sure 39,71–72)

Das Feuer der Hölle für die Leugner des einen und einzigen Gottes, die Freuden des Paradieses für die Gottesfürchtigen – die Botschaft des Korans ist in ihrer Schwarz-Weiß-Malerei als Warnung zu verstehen und zugleich eine bildhafte-metaphorische Rede (vgl. auch Seite 234 f. und 237 ff.).

Auffallend bei den Texten zum Unglauben ist, dass der Koran fast überall die Vergeltung dafür ins Jenseits legt. Allein Gott ist es, der Belohnung und Strafe zuweist, vor ihm müssen alle Rechenschaft ablegen und dann erfolgt eine Abrechnung, die allerdings nicht Sache der Menschen, sondern Sache Gottes ist:

Wahrlich, die, die leugnen und abhalten vom Weg Gottes
und dann als Lügner sterben,
ihnen wird Gott nicht vergeben.
(Sure 47,34)

Angesichts der Ungläubigen kommt aus der Sicht des Korans sogar Gottes Barmherzigkeit an ihr Ende. Während Gott in vielen Suren als der Vergebende gesehen wird, dessen Güte und Langmut kein Ende kennt (vgl. Seite 36 ff.), so ist die Verurteilung der Ungläubigen erbarmungslos:

Nicht die erwarten die Vergebung,
die die schlechten Taten begehen,
und erst, wenn der Tod einem von ihnen naht, sagen:
›Ich bereue jetzt.‹
Auch die nicht, die im Leugnen sterben.
Für sie haben Wir eine Strafe, eine schmerzliche.
(Sure 4,18)

Wenn so das Gericht über die Ungläubigen Gottes Sache im Jenseits ist, wie soll sich dann der Muslim ihnen gegenüber verhalten? Soll er – entsprechend dem Rat von Jesaja und Paulus – sich absondern oder soll er kämpfen oder soll er Menschen durch Zwang zum Glauben führen? Was ist gerechtfertigt, um den Schaden abzuwenden, der diesen Menschen im Jenseits bevorsteht? Was ist islamische Lebensweise den Ungläubigen gegenüber?

An vielen Orten der Welt gibt es heute Gruppen, die sich auf Islam und Koran berufen und in einen unerbittlichen Kampf ziehen gegen die aus ihrer Sicht »Ungläubigen«, oft aber nur »Andersgläubigen« (wie Christen, Jesiden, Bahai oder auch die muslimischen Schiiten). Es gibt in der Tat wenige Stellen im Koran, die zu solch einem Kampf aufzurufen scheinen:

> Und bekämft sie, bis kein Aufruhr bleibt,
> und die Religion Gottes ist. (Sure 8,39)
> O ihr, die ihr glaubt, bekämpft sie,
> die in eurer Nähe sind unter den Leugnern!
> und sie sollen bei euch finden Härte.
> Und wisst: Gott ist mit den Gottesfürchtigen.
> (Sure 9,123)

Eine historisch-kritische Sicht des Korans kann darauf hinweisen, dass beide Suren aus medinischer Zeit stammen und in einem konkreten Zusammenhang mit einem Krieg zwischen Mekka und den Muslimen von Medina stehen; die muslimische Gemeinschaft war aktuell bedroht. In dieser konkreten historischen Situation, zudem im Fall der Selbstverteidigung gegen einen übermächtig erscheinenden Gegner, rufen die zitierten Verse zum Kampf gegen die bewaffneten Gegner auf. Keineswegs aber ist damit aus koranischer Sicht ein Kampf ohne Anlass und dazu gegen Nichtkämpfende (auch Frauen und Kinder) gemeint, keinesfalls auch ein blutiger Terror.

Was das Verhältnis von Muslimen und Ungläubigen angeht, so ist die kurze mekkanische Sure 109 kennzeichnend, die von einer – aus westlicher Sicht vielleicht überraschenden – Toleranz handelt:

> Sagt: »O ihr Leugner!
> Ich diene nicht dem, dem ihr dient,
> und ihr dient nicht Dem, dem ich diene ...
> Euch eure Religion und mir meine.«
> (Sure 109,1–3.6)

Es gibt verschiedene Religionen, so konstatiert der Koran ohne Aggression. Das kann und muss auch nicht geändert werden. Menschen verschiedener Religion können gegenseitig ihre je andere Religionsausübung tolerieren (die Frage nach der Wahrheit ist damit nicht gestellt) und so zu einem Zusammenleben in Frieden kommen. Jeder hat das Recht auf ein eigenes Bekenntnis, es darf keinen Zwang in der Religion geben (vgl. dazu auch Seite 152 ff.).

Glaubensbekenntnis (*Shahada*)

Wer gehört zur Religion des Islam und was macht das Leben eines Muslim aus? Was sind die prägenden Aspekte, Handlungen und Rituale des Islam?

Die Gemeinschaft der Muslime wird als *Umma* bezeichnet. Umma (semitisch für »Leute, Stamm, Geschlecht, Gemeinschaft«) bedeutet im Arabischen: die Gemeinschaft eines Volkes. Als *al umma al islami* ist sie »die Gemeinschaft des Islam«, doch dieser Begriff wird meist mit Umma abgekürzt. Darunter ist die weltweite Gemeinschaft aller Muslime zu verstehen. Gott will die Einheit aller Glaubenden, weil er der Eine ist. Die Umma verweist somit auf die Einheit aller Menschen im Glauben an den einen und einzigen Gott. Doch durch die Schuld der Menschen ist die Umma in verschiedene Formen des Islam zerbrochen: Sunniten, Schiiten und kleinere Gemeinschaften.

Dieses Verständnis der Glaubensgemeinschaft ähnelt der Fürbitte Jesu im sogenannten hohepriesterlichen Gebet des Johannesevangeliums: »Alle sollen eins sein: Wie du, Vater, in mir bist und ich in dir bin, sollen auch sie in uns sein, damit die Welt glaubt, dass du mich gesandt hast.« (Johannes 17,21) Wo im christlichen Bereich die Einheit aller (von Paulus im Bild des einen Körpers mit vielen Gliedern dargestellt, vgl. Römer 12,4–6 und 1 Korinther 12,12–14) ein Bekenntnis zum einen Gott und zur übergreifenden Gemeinschaft aller in der christlichen Kirche ist, da ist in vergleichbarer Weise auch die Einheit der Umma ein Bekenntnis zu Gott und ebenso zu einer geschwisterlichen Gemeinschaft, die alle Völker- und Rassengrenzen, auch die Grenzen des sozialen Standes sprengt (vgl. Galater 3,28).

Wer aber nun gehört zur Umma, zur muslimischen Gemeinschaft? Dies sind die, die die *Fünf Säulen des Islam* befolgen: das muslimische Glaubensbekenntnis, das tägliche Gebet, das Fasten im Monat Ramadan, die Almosenabgabe und die Wallfahrt nach Mekka. Diese fünf Säulen prägen den Islam:

- *Shahada – das islamische Glaubensbekenntnis:* Es ist gleichsam die Überschrift über alles Weitere. Durch das Glaubensbekenntnis gliedert sich ein Mensch in die islamische Umma ein, er wird zu einem »Muslim«, indem er sich und sein ganzes Leben Gott unterwirft.
- *Salat – das fünfmalige tägliche Gebet:* Es übersetzt das grundlegende Glaubensbekenntnis in tägliches Handeln und eine ständige Orientierung auf Gott und seinen Willen. Dabei schafft das Gebet nicht allein eine Beziehung zwischen Gott und Mensch, sondern es bindet (besonders beim gemeinsamen Freitagsgebet) die Muslime untereinander zusammen (Umma).
- *Saum – das Fasten im Ramadan:* Der Verzicht auf Weltliches (besonders deutlich am Verzicht auf Essen und Trinken) soll den Muslim einmal im Jahr neu auf Gott orientieren. Zugleich wird auch in diesem gemeinsamen Tun etwas von der Umma deutlich: Eine Gemeinschaft führt zu einer gemeinsamen Lebensweise.
- *Zakat – die Armenabgabe/das Almosengeben:* In einer Zeit ohne Sozialsystem waren Menschen auf die Solidarität ihrer Familie beziehungsweise ihres Stammes angewiesen. Die Armensteuer institutionalisiert diese Solidarität durch eine allgemeine und gerechte Regelung (Höhe je nach Einkommen). Zu dieser verpflichtenden Steuer können und sollen natürlich noch freiwillige Spenden der Muslime für die Armen kommen.

- *Hadsch – die Wallfahrt nach Mekka:* Die Kaaba in Mekka ist die innere Mitte des Islam. Sie symbolisiert die Anwesenheit, Nähe und Freundschaft Gottes mit den Menschen. Wer sich auf den Hadsch nach Mekka begibt, begibt sich damit in das spirituelle Zentrum des Islam. Auch diese Forderung verstärkt die Beziehung der Muslime untereinander, die Umma wird im Hadsch in herausragender Weise sichtbar.

Die fünf Säulen des Islam sind unverzichtbare Grundforderungen. Sie sind einfach zu verstehen und allen sozialen Schichten möglich. Dabei verbinden sie eine innere, spirituelle Dimension mit äußeren Zeichen und äußerem Tun. Sie sind Religion – Rückbindung des Menschen an Gott – und zugleich Stärkung der Umma, der muslimischen Gemeinschaft. Durch diese fünf Säulen des Islam wird das gesamte öffentliche Leben in islamischen Ländern geprägt.

Die fünf Säulen des Islam entsprechen den fünf Fingern einer Hand, bei der die Handfläche selber die Unterwerfung unter Gott darstellt. Diese sogenannte »Hand des Islam« findet sich häufig in der islamischen Kalligraphie. Im Koran sind die fünf Säulen des Islam nicht systematisch aufgeführt, sondern nur in Andeutungen verschiedener Suren enthalten. Ein *Hadith* Mohammeds dagegen, das *Gabriel-Hadith*, gibt die Forderungen exakt wieder – sie stammen also aus der Anfangszeit des Islam:

> Islam ist:
> Wenn du bekennst, dass es keinen Gott gibt außer Gott
> und dass Mohammed der Gesandte Gottes ist;
> dass du das Pflichtgebet verrichtest
> und die Armengabe leistest,
> dass du im Ramadan fastest
> und zum Haus Gottes pilgerst.

Die erste Säule des Islam, das muslimische Glaubensbekenntnis, lautet in seiner Kurzform:

> La ilaha illa-llah; muhammad rasula llah.
> Es gibt keinen Gott außer dem einzigen Gott;
> Mohammed ist der Gesandte Gottes.

Der erste Satz der Shahada (vom arabischen *shahida* = »bezeugen«) zu Gott findet sich im Koran zweimal:

Kein Gott außer Gott!
(Sure 37,35)
Wahrlich, kein Gott außer Gott!
(Sure 47,19)

In den traditionellen islamischen Legenden wird dieser Satz aber bereits als Äußerung Noachs verstanden, der seinen Söhnen damit Rechtleitung geben wollte.

Der zweite Satz der Shahada zu Mohammed findet sich im Koran öfter, zum Beispiel:

Mohammed ist Gottes Gesandter.
(Sure 48,29)
Und Gott weiß. Du bist der Gesandte Gottes.
(Sure 63,1)

Die Shahada wird nicht nur beim fünfmaligen täglichen Gebet gesprochen, sondern findet sich auch in der Kunst wieder, nicht allein in der Kalligraphie auf Papier, sondern auch als Bauschmuck. So wurde sie bereits 691 in die Außenfassade des Jerusalemer Felsendoms eingearbeitet. Sie findet sich aber auch auf omayadischen Münzen oder auf der Flagge von Saudi-Arabien. Auch begannen in den frühen muslimischen Reichen viele Handschriften der damaligen Herrscher mit der Formel der Shahada, um so zu zeigen, dass ihre Herrschaft von Gott gegeben ist und dass sie die Herrschaft nach Gottes Willen ausüben.

Die Shahada prägt damit in weit höherem Maß das spirituelle Leben von Muslimen, als dies die textlich viel längeren Glaubensbekenntnisse (das Apostolische Glaubensbekenntnis sowie das Glaubensbekenntnis von Nizäa und Konstantinopel) bei den Christen tun. Durch die Erwähnung im täglichen Gebet kommt der gläubige Muslim jeden Tag wiederholt mit diesem Text in Berührung. Die beiden Sätze werden zu einem Refrain, der den Alltag prägt und die Muslime immer wieder in Beziehung zu Gott stellt.

Gebet (*Salat*)

Jeder erwachsene Muslim ist zum Gebet fünfmal am Tag verpflichtet. Es drückt seine Hingabe an Gott konkret aus. Das tägliche rituelle Gebet ist entsprechend der *Quibla* ausgerichtet, der Gebetsrichtung nach Mekka, die in den Moscheen durch die vordere Nische (*Mihrab*) angezeigt wird, in vielen Häusern (selbst in Hotelzimmern) durch einen Pfeil an der Decke. Die Gebetsrichtung der Muslime zu Mohammeds Zeiten war ursprünglich Jerusalem; erst im zweiten Jahr der *Hidschra*, der Auswanderung Mohammeds von Mekka nach Medina, änderte sie sich: Seit 624 gibt die Kaaba in Mekka die Gebetsrichtung vor. Wahrscheinlich hängt diese Änderung mit den zunehmenden Schwierigkeiten zusammen, die Mohammed mit den drei jüdischen Stämmen in Medina hatte – diese erkannten ihn nicht als Prophet an.

Das Wort *salat* bedeutet in den semitischen Sprachen (Aramäisch wie Arabisch) »beugen, krümmen« – die Menschen beugen sich im Gebet vor Gott. Dies passt zum Verständnis des Islam, der ja eine Unterwerfung des Gläubigen unter Gott selbst darstellt. Das tägliche Gebet setzt diese Grundhaltung des Muslim körperlich (durch Niederwerfen) und geistig (in den Gebetstexten) um. Das fünfmalige tägliche Gebet gibt einen Tagesrhythmus vor, der das ganze Leben in einen Zusammenhang mit dem Glauben an Gott stellt.

Der Beter muss sich vor dem Gebet rituell reinigen. Darin folgt er Sure 5,6:

> O ihr, die ihr glaubt,
> wenn ihr euch aufrichtet zum Gebet,
> wascht euer Gesicht und eure Hände bis zu den Ellenbogen,
> streicht über euren Kopf
> und eure Füße bis zu den Knöcheln!
> Und wenn ihr seid unrein, so reinigt euch ...
> Und wenn ihr findet kein Wasser,
> dann sucht guten Sand auf

und streicht über Gesicht und Hände!
Gott will euch nicht Beschwernis bringen,
sondern Er will euch nur reinigen,
Seine Gnade an euch vollenden.
Vielleicht seid ihr dankbar.

Wenn also (etwa in der Wüste) kein Wasser zur rituellen Reinigung vorhanden ist, ist ersatzweise auch eine Waschung mit Sand möglich.

Wenn der Beter rituell rein ist, muss auch der Untergrund seines Gebets rein sein. Deshalb liegen in den Moscheen meist Teppiche in passender Größe für die Beter aus; viele Muslime haben zu Hause einen kleinen Gebetsteppich (*saddschada*), den sie ausschließlich zum Gebet ausbreiten. Diesen Teppich nehmen sie oft auch auf Reisen mit.

Es gibt vier Gebetshaltungen: Stehen, Verneigen, Niederwerfen, Sitzen. Diese Körperhaltungen verteilen sich beim Pflichtgebet wie folgt:

- Die Ausgangshaltung ist das aufrechte Stehen; man stellt sich ohne Schuhe auf den Gebetsteppich. Dies gilt auch heute in allen Moscheen, es ist aber auch die Gebetshaltung in vielen anderen Religionen. (In Exodus 3,5 steht Mose vor dem brennenden Dornbusch auf »heiligem« Boden, vgl. aber auch die Vorschriften im Hinduismus und Buddhismus.) Nun hebt man die Hände nach oben, bis die Daumen die Ohrläppchen berühren (Orantenhaltung): Der Mensch richtet sich aus auf Gott. Dabei spricht man: »Gott ist am größten (Allahu akbar).« (3x)
- Weiterhin stehend, legt man die Hände vor dem Bauchnabel übereinander und spricht das muslimische Glaubensbekenntnis (*Shahada*, vgl. Seite 108 ff.): »Ich bezeuge, dass es keine Gottheit außer Gott gibt.« (zweimal) – »Ich bezeuge, dass Mohammed der Gesandte Gottes ist.« (zweimal)
- An das Glaubensbekenntnis schließt sich die Sure 1 an: »Fatiha – die Eröffnung« (Text vgl. Seite 11). Der erste Vers dieser Sure wird *Basmala* genannt und ruft die Barmherzigkeit

Gottes an. Die erste Sure schließt mit der Bitte um Rechtleitung entsprechend dem Willen Gottes. Weitere Suren können vom Beter gesprochen werden.

- Aus dem aufrechten Stehen geht man in die Verneigung über und beugt sich damit gleichsam vor Gott. Dabei sagt man etwa: »Unser Herr, dir gilt der Lobpreis. Gott ist am größten.«
- Die Unterwerfung unter Gott wird nach Stehen und Verneigen in besonderer Weise durch das Niederwerfen ausgedrückt, bei dem man mit der Stirn den Boden berührt. Islam bedeutet die Hingabe des ganzen Lebens an Gott – dies ist der körperliche Ausdruck dafür. Dabei spricht man wiederum: »Frei von allen Mängeln ist mein Herr, der Gewaltige. Gott ist am größten.« (zweimal)
- Die kniend-sitzende Haltung schließt das Gebet ab:
  »Jeglicher Dienst und jegliche Anbetung gilt allein Gott.
  Friede sei mit dir, o Prophet, und der Segen Gottes.
  Ich bezeuge, dass es keine Gottheit außer Gott gibt.
  Ich bezeuge, dass Mohammed der Gesandte Gottes ist.«
- Nach der Unterwerfung unter Gott kommt der Aspekt der muslimischen Gemeinschaft, der Umma, erneut zum Tragen – man wendet seinen Kopf nach rechts und links zu den anderen Betern und spricht zu ihnen den Friedensgruß: »Assalamu aleikum – der Friede sei mit dir.«

Das allerdings ist nur das Grundgerüst des muslimischen Gebetes, das auch unterschiedlich überliefert wird. Es kann durch weitere Texte (etwa Suren des Korans oder auch frei formulierte Gebete) weiter ausgestaltet werden, sodass nicht allein das vorgeschriebene Pflichtgebet gesprochen wird, das allen gemeinsam ist, sondern auch individuelle Gebetssätze, die besser auf die jeweilige Lebenssituation des Muslims eingehen können.

Es gibt fünf obligatorische Gebetszeiten (mehr sind natürlich auch möglich, etwa mitten in der Nacht), in denen das rituell geformte Gebet gehalten werden soll:

- *Fadschr* – das Gebet unmittelbar vor Sonnenaufgang
- *Zuhr* – das Gebet am Mittag beim Höchststand der Sonne
- *'Aschr* – das Nachmittagsgebet
- *Maghrib* – das Gebet unmittelbar nach dem Sonnenuntergang
- *'Ischa* –das Gebet nach Einbruch der Nacht bis Mitternacht.

Der Koran führt die Zeiten des Pflichtgebetes vor allem an zwei Stellen auf:

> Preise im Lob deinen Herrn
> vor dem Aufgang der Sonne und vor ihrem Untergang,
> und preise Ihn in den Nachtzeiten und an den Tagesenden,
> damit du vielleicht zufrieden bist.
> (Sure 20,130)
> Preis Gott
> während des Abends und während des Morgens!
> Sein ist das Lob in den Himmeln und auf der Erde,
> am Abend und während des Mittags.
> (Sure 30,17–18)

Wenn ein Gebet nicht gehalten werden konnte, kann und sollte es nachgeholt werden. In der beduinischen Gesellschaft zur Zeit Mohammeds und auch danach war die Einhaltung der Gebetszeiten natürlich leichter als in unserer heutigen Arbeitswelt. Auch halten sich heute keineswegs alle Muslime an die Forderung eines fünfmaligen Gebetes an jedem Tag. Dennoch bleibt das Gebet nicht allein eine Hinwendung zu Gott, sondern auch in den gemeinsamen Gebetszeiten eine Verbindung zu den anderen Gläubigen in der muslimischen Umma.

Der Koran fordert immer wieder zu regelmäßigem Gebet auf. Meist wird diese Forderung mit der vierten Säule (der Abgabe für soziale Zwecke) verbunden, sodass auch hier wieder Gottes- und Nächstenliebe unlösbar miteinander verbunden erscheinen. Darin stimmt der Koran mit der jüdisch-christlichen Tradition und vor allem mit der Forderung Jesu (vgl. etwa Markus 12,29–31) überein. Religion bezieht sich nicht allein auf Gott, sondern immer auch auf die menschliche Gemeinschaft:

Und verrichtet das Gebet, gebt die Armenspende.
Und was ihr an Gutem bewirkt,
das werdet ihr bei Gott vorfinden.
Ja, Gott sieht sehr wohl, was ihr tut.
(Sure 2,110)
Denjenigen, die gläubig sind und gute Werke verrichten,
das Gebet erfüllen und die Armenspende entrichten:
Ihr Lohn ist bei ihrem Herrn.
Sie befällt keine Furcht, noch werden sie traurig sein.
(Sure 2,277)

Die Bedeutung des Gebets für Muslime ergibt sich auch aus zwei *Hadithen* (Aussprüchen Mohammeds, vgl. Seite 60):

Der Prophet sagte:
»Der Bund, der zwischen Uns und ihnen besteht,
ist das Gebet. Wer das Gebet lässt, der ist ein Ungläubiger.«
Der Prophet sagte:
»Das Gebet eines Mannes in der Gemeinschaft ist
fünfundzwanzig Mal besser als sein Gebet in seinem Haus
oder in seinem Geschäft.«

Das Gebet in der Gemeinschaft, vor allem das Freitagsgebet am Freitagmittag in der zentralen Moschee einer Stadt (Freitagsmoschee), hat einen hohen Stellenrang im Islam. Davon spricht auch der Koran:

O ihr, die ihr glaubt,
wenn gerufen wird zum Gebet am Tag der Versammlung,
so eilt zum Gedenken Gottes
und lasst das Kaufgeschäft ruhen.
(Sure 62,9)

Lob Gottes

Die Texte der Bibel sind an vielen Stellen von Gebeten durchzogen. Besonders das alttestamentliche Buch der Psalmen zeigt in seinen Lied-Gebeten die ganze Breite menschlichen Lebens auf. Die Psalmen sind deshalb nicht nur für Juden, sondern auch für Christen das »Gebetbuch« geworden, das Modell eines Betens, das den Menschen auf Gott ausrichtet. Dabei gibt es Lob und Preis ebenso wie in hohem Maß den Dank für die von Gott geschenkten Gaben. Aber auch Suchen und Fragen, Klage und Anklage spielen als Themen des biblischen Betens eine Rolle.

Das Beten im Islam ist stärker als das jüdisch-christliche Beten von dem präzise geformten und für alle vorgeschriebenen fünfmaligen täglichen Gebet geprägt. Dennoch gibt es – ebenso wie in anderen Religionen – auch das frei formulierte Gebet, das sich aus unterschiedlichen Lebenssituationen ergibt. Ebenso wie in der Bibel findet sich auch in den muslimischen Gebeten die ganze Breite und Vielfalt menschlichen Lebens. Dabei sind aber die Themen Lob und Bitte (vgl. Seite 118) vorherrschend. Eine Klage beziehungsweise sogar Anklage Gottes, die sich im biblischen Beten nicht nur bei Ijob findet, sucht man indes im Koran vergebens. Dies liegt an der islamischen Betonung der Transzendenz und der Allmacht Gottes: Er leitet recht und bestimmt das Leben. Selbst das Leid entspringt seinem Willen und kann deshalb nur als von Gott kommend akzeptiert werden – ein betendes Widersprechen des Menschen gegen das Handeln Gottes ist für den Muslim undenkbar.

Somit hat das Lob Gottes für seine guten Geschenke an den Menschen den höchsten Stellenrang im freien muslimischen Beten. Dies spiegelt sich auch im Koran, in dem es an verschiedenen Stellen Gebete gibt, die Gott preisen:

> Sag: O Gott, Herscher der Herrschaft ...
> In Deiner Hand allein ruht all das Gute.
> Wahrlich, Du bist aller Dinge mächtig.
> Du lässt die Nacht übergehen in den Tag
> und lässt den Tag übergehen in die Nacht.
> Und Du lässt das Lebendige heraustreten aus den Toten
> und lässt das Tote heraustreten aus dem Lebendigen.
> Und Du versorgst, wen Du willst, ohne Abrechnung.
> (Sure 3,26–27)

Das Lob Gottes ergibt sich aus seiner alles umgreifenden Macht im Himmel und auf der Erde, im Jenseits und im Diesseits. Und es ergibt sich aus der unübertrefflichen Barmherzgkeit Gottes, mit der er Leben schafft und erhält:

> Das Lob Gott, dem gehört,
> was in den Himmeln und auf der Erde,
> Ihm das Lob im Jenseits.
> Und Er ist der unübertrefflich Weise, der Kundige.
> Er weiß, was hineingeht in die Erde
> und was herauskommt aus ihr,
> und was herabgesandt vom Himmel
> und was emporsteigt zu ihm.
> Und Er ist der unübertrefflich Barmherzige,
> der Vergebende.
> (Sure 34,1–2)

Gott anrufen und bitten

Im Gebet gibt der Mensch Antwort auf Gottes Barmherzigkeit und sein Wort. Menschen in allen Religionen bemühen sich darum, im Gebet und im Ritus eine Beziehung zu Gott aufzubauen. Dabei fällt auf, dass die Gebetstraditionen und die Formen des Gebetes sehr ähnlich und über Religionsgrenzen hinweg vergleichbar sind. Das gilt nicht allein für die äußeren Formen des Gebetes, die oft identisch sind: beispielsweise die Haltungen der Hände und des Körpers, etwa das Zusammenlegen der Hände und das Kleinmachen durch Hinknien und Niederwerfen. Die Religionen kennen auch nahezu identische Gebetsketten, die als Hilfe beim rhythmischen Gebet und bei der Konzentration dienen (christlicher Rosenkranz, muslimische Gebetskette mit den 99 Gottesnamen, hinduistische *mala* mit 108 Gottesnamen, buddhistische *mala* für 108 heilige Bücher des Buddhismus).

Ebenso sind auch die Inhalte von Gebetstexten oft vergleichbar, denn die Grundfragen der Menschen sind in allen Kulturen und Religonen gleich; ihre Antwortversuche, ihre Bemühungen, sich mit dem Göttlichen in Verbindung zu setzen, gleichen sich ebenfalls. Besonders die Schwesternreligionen Judentum, Christentum und Islam kennen vergleichbare Formen des Betens, des Lobes des einen Gottes und der Bitte an ihn.

Das Vertrauen auf Gott wirkt sich in besonderer Weise im Bittgebet aus. Weil der Mensch Gott »näher als seine Halsschlagader« (Sure 50,16) und beständig als den Barmherzigen erfährt (vgl. den Einleitungsvers jeder Sure), kann er sein Leben mit allem Gutem und Schlechtem vertrauensvoll in die Hände Gottes legen und ihn im Gebet um Hilfe und Beistand bitten. Das Bittgebet ist dabei kein magisches Tun, das automatisch zum gewünschten Ergebnis führt. Es ist vielmehr eine Orientierung des Menschen auf den Willen Gottes, eine Ausrichtung des Lebens auf den größeren Plan Gottes.

Im Koran wird deshalb immer wieder zu einem vertrauensvollen Bittgebet ermuntert:

Sag: Ruft Gott an oder ruft den Barmherzigen an,
wie ihr Ihn anruft,
Sein sind die Namen, die schönsten.
Und sei nicht laut beim Gebet und nicht leise,
sondern suche zwischen beidem einen Weg!
(Sure 17,110)

Abraham, der erste Muslim, wird in verschiedenen Suren als Vorbild eines vertrauensvollen Beters hingestellt, an dem sich der Muslim orientieren kann (vgl. etwa Sure 2,126–129; 14,35–41; 26,83–89). Abraham wird als »schönes Beispiel« bezeichnet (Sure 60,4); er bittet nicht um irgendwelche materiellen Güter, sondern um »Urteilskraft« und darum, »zu den Rechtschaffenen zu gehören« (Sure 26,83). An ihm wird deutlich, dass das Bittgebet eine Orientierung des Lebens auf Gott hin ist. Wer sich an seinem Beten ein Beispiel nimmt, kann sprechen: »Unser Herr, gib uns Gutes im Diesseits, Gutes im Jenseits und bewahre uns vor der Strafe des Feuers!« (Sure 2,201)

Fasten (*Saum*)

Menschen fasten aus verschiedenen Gründen. In allen Religionen hat das Fasten die Bedeutung einer Hilfe zu innerer Besinnung, zur Konzentration auf das Wesentliche, zur Stärkung der inneren Kräfte durch Verzicht auf Äußerliches. Fasten kann zudem als Umkehr zu Gott verstanden werden. Auch gehört es zur Trauer um einen Verstorbenen. Die Propheten Israels haben sich gegen äußerliches Fasten ausgesprochen und setzten die tätige Hilfe für andere dagegen: »Das ist ein Fasten, wie ich [Gott] es liebe: die Fesseln des Unrechts zu lösen ... an die Hungrigen dein Brot auszuteilen, die obdachlosen Armen ins Haus aufzunehmen ...« (Jesaja 58,6–7)

An diese prophetische Deutung schließt Jesus an. Er hat ebenfalls gefastet (Matthäus 4,2). Aber er wendet sich gegen ein »falsches«, nur äußerliches Fasten ohne innere Veränderung. In der christlichen Tradition wird an bestimmten Tagen (etwa an Aschermittwoch und Karfreitag) gefastet oder in Vorbereitungszeiten auf Hochfeste (etwa in der Fastenzeit [Österliche Bußzeit] und früher auch im Advent).

Im Islam ist das Fasten im Monat *Ramadan* nach Glaubensbekenntnis und Pflichtgebet die dritte Säule muslimischen Glaubens:

O ihr, die ihr glaubt!
Das Fasten ist euch vorgeschrieben,
so wie es denen vorgeschrieben war, die vor euch waren ...
Es ist der Monat Ramadan,
in dem herabgesandt wurde der Koran
für die Menschen als Rechtleitung ...
Wer von euch anwesend in diesem Monat
[nicht auf Reisen], soll in ihm fasten.
Und wer krank oder auf einer Reise:
für ihn gilt eine Anzahl anderer Tage.
Gott will es euch erleichtern, nicht erschweren ...

Damit ihr vielleicht dankbar seid!
(Sure 2,183.185)

Der Ramadan ist der neunte Monat des islamischen (Mond-)Kalenders. In diesem Monat wurde nach muslimischer Auffassung der Koran durch den Engel Gabriel (Dschabra'il) zu Mohammed gesandt. Deshalb soll der Muslim in diesem Monat seine Ergebung in Gott durch das Zeichen des Fastens besonders deutlich machen. Das Fasten bedeutet demnach aus muslimischer Sicht weniger ein Verzicht auf Essen und Trinken und anderes als ein Freiwerden für Gott – ein Fasten *für* etwas, nicht *gegen* etwas.

Mohammed dürfte die Praxis des Fastens bei Juden und Christen kennen gelernt haben. Es gab zu seiner Zeit auf der arabischen Halbinsel christliche Eremiten-Mönche, die oft zurückgezogen in Höhlen der Berge dort gelebt haben – in einer Gegend, in die sich auch Mohammed zurückzog, wenn er von Mekka aus zum Berg Hira ging (dem Ort der ersten Offenbarung des Korans).

Die jüdischen Stämme Arabiens (etwa die drei jüdischen Stämme in Medina) feierten Jom Kippur, das Versöhnungsfest, als ihren höchsten Feiertag. Zu diesem Fest gehört ein strenges Fasten – Mohammed dürfte dies spätestens in Medina erlebt haben. Auch im orthodoxen Christentum gibt es übrigens einen solchen Versöhnungstag, an dem Fasten vorgeschrieben ist. Durch den Kontakt zum byzantinischen Reich (etwa bei seinen Karawanenreisen bis Damaskus) dürfte Mohammed auch diesen christlichen Brauch kennen gelernt haben.

Muslime aller Glaubenrichtungen übernehmen den Versöhnungstag, der arabisch *aschura* heißt, als wichtigen Festtag, an dem sie fasten.

Für *sunnitische Muslime* ist Aschura bedeutsam, weil nach ihrer Auffassung an diesem Tag

- Noach mit seiner Arche auf dem Berg Cudi (Ararat) gestrandet sein und die Arche verlassen haben soll,
- Mose mit dem Volk Israel das Rote Meer durchquert haben soll,

- der von Unglück geschlagene Hiob von Gott geheilt und neu beschenkt wurde.

Für *schiitische* Muslime ist Aschura bedeutsam, weil an diesem Tag des Martyriums des dritten schiitischen Imams Hussein ibn-Ali (Enkel von Mohammed, Sohn von Ali und Fatima) gedacht wird. Das Aschurafest ist in der *Schia* ein Tag der öffentlichen Trauer und schließt eine zehntägige Bußzeit ab. Selbstgeißelungen und blutige Rituale kennzeichnen dieses Fest besonders in Kerbala (Irak), wo die Schlacht von Kerbala 680 zum Tod von Hussein führte.

Aus dem Fasten am Aschura-Tag entwickelte sich in Mohammeds Medina-Zeit der Fastenmonat Ramadan. Ein *Hadith* Mohammeds zum Fasten im Ramadan lautet: »Der Ramadan ist der Monat der Geduld und der Lohn der Geduld ist das Paradies. Er ist der Monat, dessen Beginn Barmherzigkeit, dessen Mitte Vergebung, dessen Ende Befreiung vom Höllenfeuer ist.«

Das Ende des Fastenmonats Ramadan ist von einem fröhlichen Fest gekennzeichnet, dem Fest des Fastenbrechens, arabisch *id al-fitr*, türkisch *ramazan bayrami*, wegen der vielen Süßigkeiten türkisch auch *seker bayrami* (= »Zuckerfest«) genannt. Das Fest des Fastenbrechens ist nach dem Opferfest das zweithöchste islamische Fest. Es ist ein gemeinschaftliches Fest, das mit einem gemeinsamen Mahl begangen wird.

Am Id al-Fitr gehen viele Muslime zuerst in die Moschee (fakultativ, nicht verpflichtend), danach oft auf den Friedhof, um der Verstorbenen zu gedenken. Im Anschluss daran machen sie sich auf zu Verwandtenbesuchen und zu gemeinsamen, reichhaltigen Mahlzeiten. Zudem gibt es für diesen Tag die Empfehlung, Bedürftigen Almosen zu geben, um auch so die Gemeinschaft, die Umma der Muslime, gerade am Festtag deutlich werden zu lassen.

Es gibt für das Fasten im Ramadan genaue Regeln: Fasten ist nicht erlaubt während Monatsblutung, Schwangerschaft und Stillzeit. Es wird zudem nicht gefordert von Alten, Kranken, Kindern (bis zur Pubertät), Reisenden, von Kämpfern im Dschihad. Wer das Fasten auslässt und bricht, muss es nachholen oder als Ausgleich Arme speisen. Fasten gilt von der Morgendämmerung bis zum letzten Licht des Abends und umfasst den Verzicht auf Essen und Trinken, auf Rauchen, auf Geschlechtsverkehr. Manche Imane empfehlen auch den Verzicht auf Musik und andere Vergnügungen, auf Kosmetika und anderes mehr.

Wer sich als Muslim an das Fasten und die anderen Säulen des Islam hält, für den hat Gott eine gute Belohnung im Jenseits bereit:

> Für die muslimischen Männer und Frauen,
> die gläubig, ergeben, wahrhaftig, geduldig, demütig sind,
> die Almosen geben, fasten, ihre Scham bewahren
> und Gottes viel gedenken –
> für sie hat Gott Vergebung
> und einen großartigen Lohn bereitet.
> (Sure 33,35, Khoury)

Außerhalb des Fastenmonats kennt der Islam keine Askese, was die Güter der Welt betrifft: »O ihr Menschen, esst von dem, was auf der Erde an Erlaubtem und Gutem« (Sure 2,168). Allerdings gibt es Nichterlaubtes (vgl. die jüdischen Speisevorschriften entsprechend den Reinheitsgesetzen in Levitikus 11, die der Islam aufgrund der kulturellen Nähe der semitischen Völker weithin übernommen hat). Was im Judentum die Unterscheidung von *koscher* und nicht *koscher* ausmacht, ist im Islam die Unterscheidung von *halal* (dem Erlaubten) und *haram* (dem Nichterlaubten). Das Verbotene bezieht sich dabei vor allem auf Fleischspeisen, die aufgrund der klimatischen Bedingungen und durch mangelnde Hygiene schnell gesundheitsgefährdend werden können. Auch wird die Speise verboten, die als Opfergabe bei einem heidnischen Ritus eingesetzt wurde (Götzenopfermahl, vgl. 1 Korinther 10,14–33). Der Koran formuliert entsprechend:

> Verboten ist euch das Verendete, das Blut,
> das Fleisch des Schweins und das,
> worüber ein anderer angerufen wurde als Gottes Name.
> (Sure 5,3)

Abgabe (*Zakat*)

Die Aufforderung zur Pflichtabgabe für die Armen (arabisch *Zakat*) ist im Koran eng mit der Aufforderung zum regelmäßigen Gebet verknüpft (vgl. Seite 115): Die Beziehung zu Gott ist – vergleichbar ähnlichen Aussagen im Judentum (etwa bei Amos) und im Christentum – nicht lösbar von den Beziehungen zur menschlichen Gemeinschaft. Aus der Bindung an Gott und seinen Willen ergibt sich die Verantwortung für den anderen und dabei besonders für die Armen am Rand der Gesellschaft, die nicht in ausreichendem Maß für sich selbst sorgen können. Dies betrifft vor allem Witwen und Waisen (bei den vielen Kriegszügen zur Zeit Mohammeds ein erhebliches gesellschaftliches Problem), aber auch Fremde und Flüchtlinge.

Die Pflichtabgabe ist dabei nicht einfach ein freiwilliges Almosen für Arme (arabisch *Sadaqa,* dieses soll zusätzlich zum Zakat gegeben werden). Zakat meint vielmehr eine für alle Muslime verpflichtende Abgabe. Dies hat folgenden Hintergrund: In den alten Kulturen Arabiens und des Vorderen Orients gab es keine sozialen Sicherungssysteme wie Rente oder Krankenversicherung. Durch den Zakat wird ein sozialer Ausgleich geschaffen, sodass auch in Not geratene, kranke und behinderte Menschen das Nötigste zum Leben erhalten. Außerdem wird der Zakat zur Versorgung von Durchreisenden und Pilgern eingesetzt und zur Finanzierung der islamischen Mission:

> Wahrlich, die Almosen
> sind für die Armen und Bedürftigen nur,
> und für die, die dafür arbeiten [die Verwalter des Zakat],
> und die, deren Herzen vertraut gemacht werden
> [für die, die zum Islam bekehrt werden sollen],
> für die Sklaven und für die Verschuldeten,
> die auf dem Weg Gottes und für den Reisenden
> [etwa auf dem *Hadsch*], eine Pflicht von Gott.
> (Sure 9,60)

Die Sure 9 ist eine späte medinische Sure, stammt also aus einer Zeit, in der in Medina bereits eine muslimische Gesellschaftsordnung aufgebaut worden war. Diese muslimische Gemeinschaft in Medina (*Umma*) wurde und ist weiterhin das Vorbild aller muslimischen Gemeinschaften überall auf der Welt – entsprechend sind ihre Ordnungen wie Zakat auch für alle verpflichtend, unabhängig von Ort und Zeit.

Anders als das Almosen sind für die Pflichtabgabe genau definierte Empfängergruppen benannt. Sie geht dabei ausschließlich an muslimische Empfänger, freiwillige Almosen dagegen kann der Muslim auch nichtmuslimischen Bedürftigen zuwenden. Zur Zeit Mohammeds wurde der Zakat von der Moscheengemeinde verwaltet; das wird auch heute noch in vielen Ländern praktiziert. Es gibt Verwalter für den Einzug und die Verteilung der Pflichtabgabe, die – falls angemessen – ebenfalls aus ihr bezahlt werden können. Zakat wird in Saudi-Arabien, Malaysia und Pakistan vom Staat eingetrieben (eine Art Kirchensteuer), in Indonesien übernimmt dies eine halbstaatliche Agentur. Auch der Iran kennt halbstaatliche Strukturen – dort wie auch in anderen streng muslimischen Ländern können die Fonds des Zakat einen beträchtlichen Teil der wirtschaftlichen Leistung des Landes umfassen.

Die Höhe des Zakat ist sehr unterschiedlich; sowohl sie als auch die Einkommensarten, die für den Zakat herangezogen werden, sind ständige Themen in muslimischen Staaten, ebenso die Frage, wer als Empfänger in Frage kommt. In nomadischer Zeit (also etwa zu Mohammeds Zeiten) war beispielsweise folgende Höhe des Zakat üblich: Auf vierzig Schafe war ein Schaf zu leisten (bei einem Besitz von unter vierzig Schafen blieb man zakatfrei, der arme Bauer sollte geschont werden), auf 121 Schafe waren es zwei Schafe, auf 201 Schafe drei Schafe und so weiter. In der alten Zeit wurden die Produkte der Viehzucht und des Ackerbaus mit Zakat belegt, also Viehherden, Getreide oder andere Feldfrüchte. Hinzu kamen (Mohammed war Händler) die Erträge aus dem Handel, also etwa Edelmetalle und andere

Handelswaren. Die unmittelbare Abgabe von Naturalien ist in den großen muslimischen Gesellschaften heute natürlich nicht mehr praktikabel, sodass nach anderen Regelungen für einen finanziellen Ausgleich zwischen den Reicheren und den Ärmeren gesucht wird. Dabei ist es für die Moscheengemeinden schwierig, alle Einkommensarten zu erfassen und so wirklich zu einem gerechten Ausgleich zu kommen.

Ein Problem bleibt auch der Verwendungszweck für diejenigen, »deren Herzen vertraut gemacht werden sollen«, die also islamisch missioniert werden sollen. In westlichen Kreisen wird vermutet, dass ein Teil des Zakat aus streng islamischen Ländern an islamistische oder gar terroristische Gruppen fließt. Diesem Vorwurf können Muslime nur durch eine große Transparenz und klare Abrechnung über die verwendeten Gelder begegnen.

Trotz aller Probleme in der Gegenwart bleibt der Zakat eine der Säulen des Islam und stützt die muslimische *Umma* in hoher Weise. Die Motivation für die Pflichtabgabe sieht der Koran allerdings weniger im Blick auf das Diesseits, sondern im Verhältnis zu Gott und im Blick auf die künftige Belohnung im Jenseits. Das Ende der kurzen Sure 64 macht das deutlich: Wer Abgaben für Arme gibt, gibt damit gleichsam Gott ein Darlehen, das dieser nach dem Tod des Gebenden im Jenseits zurückzahlen wird – ein klassisches Tauschgeschäft wie auf einem arabischen Basar. Allerdings muss man hinzufügen, dass ein solches Denken auch lange Zeit im Christentum vorherrschend war. Die Frage nach dem Verhältnis von Glauben und guten Werken wurde bereits neutestamentlich gestellt durch Paulus auf der einen Seite (»der Glaube allein«) und durch den Verfasser des Jakobusbriefen auf der anderen (»der Mensch wird aufgrund seiner Werke gerecht«, Jakobus 2,24). Diese Frage wurde durch die Reformation konfessionstrennend. Die Aufforderung, gute Werke tun, damit es einem im Jenseits besser geht, war lange Zeit ein Thema christlicher Glaubensverkündigung.

Christentum wie Islam müssen erkennen und betonen, dass der Glaube an Gott primär ist und dass aus der Erfahrung des barmherzigen Gottes auch Barmherzigkeit gegenüber den Menschen zu folgern ist: Rechtfertigung aus dem Glauben führt zu guten Werken. Sure 64 sieht das allerdings noch anders:

> So fürchtet Gott, soviel ihr könnt,
> und hört, gehorcht und spendet! Es ist besser für euch.
> Und wer bewahrt ist vor eigener Habsucht,
> dem ergeht es wohl.
> Wenn ihr leiht Gott ein Darlehen, ein schönes,
> vervielfacht Er es euch und vergibt euch.
> Und Gott ist der unübertrefflich Dankbare, der Gütige,
> der das Verborgene kennt und das Offenbare,
> der unübertrefflich Erhabene, der Weise.
> (Sure 64,16–18)

Das Thema Lohn für gute Taten beziehungsweise für die Befolgung der muslimischen Gebote und umgekehrt Strafe für schlechte Taten beziehungsweise für die Verweigerung des Glaubens an Gott durchzieht den ganzen Koran: »Und jene unter euch, die glauben und spenden, erwartet ein Lohn, ein großer.« (Sure 57,7)

Zakat schafft ebenso wie Gebete, das Fasten und die Wallfahrt nach Mekka Verdienste für den gläubigen Muslim. Dies thematisiert auch Abu Dawud (818–888, arabischer Gelehrter in Basra, Irak) – die Parallele zur Weltgerichtsrede Jesu (Matthäus 25,31–46) ist offensichtlich:

> Welcher Muslim auch immer einen anderen Muslim,
> der nackt ist, kleidet,
> den kleidet Gott mit dem Grün des Paradieses.
> Welcher Muslim auch immer einem anderen Muslim,
> der Hunger hat, zu essen gibt,
> dem gibt Gott zu essen von den Früchten des Paradieses.
> Und welcher Muslim auch immer einem anderen Muslim,
> der Durst hat, zu trinken gibt,
> dem gibt Gott, der Mächtige und Majestätische,
> zu trinken vom versiegelten reinen Getränk.

Wallfahrt (*Hadsch*)

Die fünfte und letzte Säule des Islam ist die Wallfahrt nach Mekka, die jeder Muslim nach Möglichkeit wenigstens einmal im Leben begehen sollte. Diese Wallfahrt führt zur Kaaba, der spirituellen Mitte des Islam, die Gott, den Erbarmer, symbolisiert (zur Kaaba vgl. Seite 99 ff.). Wer sich also auf den Weg macht und die Kaaba siebenmal wie vorgeschrieben umrundet, der macht dadurch gleichsam Gott zum Mittelpunkt seines Lebens. Der *Hadsch* (auch Haddsch oder Hadj geschrieben) ist der Weg zur Mitte:

> Das erste Haus, errichtet für den Menschen,
> das ist in Bakka [= Mekka] –
> gesegnet und eine Rechtleitung für die Welten.
> In ihm sind Zeichen, klare – die Stätte Abrahams.
> Und wer sie betritt, ist in Sicherheit.
> Gott hat den Menschen auferlegt,
> die Pflicht zu pilgern zum Hause, soweit sie es vermögen.
> (Sure 3,97)

Wallfahrten gibt es in allen Religionen: Im Judentum gibt es drei Pilgerfeste, anlässlich derer man zu einer Wallfahrt zum Jerusalemer Tempel aufbrach: Pessah (Erinnerung an den Auszug aus Ägypten), Schawuot (Erinnerung an den Bundesschluss), Sukkot (Laubhüttenfest). Alle drei waren ursprünglich bäuerliche Erntedankfeste, wurden dann aber vom Glauben Israels her umgeformt. Christliche Pilgerfahrten hatten ebenfalls Jerusalem als Ziel, dann auch Rom und Santiago de Compostela. Zusätzlich entstanden in Europa überall christliche Wallfahrtsorte, die meisten sind marianisch geprägt. Der Hinduismus kennt Wallfahrten zu den großen Tempelfesten (etwa zur Pushkar-Mela nach Rajastan, um den Gott Brahma zu feiern) und zu den vier Orten, an denen die Kuma (Kumbh) Mela stattfindet: Nashik, Ujjain, Haridwar und Allahabad – zu solchen Wallfahrten kommen unvorstellbar große Zahlen von Pilgern. Auch der Buddhismus kennt Wallfahrten zu den vier wichtigen Orten aus dem Leben des Buddha: Lumbini (Geburt), Bodh Gaya (Erleuchtung), Sarnath (erste Predigt = Ingangsetzen des Rades der Lehre), Kushinagara (Eingang des Buddha ins Paranirvana). Die chinesischen Religionen kennen Wallfahrten zu Tempeln, vor allem zu den heiligen Bergen; Anhänger von Naturreligionen suchen herausragende Orte der Natur (Berge, Quellen oder Höhlen) auf. Der Mensch macht sich also auf einen religiösen Weg, um Gott, das Göttliche tiefer zu erfahren und zugleich die Gemeinschaft der mit ihm Glaubenden und Pilgernden zu erleben.

Beides ist auch im Islam das Ziel des Hadsch: die unmittelbare Begegnung mit Gott am zentralen Ort des Islam und die Gemeinschaftserfahrung der *Umma* – Begegnung mit Gott also und mit den Menschen.

Ein Muslim kann das ganze Jahr über jederzeit eine Wallfahrt nach Mekka (und Medina) unternehmen (*umra*). Diese zählt aber nur dann als geforderter Hadsch, wenn die Pilgerfahrt im letzten Monat des islamischen Kalenders *Dhu l-Hijra* unternommen wird. Aktuell lässt Saudi-Arabien jährlich rund zwei Millionen Pilger zum Hadsch zu – dies ist eine gewaltige logistische Aufgabe, was Unterbringung und Versorgung in dem Wüstenort angeht. Jeder Muslim ist zum Hadsch verpflichtet, wenn er gesundheitlich und finanziell dazu in der Lage ist. Sowohl Männer als auch Frauen können an der Wallfahrt teilnehmen – meist aber werden die männlichen Familienoberhäupter auf die Reise geschickt, stellvertretend für alle.

Nur Muslimen ist der Zutritt zu den heiligen Stätten Mekka und Medina gestattet – die Regierung des Königreichs Saudi-Arabien versteht sich als strenger Wächter dieser heiligsten Stätten des Islam. Wer die Wallfahrt unternommen hat, trägt den Ehrentitel »Hadschi« (literarisch-fiktiv verwendet bei Karl May: Hadschi Halef Omar Ben Hadschi Abul Abbas ibn Hadschi Dawudh al Gossarah als Begleiter von Kara ben Nemsi).

Das rituelle und im Ablauf genau festgelegte Geschehen des Hadsch könnte als rein äußerliches religiöses Tun missverstanden werden. Doch die islamische Theologie hat immer wieder den inneren Sinn religiöser Riten reflektiert, so auch in Bezug auf den Hadsch. Der persische Theologe und Mystiker Abu Hamid al-Ghazali (1058–1111) schreibt:

> Auf zwei Geheimnisse der Hadsch wollen wir verweisen:
> Die Pilgerfahrt ist als Ersatz für das Mönchtum festgesetzt,
> das es in anderen Religionen gibt:
> Gott hat die Pilgerfahrt zum Mönchtum
> von Muhammads Gemeinde gemacht.
> Zweitens wurde die Reise nach dem Vorbild der Reise
> ins Jenseits eingerichtet, darin liegt eine Ermahnung.

Der Koran spricht nur an wenigen Stellen vom Hadsch – verständlicherweise, denn dieser Brauch konnte erst zum Ende der Offenbarungen entstehen, nachdem die Muslime von Medina im Jahr 629 Mekka erobert hatten. Erst in seinen letzten drei Jahren hat auch Mohammed die Pilgerfahrt von Medina aus unternommen. Doch die Bedeutung von Mekka, der Kaaba und der dortigen Moschee (auch als Gebetsrichtung für Muslime) klingt im Koran immerhin an. Allerdings gibt es eine Ausnahme: Die frühe medinische Sure 2 spricht bereits von einer Wallfahrt und gibt genaue Anweisungen:

> Und begeht für Gott die Wallfahrt und den Pilgerbesuch!
> Und wenn ihr gehindert seid, so bringt Opfertiere,
> die euch leicht fallen
> [es folgen weitere Bestimmungen über Tieropfer] ...
> für die Wallfahrt sind bestimmte Monate gedacht.
> Wer sich unter ihnen entschlossen hat zur Wallfahrt,
> der enthalte sich sehr wohl des Beischlafs,
> frevle nicht noch streite während der Wallfahrt.
> Und was ihr an Gutem tut, Gott weiß es sehr wohl.
> Und versorgt euch mit Wegzehrung,
> doch: die Gottesfurcht ist die beste Wegzehrung ...
> Und wenn ihr beendet habt eure Riten,
> dann gedenkt Gottes.
> (Sure 2,196–200)

Wahrscheinlich hat es bereits vorislamisch Wallfahrten von Pilgern arabischer Stämme nach Mekka zur (damals noch heidnischen) Kaaba mit ihren Götterfiguren gegeben. Nachdem Mohammed 629–630 Mekka seinem Einflussbereich einordnen konnte, legte er die genauen Riten dieser Pilgerfahrt fest:

Die Pilger müssen sich rituell bereit machen durch eine rituelle Waschung und das Anlegen des Pilgerkleides (Männer: zwei weiße Gewänder um Hüfte und Schultern, Sandalen, Pilgerstab, Ledertasche; Frauen: weißer Rock, Oberteil mit langen Ärmeln, Kopftuch). Männer dürfen sich auf dem Hadsch weder rasieren noch die Haare oder die Nägel schneiden; Frauen dürfen sich nicht verschleiern. Die einheitliche Kleidung ist ein Sinnbild: Alle Glieder der *Umma*, der muslimischen Gemeinschaft, sind auf diesem Hadsch gleich, weil alle vor Gott gleich sind.

Meist werden Pilger von Führern begleitet, die sie in die komplizierten Riten des Hadsch einführen und an diesen Tagen zu den einzelnen Orten begleiten:

- Der Hadsch beginnt damit, dass die Pilger siebenmal (entsprechend dem Kreisen der Arche Noachs, vgl. Seite 100) die Kaaba in einer spiralförmigen Bewegung umkreisen, sodass sie am Ende den Stein berühren.
- Dann trinken sie etwas außerhalb des Moschee-Bereiches Wasser aus dem Brunnen Zamzam, der an Hagar und Ismael erinnert, den Stammvater der Araber. Hagar suchte nach ihrer Verstoßung durch Abraham Wasser in der Wüste. Ein Engel Gottes zeigte ihr die Quelle – ein Zeichen der Barmherzigkeit Gottes, auf die auch die Pilger bei dem Hadsch vertrauen. Die Pilger laufen dreimal zwischen den Hügeln Safa und Marwa hin und her, um an Hagar und ihre Wassersuche zu erinnern.
- Danach gehen die Pilger zum 25 Kilometer entfernten Tal von Mina. Dort begeben sie sich am folgenden Tag auf den Berg Arafat – der spirituelle Höhepunkt des Hadsch. Mit dem Ruf *Labaika* (= »Da bin ich«) unterstellen sie sich dem Willen Gottes.

- Vom Arafat gehen die Pilger über den Ort Muzda-lifa nach Mina zurück. Dort findet die »Steinigung des Teufels« statt (Absage an das Böse), bei der die Pilger sieben Steine auf eine Steinsäule werfen, die den Teufel symbolisiert.

Am 10. Tag des Monats Dhu l-Hijra findet das Opferfest statt – das wichtigste islamische Fest, das an Abraham erinnert, der (nach muslimischer Überlieferung) seinen erstgeborenen Sohn Ismael (nicht Isaak [!], vgl. Seite 186 ff.) Gott opfern sollte. Als Gott den Glauben des Abraham sah und die Tötung des Sohnes verhinderte, opferten Abraham und Ismael einen Widder. Darauf bezieht sich das islamische Opferfest, bei dem ebenfalls ein Tier (meist ein Schaf) geschlachtet und geopfert wird.

Das Opferfest (arabisch *Idu l-Adha*) ist nicht nur der Höhepunkt des Hadsch in Mekka, sondern wird überall auf der Welt gefeiert. Dabei wird ein Tier (Schaf, Ziege, aber auch Kamel oder Pferd) rituell geschlachtet, ein Teil von den Pilgern verzehrt, ein anderer dient als Gabe für die Armen – ein Zeichen für die Solidarität unter den Muslimen in der *Umma*. Ebenso wie beim Fest des Fastenbrechens (vgl. Seite 122) gehören ein Besuch der Moschee mit gemeinsamem Gebet, ein Besuch des Friedhofs mit Gedenken der Verstorbenen und ein gemeinsames Mahl mit Verwandten und Freunden zum Opferfest.

Der Hadsch ist mit dem Opferfest beendet, doch viele Pilger kehren zur Kaaba zurück oder reisen weiter nach Medina, in die Stadt des Propheten.

Auch wenn bei Weitem nicht alle Muslime die Forderung des Hadsch erfüllen können, so bleibt diese Pilgerfahrt doch für die muslimische *Umma* ein wesentlicher Bestandteil ihres Selbstverständnisses und ihrer Gottesverehrung:

> Gott hat festgelegt,
> dass die Kaaba, der Unverletzliche Tempel,
> ein Symbol für alle Menschheit sein soll ...
> und so auch die Pilgerfahrt.
> (Sure 5,97, Asad)

Gute Werke

Aus der Sicht des neutestamentlichen Jakobusbriefes wird »Glaube erst durch die Werke vollendet« (Jakobus 2,22). Diese Sichtweise ist in der Geschichte der Christen als »Werkgerechtigkeit« missverstanden worden – und dies trotz der deutlichen Aussagen von Paulus im Römerbrief, dass allein der Glaube rettet, weil nur er einen Menschen für die entgegenkommende Gnade des erbarmenden Gottes öffnet. Diese beiden unterschiedlichen Akzente der einen neutestamentlichen Botschaft haben über lange Zeit hinweg zu einer Kontroverse zwischen Katholiken und Protestanten geführt; erst Ende des 20. Jahrhunderts, angeregt durch die theologische Arbeit von Hans Küng, konnten die christlichen Kirchen den Streit über die Rechtfertigung beilegen.

Denn dieser Streit ist letztlich sinnlos: Glaube und Werke sind wie die beiden Seiten einer Münze, wie die beiden Schalen einer Waage. Wer sich im Glauben auf Gott ausrichtet, begibt sich damit nicht in eine jenseitige Sphäre, die mit dieser Welt nichts mehr zu tun hat; christliche Frömmigkeit ist auch kein »Sakristeichristentum«, sondern hat sich inmitten der Welt zu bewähren. Das Zweite Vatikanische Konzil formuliert im Vorwort seiner Pastoralkonstitution über die Kirche in der Welt von heute (1965):

> Freude und Hoffnung, Trauer und Angst
> der Menschen von heute,
> besonders der Armen und Bedrängten aller Art,
> sind auch Freude und Hoffnung,
> Trauer und Angst der Jünger Christi.

Die Kirche versteht sich als Gemeinschaft, die dem ganzen Menschen und der ganzen Menschheit zu dienen hat (Absatz 3). Es geht darum, dass »die Menschen *eine* Familie bilden und einander in brüderlicher (geschwisterlicher) Gesinnung begegnen« (Absatz 24). Daran hat die Kirche, haben die Christen von ihrem

Glauben an Gott, dem Vater aller Menschen, her mitzuwirken. Das ist der Weltauftrag der Kirche, der sich von der Verbindung von Gottes- und Nächstenliebe ableitet, die Jesus immer wieder betont hat und zu der der erste Johannesbrief auffordert (vgl. Seite 35). Glaube und Werke sind demnach keine Gegensätze innerhalb des christlichen Lebens, sondern korrelieren miteinander.

Dies gilt auch für die Botschaft des Islam. Immer wieder wird in vielen Suren auf die Werke der Guten und umgekehrt auf die Werke der Bösen verwiesen. Dabei steht die Mahnung des Korans zu guten Werken meist unter dem Gedanken einer Vergeltungsgerechtigkeit: Wer Gutes tut, den wird Gott im Jenseits belohnen, wer dagegen Böses tut, der hat nichts als eine harte Strafe zu erwarten. So heißt es etwa:

> Wahrlich, Gott lässt eintreten
> die glauben und verrichten gute Werke,
> in Gärten, unterhalb derer Bäche fließen.
> Und die leugnen, genießen und fressen wie das Vieh,
> das Feuer wird ihre Bleibe.
> (Sure 47,12)

Immer wieder werden die Gärten (des Paradieses) verheißen, und zwar demjenigen, der aus seinem Glauben heraus Gutes tut und somit Gottes Weisung zum Maßstab seines Lebens macht, dem also, der Gottes Rechtleitung folgt:

> Die aber, die glauben und verrichten gute Werke,
> werden Wir eintreten lassen in die Gärten,
> unterhalb derer Bäche fließen,
> darin werden sie ewig weilen.
> Das Versprechen Gottes in Wahrheit.
> (Sure 4,122)

Was versteht der Koran unter »guten Werken«? Wie auch die biblischen Texte sind die Korantexte gleichsam »Grundsatzerklärungen«, die allgemeine Leitlinien für das Handeln der Menschen aufzeigen, aber nur in geringerem Maß konkrete Handlungsanweisungen geben. Deshalb ist sowohl die Auslegungsgeschichte der Bibel für Juden und Christen wichtig als auch im muslimischen Bereich die Auslegung der koranischen Suren in der Rechtsform der *Scharia*, des gottgemäßen Lebens in konkreten Situationen (vgl. Seite 140 ff.). Nur vereinzelt gibt es – vor allem bei den alttestamentlichen Propheten – konkrete Hinweise auf gottgefälliges Leben, diese meist in negativer Form und als Wehruf oder Gerichtsrede:

> Ihr bringt den Unschuldigen in Not,
> lasst euch bestechen
> und weist den Armen ab bei Gericht ...
> Hasst das Böse, liebt das Gute,
> und bringt bei Gericht das Recht zur Geltung!
> (Amos 5,12.15)

Solche Gebote erscheinen durchaus auch im Koran; sie legen den allgemeinen Grundsatz, Gutes zu tun und Böses zu unterlassen, zumindest im Ansatz aus:

> O ihr, die ihr glaubt,
> steht ein für Gott als Zeugen der Gerechtigkeit!
> Der Hass, den ihr hegt gegen Leute,
> soll euch nicht verleiten, anders zu handeln als gerecht.
> Seid gerecht, das ist näher der Gottesfurcht.
> (Sure 5,8)

Konkreter wird Sure 26 (ähnlich Sure 55,8–9):

> Gebt volles Maß
> und gehört nicht zu den Verlust Verursachenden!
> Und wägt mit der Waage, mit der geraden!
> und vermindert den Menschen nicht ihre Sachen.
> (Sure 26,181–183)

Im Allgemeinen aber gibt es im Koran ähnlich wie in der Bibel weniger positive Ermunterungen mit Beispielen des Guten als vielmehr Warnungen vor bösem Verhalten, vor Unrecht in seinen verschiedenen Ausprägungen. So wird gewarnt vor den unterschiedlichsten Lastern: vor Hochmut und Geiz, vor Undankbarkeit, vor Hass und Zorn, vor Verschwendung (und damit weniger Möglichkeiten, den Armen zu helfen), vor Maßlosigkeit und ganz allgemein vor jeglicher Ungerechtigkeit.

Umkehr und Vergebung

Beziehungen zwischen Menschen sind nie ohne Konflikte, ohne Streit und Auseinandersetzungen möglich. Menschen reiben sich an ihren Unvollkommenheiten. Da dies nicht zu ändern ist, kann es kein konfliktfreies Leben geben (»Frieden um jeden Preis«), sondern nur einen sinnvollen Umgang mit Konflikten, das Nutzen von Konfliktsituationen als Chance, eigenes Verhalten und Beziehungen weiter zu entwickeln. Eine »Kultur der Auseinandersetzung« ist zu fördern. Dazu gehört wesentlich die Bereitschaft zur Umkehr, zum Neubeginn und zur Versöhnung miteinander. Gefordert ist der Wille, sich auch selbst in Frage zu stellen und eigenes Versagen zu erkennen, also letztlich ein Lernprozess.

Dieser Lernprozess der Versöhnung – so sagen die Religionen übereinstimmend aus – betrifft nicht allein die zwischenmenschlichen Beziehungen. Weil die menschlichen Möglichkeiten begrenzt bleiben und Menschen immer wieder neu versagen, braucht es eine umfassendere Versöhnung, die letztlich nur Gott selbst schenken kann. Umkehr, Vergebung und Versöhnung werden somit zu Grundbegriffen auch des religiösen Lebens und der Beziehung der Menschen zu Gott selbst.

Versöhnung steht in der Hebräischen Bibel im Zusammenhang mit dem Begriff »Bund«. Wo der Bund Gottes mit Israel durch die Schuld der Menschen gebrochen wird, bedarf es der Versöhnung und der Vergebung durch Gott. Dies wird zuerst als Sühne für das geschehene Unrecht verstanden, die der Mensch zu leisten hat – entsprechend gibt es am Jerusalemer Tempel Sündopfer.

Die Propheten üben an einer solchen Auffassung von Versöhnung, die der Mensch aus sich heraus bewirken kann, Kritik: Nur Gott kann Vergebung und Versöhnung schenken; ihm soll der Mensch mit Gottes- und Nächstenliebe antworten: »Liebe will ich, nicht Schlachtopfer.« (Hosea 6,6)

An diese prophetische Auffassung knüpfen auch Jesus und das Neue Testament an. Die von Gott geschenkte Versöhnung zeigt sich für Christen in besonderer Weise in Christus, der als die »Versöhnung Gottes« bezeichnet werden kann und dem Christen in ihrer eigenen Praxis der Versöhnung nachzufolgen haben:

Ja, Gott war es,
der in Christus die Welt mit sich versöhnt hat,
indem er den Menschen
ihre Verfehlungen nicht anrechnete ...
Lasst euch mit Gott versöhnen.
(2 Korinther 5,19–20)

Die selbst erfahrene Versöhnung hat Auswirkungen auf das eigene Verhalten, dazu ermuntert auch das Vaterunser: »Vergib uns unsere Schuld, wie auch wir vergeben unsern Schuldigern.«

Wo im Alten Testament nur Gott die Vollmacht zur Sündenvergebung zugesprochen wird, da wird diese Vollmacht neutestamentlich auch auf Jesus übertragen: Durch sein Reden und Handeln (vgl. etwa die Heilung des Gelähmten in Markus 2,7) macht er sichtbar, dass er der Gesandte und Beauftragte Gottes ist, der mit der Macht Gottes handelt. Diese Vollmacht wirkt schließlich auch in den Bereich der Kirche hinein: »Vergebt einander, weil auch Gott euch durch Christus vergeben hat.« (Epheser 4,32)

Im Islam und in den Suren des Korans finden wir ebenso wie in der Bibel die beiden aufgezeigten Richtungen von Vergebung und Versöhnung:

- Versöhnung als Geschenk des erbarmenden und verzeihenden Gottes an die Menschen,
- als Konsequenz daraus eine Haltung der Vergebung und Versöhnung auch bei den Gläubigen mit Auswirkungen auf das zwischenmenschliche Verhalten.

Zu den vielen Namen Gottes (vgl. Seite 19), die im Koran genannt werden und in der muslimischen Tradtion von Bedeutung sind, gehören auch Nennungen wie: der Verzeihende, der

Nachsichtige, der Mitfühlende, der mit seiner Liebe alles Umfassende, der Mitleidige oder der Geduldige. Die islamische Gottesvorstellung ist stärker von Aussagen über die Barmherzigkeit Gottes geprägt als von Aussagen über das Gericht, das Gott über die Taten der Menschen hält. Wer sich als gläubiger Muslim Gott unterwirft und immer wieder zu ihm umkehrt, wer der Rechtleitung Gottes folgt, wer sich in die muslimische *Umma* integriert und für Gerechtigkeit sorgt, der darf sich Gottes Vergebung gewiss sein: Gott wird ihm Unrecht vergeben und ihn vor Unheil retten. So heißt es:

> Und wer Schlechtes tut oder sich selbst Übles tut
> und dann Gott bittet um Vergebung,
> der findet Gott vergebend, barmherzig ...
> Die Gnadengabe Gottes überkommt dich gewaltig.
> (Sure 4,110.113)

Immer wieder weist der Koran darauf hin, dass die Umkehr des Menschen die Vergebung durch Gott sicher erwirkt. Ein Neubeginn ist möglich, wenn der Mensch sich erneut Gott und seiner Rechtleitung zuwendet, auf Gottes Erbarmen darf er unbedingt vertrauen:

> Aber wer es bereut, nachdem er Übles getan,
> und sich bessert:
> Gott ist ihm zugekehrt.
> Gott ist der unübertrefflich Vergebende, der Barmherzige.
> Weißt du nicht,
> dass Gottes ist die Herrschaft der Himmel und der Erde?
> Er bestraft, wen er will,
> und er vergibt, wem er will.
> Und Gott ist aller Dinge mächtig.
> (Sure 5,39–40)

Gott selbst bezeichnet sich als denjenigen, der »vergibt dem, der umkehrt, glaubt und gute Werke verrichtet und sich rechtleiten lässt« (Sure 20,82). Hier wird sichtbar, dass die Vergebung durch Gott und die Umkehr des Menschen aus islamischer Sicht miteinander korrelieren. Das eine geht nicht ohne das andere.

Der Zuspruch der Vergebung und Versöhnung durch Gott ist zugleich der Anspruch an den Menschen, umzukehren und neu zu beginnen in seinem Verhältnis zu Gott (Rechtleitung) und zu den Menschen (Gerechtigkeit). In dieser doppelten Sichtweise geht der Koran mit den biblischen Aussagen konform, die auch auf eine Wechselwirkung zielen: Der erbarmende Gott bewegt durch seine immer wieder erneuerte Annahme des Menschen (auch des Volkes Israel) die Menschen dazu, selbst zum Erbarmen und zur Versöhnung bereit zu werden (vgl. die zitierte Vaterunser-Bitte).

Sure 46 schildert das Verhältnis eines Menschen zu seinen Eltern und den Reifeprozess eines Mannes, der erst mit vierzig Jahren zur Erkenntnis der Gnade Gottes gelangt und ihm für seine Eltern danken kann. Dann sagt dieser Mann: »Wahrlich, ich kehre um zu Dir und ich bin einer der Ergebenen.«

Und Gott antwortet ihm mit dem Verweis auf den Lohn im Jenseits (Paradiesgarten):

Das sind die, von denen Wir annehmen
das Beste, was sie getan,
und übergehen ihre Missetaten
unter den Gefährten des Gartens.
(Sure 46,15–16)

Wiederum finden wir hier und an vielen anderen Stellen eine Verheißung: Die Rechtschaffenheit im Diesseits, das Befolgen der Rechtleitung durch Gott auf dieser Erde »lohnt« sich mit Blick auf das Jenseits. So heißt es etwa:

O ihr, die ihr glaubt,
kehrt um zu Gott in aufrichtiger Umkehr!
Vielleicht wird euer Herr
euch hinwegnehmen eure Missetaten
und euch eintreten lassen in Gärten,
unterhalb derer Bäche fließen.
(Sure 66,8)

Scharia: Der Weg zum Leben

Todesstrafe beim Abfall vom islamischen Glauben durch Enthauptung oder Steinigung, Bestrafung von Ehebruch mit hundert Peitschenhieben (für den Mann) oder der Todesstrafe durch Steinigung (für die Frau), Amputation von Händen und Füßen bei Diebstahl – das sind Extreme islamischen Rechts, der im Westen kritisch betrachteten *Scharia*, die zu Entsetzen und Empörung führen. In weiten Teilen des Islam sind solche brutalen Körperstrafen heute sehr umstritten, sie werden aber in einigen fundamentalistisch geprägten Gebieten (etwa in Saudi-Arabien) weiterhin praktiziert. Allerdings darf man nicht vergessen, dass es in der europäischen Antike und dem Mittelalter durchaus vergleichbare Strafen gab. Und die Anweisungen der Hebräischen Bibel für Vergeltung von Unrecht sind für unser heutiges Empfinden (das durch den anderen, gewaltlosen Ansatz Jesu geprägt ist, vgl. die Bergpredigt in Matthäus 5–7) ebenso hart wie islamische Strafen (vgl. etwa die Forderungen im Buch Deuteronomium). Für das alte Israel galt (und gilt auch heute oft noch in der Politik des offiziell säkularen Staates Israel, der aber stark von religiösen Einflüssen bestimmt ist): »Leben für Leben, Auge für Auge, Zahn für Zahn, Hand für Hand, Fuß für Fuß, Wunde für Wunde.« (Exodus 21,23)

Gewalt gegen Andersdenkende und Folter sind zudem keineswegs nur ein muslimisches Problem: Fundamentalistisches Denken gibt es überall; Fundamentalismus gibt es im Christentum ebenso wie im Islam, im Judentum wie im Hinduismus. Es gibt überall militante Gläubige, die sich von der großen Mehrheit der Gläubigen absetzen, aber in einigen traditionell ausgerichteten Ländern hohen Einfluss haben (vgl. auch Seite 152 ff.).

Was aber ist Scharia wirklich? Das Wort bedeutet: »der Weg, der zum Wasser führt«. Nicht für alle neuen Situationen in der Geschichte des Islam ließen sich Grundsätze ethischen Handelns aus dem Koran ableiten. So entstand bereits früh eine Entwicklung von Rechtsgrundsätzen, die im Bereich der Sunniten von vier Rechtsschulen (*Madhhab*) formuliert wurden: *Hanafiya* (den Hanafiten), *Malikiya* (den Malikiten), *Schafi'iya* (den Schafiiten) und *Hanbaliya* (den Hanbaliten). Die Schiiten kennen eigene Rechtsschulen. Die vier sunnitischen Auslegungsrichtungen sind heute weithin geografisch orientiert: Die Hanbaliya etwa ist die herrschende Schule in Saudi-Arabien, in Nordafrika mit Ausnahme von Ägypten ist es die Malikiya. In Ägypten und im Vorderen Orient findet sich besonders die Schafi'iya. In Zentral-, Süd- und Südostasien herrscht dagegen die Hanafiya, ebenso in der Türkei.

Diese Rechtsschulen haben sich schon früh, ab dem 9. Jahrhundert, herausgebildet. Sie unterscheiden sich dadurch, dass sie bestimmte Methoden der Normenfindung entwickelt haben, um aus den allgemeinen Forderungen des Korans möglichst präzise Anwendungen für die gesellschaftliche Situation anderer Zeiten und Kulturen herauszuarbeiten. Es geht in ihnen demnach um eine Konkretisierung des Korans in Bezug auf neue Anforderungen.

Mit diesen Rechtsschulen wurde eine Tradition islamischen Rechts begründet, die von der Situation des 7. und 8. Jahrhunderts im arabischen Raum ausgeht und seitdem als Scharia, als Gesamtheit islamischen Rechts, festgeschrieben ist. Alle Bereiche des Lebens werden von der Scharia erfasst: das Strafrecht ebenso wie das Zivilrecht, Handelsrecht oder Eherecht. Allerdings ist die Scharia kein fest geformtes und genau definiertes Gesetzbuch wie etwa die Zusammenfassungen der Rechtsnormen westlicher Tradition in Strafgesetzbuch, Bürgerlichem Gesetzbuch und so weiter. Vielmehr muss die Scharia als »Normfindung im Entwicklungsprozess« angesehen werden, die durch sogenannte *Fatwas* weiterentwickelt wird. Eine Fatwa ist eine verbindliche Aussage eines hohen muslimischen Rechtsgelehrten, die er meist auf eine Anfrage hin erteilt und mit der er diese Frage einer endgültigen Klärung zuführen will. Weil es im Gesamtbereich des Islam aber keine oberste Institution für

Glaubens- und Rechtsfragen gibt (wie etwa den Papst im Bereich der katholischen Kirche), ist auch die Gültigkeit von Fatwas umstritten.

Da der Staat nach islamischem Verständnis keine neutrale Instanz ist, sondern der Hüter des Glaubens und damit auch einer gesellschaftlichen Ordnung, die sich aus der Rechtleitung durch Gott ergibt, lag und liegt bei ihm die Vollstreckung der Scharia. Dies ist eine grundsätzlich andere Sicht als in den westlichen Ländern, wo das staatliche Recht höchstens am Rande mit Religion zu tun hat, aber wesentlich unabhängig von jeder Religion ist, auch vom Christentum – das Volk, vertreten durch ein gewähltes Parlament, setzt Recht.

Im Islam war dies von Beginn an anders. Denn Mohammed musste zuerst in Medina, dann auf der ganzen arabischen Halbinsel nicht nur als Prophet eine religiöse Botschaft aussagen, sondern auch als Staatsmann und Leiter der *Umma* eine Gesellschaft neu formen, ein neues Staatswesen, das die vielen, untereinander verfeindeten arabischen Clans zu einem bisher nicht bekannten gesellschaftlichen Gebilde zusammenfügte. Deshalb sind aus islamisch-koranischer Sicht Religion, Staat, Gesellschaft und Kultur unmittelbar und unlösbar miteinander verknüpft. Bei der Entstehung des Christentums war dies grundsätzlich anders: Jesus verkündete eine religiöse Botschaft, mit der Ausprägung einer Gesellschaft – zudem einer neuen – hatte er nichts zu tun. Auch die junge Kirche schuf kein neues Staatsgebilde, sondern integrierte sich (bis Kaiser Konstantin I. mit Mühen) in bestehende und mit genauen Regeln ausgeformte Staaten (Römisches Reich, Armenisches Reich oder die Reiche weiter im Osten).

In der Stellung zu Staat und Gesellschaft, damit auch zum für die ganze Gesellschaft verbindlichen Recht also unterscheiden sich Christentum und Islam grundsätzlich: Das Christentum integrierte sich in Bestehendes, der Islam musste aufgrund der Gegebenheiten auf der arabischen Halbinsel Neues schaffen. Das hat Auswirkungen bis heute: Die Einstellung des Islam zu seinem geformten Recht, der Scharia, führt zum Bemühen vieler Muslime, die islamische Rechtsordnung als religiös begründete Ordnung für alle und überall verbindlich zu machen. Das führt naturgemäß dort zu erheblichen Problemen, wo Muslime in einer Minderheitensituation sind und in einer anderen als der islamischen Gesellschaftsordnung leben müssen – können und sollen hier für sie oder sogar für die ganze Gesellschaft die Anforderungen der Scharia gelten?

In dieser Fragestellung muss allerdings berücksichtigt werden, dass im Gesamtkomplex der Scharia viele Detailantworten zum Lebensschutz, zum Eigentumsrecht, zur Wahrhaftigkeit, zur Gerechtigkeit durchaus den Antworten vergleichbar sind, die ein christliches und jüdisches Ethos auf der Basis der biblischen Aussagen über die Jahrhunderte hinweg entwickelt hat. Die drei vorderorientalischen Religionen sind auch in ihrem Ethos eindeutig Geschwisterreligionen, sodass sie viele Gemeinsamkeiten aufweisen. Dennoch: In Einzelfragen gibt es durchaus Unterschiede, das darf nicht übersehen werden.

In der grundsätzlichen Ausrichtung aber gehen die sich aus dem Koran ergebenden Weisungen, die später in den Rechtsschulen ausformuliert und konkretisiert wurden (und weiterhin werden), durchaus konform mit den Weisungen der Bibel und der jüdisch-christlichen Tradition. Was die Bibel als wegweisendes Wort Gottes ansieht, das gelingendes Leben für alle erst ermöglicht (vgl. Seite 145 ff.), das ist im Islam der »Weg zur Quelle, zum Leben schenkenden Wasser«, die Scharia. Oder mit einem anderen Bildwort ausgedrückt: Die biblischen Weisungen wie die sich daraus entwickelnden Forderungen des jüdisch-christlichen Ethos gleichen ebenso wie die koranischen Weisungen und die sich daraus entwicklenden Forderungen einer Kerze. Sie versorgt uns auf dem Weg mit Licht – so können wir unser Ziel, unser Lebensziel erkennen und erreichen. Aber die Kerze ist nicht das Wesentliche, sie ist Hilfe auf dem Weg, nicht mehr. Der Blick muss sich – durch das Licht der Kerze erst möglich – auf das Ziel richten, auf die endgültige Gemeinschaft mit Gott. Dazu passt Sure 5,15 (vgl. Seite 92).

Der Koran formuliert in der Regel Grundsätze des Zusammenlebens. Doch gibt es auch konkrete Einzelaussagen. Diese werden dann dadurch begründet, dass sie als Ausfluss des Willens Gottes verstanden werden, denn »Gott ist der unübertrefflich Erhabene, der Weise« (vgl. etwa Sure 2,220; 4,11; 4,92; 5,38 und öfter). Gott ist nicht allein der Mächtige, der mit seinem souveränen Willen den Menschen eine Rechtleitung gibt, er achtet mit seiner Barmherzigkeit auch darauf, dass diese Rechtleitung die Menschen nicht überfordert, sondern ihnen das Leben erleichtert. Die Rechtssetzungen des Korans sind also ein Bild der Huld Gottes gegenüber dem Menschen:

> Gott fordert von niemandem mehr, als er vermag ...
> Unser Herr, lege uns keine Last auf,
> wie Du sie jenen auferlegt, die vor uns waren.
> Unser Herr, lade uns nichts auf, wozu wir keine Kraft haben.
> Und verzeihe uns und vergib uns und erbarme Dich unser.
> Du bist unser Beschützer. (Sure 2,286)

Deshalb ist der Koran von einem großen Vertrauen geprägt, dass Gott dem Menschen nicht nur den rechten, sondern auch einen angesichts der menschlichen Schwachheit möglichen Weg weist. Für den Koran ist Gott nicht der unerbittliche und despotische Herrscher, wie er in der Geschichte der Religionen oft verstanden wurde, sondern der Gütige, der Erbarmende, der Barmherzige; seine Rechtleitung ist der Weg zum »Wasser in der Wüste des Lebens« – das ist Scharia.

> Und müht euch ab um Gott in rechtem Abmühen!
> Er hat euch erwählt und euch nichts auferlegt,
> was euch in der Religion bedrängt.
> Der Glaube eures Vaters Abraham.
> Er hat euch genannt Ergebene ...
> So verrichtet das Gebet und entrichtet die Armenspende
> und haltet an Gott fest!
> Er ist euer Schutzherr.
> Welch vortrefflicher Schutzherr und Helfer!
> (Sure 22,78)

Gebote des Korans und Zehn Gebote

Die Wegweisung und Rechtleitung Gottes erkennen gläubige Juden vor allem in der Tora, den fünf Büchern Mose am Anfang der Bibel. Hier sind – vor allem in den Büchern Exodus und Deuteronomium – die 613 »Anweisungen Gottes für ein gelingendes Leben« gesammelt, die bis heute das Leben der Juden bestimmen (365 Verbote = Anzahl der Tage im Sonnenjahr; 248 Gebote = [vermutete] Zahl der Knochen im menschlichen Körper; zusammen umfassen die Gebote und Verbote das ganze Jahr, jede Zeit und den ganzen Menschen, jeden Raum). Viele dieser Wegweisungen werden auf Mose zurückgeführt, stammen aber wohl zum größten Teil nicht aus dem nomadischen Zug durch die Wüste, sondern aus der späteren Zeit der Sesshaftigkeit in Israel. Unter ihnen ragt nicht nur für Juden, sondern auch für Christen das »Zehnwort vom Sinai« heraus (christlich: »Zehn Gebote«, vgl. Exodus 20,1–17 und Deuteronomium 5,6–21).

Das Entscheidende des Zehnworts ist die Einleitung: »Ich bin der Herr, dein Gott, der dich aus Ägypten geführt hat.« (Exodus 20,1) Dem Anspruch Gottes an den Menschen, der sich aus den zehn Forderungen des Zehnworts ergibt, geht der Zuspruch des Gottes voraus, der sich als barmherziger und befreiender Gott erwiesen hat. Seine Zuwendung zu Israel ist das Erste, die Zehn Worte folgen dann als Richtschnur, wie sich der Mensch auf diesen Bund mit Gott einlassen kann. Sie sind Wegweiser, durch die der Mensch das von Gott geschenkte Leben bewahren und für sich und andere schützen kann. Dabei geht es in den ersten Geboten um den Schutz des Vertrauens zu diesem befreienden Gott, im zweiten Teil dann um das geregelte Miteinander der Menschen.

Das Zehnwort (die Zehn Gebote) ist also keine Einengung des Menschen durch demütigende Vorschriften, sondern eröffnet dem, der sich im Vertrauen auf Gott an dessen Wort orientiert, einen weiten Raum gelingenden Lebens, nicht nur für sich selbst, sondern für die gesamte Gesellschaft. Das »Projekt Weltethos«, das in den 1990er-Jahren von Hans Küng initiiert wurde, hat deutlich gemacht, dass sich die im Zehnwort genannten Ansprüche Gottes an menschliches Leben in gleicher oder vergleichbarer Weise in allen Religionen finden.

Wie sieht dies im Koran und im Islam aus? Der Koran ist keine systematische Schrift. Auch folgt er in seinen Suren nicht einer historisch anmutenden Berichterstattung wie die fünf Bücher Mose. Einzelne Themen werden an vielen Stellen des Korans immer wieder aufgeführt, dazu in unterschiedlichen Textsorten (vgl. Seite 92 f.). Gottesrede und Prophetenrede, Verheißung und Rechtsetzung, Prophetenspruch und Erzählung wechseln sich ab, sind manchmal nicht genau voneinander zu trennen. Es fällt deshalb nicht nur das Lesen der Korantexte schwerer als das Lesen der meisten biblischen Texte. Auch eine systematische Darstellung ist durch diese Textgestalt erschwert.

Dennoch finden sich im Koran Weisungen Gottes, die dem biblischen Zehnwort entsprechen. Dies sind zum einen einzelne Worte, die ein bestimmtes Verhalten des Menschen einfordern und die mit einzelnen der Zehn Gebote verglichen werden können. Es findet sich aber auch in Sure 17 ein längerer Text, in dem nahezu der ganze Bestand des Zehnworts vom Sinai wiederholt wird, wenn auch in anderer Reihenfolge und an einigen Stellen mit anderen Akzentuierungen. Verdeutlichen kann das hier ein längeres Zitat aus dieser wegweisenden Sure:

Setze keinen Gott neben Gott,
damit du nicht dasitzt, getadelt, verlassen!
Und entschieden hat dein Herr:
Ihr sollt Ihm dienen nur,
und behandelt die Eltern gut!
Wenn einer oder beide bei dir alt geworden,
so sag nicht zu ihnen ›Pfui‹ und fahre sie nicht an,
sondern sprich zu ihnen Worte, edle! ...
Und gib dem Verwandten sein Recht
und dem Armen und dem Reisenden,

aber verschwende nicht verschwenderisch! ...
Und tötet eure Kinder nicht aus Furcht vor Armut!
Wir sorgen für sie und für euch.
Wahrlich, sie zu töten ist eine Verfehlung, eine große.
Und naht euch nicht der Unzucht!
Wahrlich, das ist Schändlichkeit und ein Weg, ein schlimmer.
Und tötet keine Seele [Khoury: keinen Menschen],
die Gott verboten, es sei denn mit Recht! ...
Und naht euch nicht dem Vermögen der Waise –
es sei denn zum Besten –, bis sie erwachsen geworden.
Und haltet ein die Verpflichtung,
denn nach der Verpflichtung wird gefragt.
Und gebt volles Maß, wenn ihr zumesst,
und wiegt mit der Waage, der geraden!
Das ist gut und führt zum schönsten Ziel ...
All dieses Schlimme ist verhasst bei deinem Herrn.
dies von dem, was dir offenbart hat dein Herr an Weisheit.
Und setze keinen Gott neben Gott.
(Sure 17,22–39)

Diese grundsätzliche Aussage des Korans entspricht weitgehend dem Zehnwort. Zu den Geboten einige Konkretisierungen:

- *1. Gebot:* Die Einzigkeit Gottes und die Forderung, keine anderen Götter zu verehren, ist eine der Grundforderungen des Islam (vgl. Seite 44 f. und auch zur *Shahada*, Seite 108 ff.). In ihrem strengen Monotheismus sind Juden und Muslime gleich, Christen unterscheiden sich hier in ihren Aussagen zu Jesus, dem Sohn Gottes, und im Bekenntnis zur Trinität. Doch stellt auch das christliche Bekenntnis – richtig verstanden – die Einheit und Einzigkeit Gottes nicht in Frage, versteht ihn aber als den einen Gott in drei Gesichtern.
- *2. Gebot:* Was biblisch als »Missbrauch des Namens Gottes« bezeichnet wird, ist für den Koran vor allem das unbedachte Schwören, bei dem der Name Gottes vom Schwörenden als Bestätigung seiner Aussage ausgerufen wird. Dies hat zu unterbleiben, Gott darf nicht instrumentalisiert werden.

- *3. Gebot:* Das jüdische Sabbatgebot kann von Muslimen naturgemäß nicht übernommen werden; der Freitag hat bei ihnen einen anderen Stellenrang, nur das gemeinsame Gebet am Freitagmittag in der Moschee wird gefordert, aber keine Arbeitsruhe an diesem Tag. Doch passt zu diesem Satz des Zehnworts das, was zum muslimischen Gebet gesagt wurde (vgl. Seite 112–119): Das Lob Gottes ist für den Gläubigen angemessen.
- *4. Gebot:* Das Elterngebot wird im Koran in ähnlicher Weise wie in der Bibel konkretisiert: »Anbefohlen haben Wir dem Menschen, zu seinen Eltern gut zu sein« (Sure 29,8).
- *5. Gebot:* Der Lebensschutz wird in Bibel und Koran auf ungerechtfertigtes Töten bezogen (vgl. Sure 17, Seite 147); rechtmäßiges Töten ist dagegen die Selbstverteidigung. Bei einem Tötungsverbrechen kann die Vergeltung in der Todesstrafe bestehen, es gibt aber auch die Möglichkeit eines anderen Ausgleichs (vgl. Sure 2,178). Ansonsten gilt: »O ihr, die ihr glaubt ... nicht tötet einander. Gott ist euch gewiss barmherzig« (Sure 4,29).
- *6. und 9. Gebot:* Ehebruch und Unzucht werden von Bibel und Koran verworfen und teils mit drakonischen Strafen belegt. Dahinter steht allerdings nicht nur die Frage von sexuellem Fehlverhalten, sondern entsprechend der patriarchalischen Gesellschaftsstruktur auch der Aspekt der Besitzstandswahrung des Mannes (seine Ehefrau[en] gelten als sein Besitz) sowie der Aspekt der Lebensweitergabe und damit der Zukunft des Clans.
- *7. und 10. Gebot:* Der Schutz des Eigentums ist für Bibel wie Koran eine Frage der zwischenmenschlichen Gerechtigkeit, aber auch des Erbarmens. Deshalb darf der Besitz der unmündigen Waise nicht von ihrem Vormund gemindert werden (u.a. Sure 6,152), deshalb darf nicht mit falschem Maß gemessen werden (u.a. Sure 26,181–183, vgl. Seite 135), deshalb darf aus islamischer Sicht auch kein ausbeuterischer Zins genommen werden (u.a. Sure 2,176).

- *8. Gebot:* Falsches Zeugnis, Verleumdung, üble Nachrede, Verdächtigungen und Lüge zerstören das Vertrauen zwischen den Menschen. Allein die Wahrhaftigen erhalten von Gott »ihren Lohn und ihr Licht« (Sure 57,19).

Dschihad – Einsatz auf dem Weg Gottes

Kaum etwas erregt die Öffentlichkeit in vielen Ländern in Bezug auf den Islam heute so sehr wie die Stichworte Islamismus, terroristische Gewalt, *Dschihad*. Überspitzt und auf den Koran bezogen formuliert steht dahinter die Frage: Fordert der Koran die Muslime zum Kampf auf, überall und in jeder Situation? Ist mit Koranversen überbordende Gewalt wie etwa im Vorderen Orient, in Libyen, in Nigeria und an vielen anderen Orten zu rechtfertigen? Was bedeutet der Begriff Dschihad?

Zuerst einmal: Aufrufe zur Gewalt und zur Gewaltausübung gegenüber Andersdenkenden und -glaubenden sind nicht alleine ein Thema des Islam und des Korans. Alle Religionen bergen ein Gewaltpotenzial in sich, weil ihre Anhänger Menschen sind mit einem Trieb zur Aggression. Die Religionen können dieses Aggressionspotenzial ihrer Mitglieder nicht immer ausreichend kontrollieren. Auch haben alle Religionen eine Gewaltgeschichte, die oft – wie im Christentum oder im Buddhismus – völlig konträr zur Auffassung ihrer Stifterpersönlichkeiten steht. Gerade Religionen, die wie die drei vorderorientalischen Judentum, Christentum und Islam in engster Nachbarschaft und gesellschaftlicher Vermischung bestehen, sind von dieser Gewaltgeschichte in hohem Maß betroffen. Die schwedische Dichterin Selma Lagerlöf stellte nach ihrem Besuch in Jerusalem zu Anfang des 20. Jahrhunderts fest: »Jeder hasst hier die Menschen zum Ruhme seines Gottes!« Daran hat sich bis heute nicht viel geändert.

In den Schriften der Hebräischen Bibel (dagegen nicht im christlichen Neuen Testament) finden wir eine Fülle von Gewalt und Gewaltaufrufen. Diese Aspekte sind im Lamech-Mythos

(Genesis 4,23–24) ebenso zu finden wie in den Erzählungen über die Richter (etwa über Simson, vgl. Richter 13–16). Auch in der Mose-Exodus-Tradition ebenso wie in der Davidgeschichte wird ein erschütterndes Ausmaß von Gewalt beschrieben (vgl. Exodus 23,28 und 2 Samuel 11). Der sich vehement für den Glauben an den einen Gott Jahwe einsetzende Prophet Elija lässt 450 Baalspriester (seine Konkurrenz) töten (1 Könige 18,40). Die Beispiele lassen sich fortsetzen, etwa wenn es in Psalm 137,8–9 heißt: »Wohl dem, der deine (Babels) Kinder packt und sie am Felsen zerschmettert.« Oft genug wird die Gewalt mit dem Willen Gottes verknüpft, der von Mose und Josua die Bannung (= vollständige Vernichtung) von Abtrünnigen und der nichtisraelitischen Stämme in Kanaan fordert. Ist der Gott der Bibel also ein Gott des Lebens *und* des Todes, des Friedens *und* des Krieges?

Wie sind solche Texte einzuordnen? Zuerst einmal ist die Textsorte zu bedenken, die oft kein historischer Bericht ist, sondern ein Mythos über die Anlage von Gewalt im Menschen (vgl. Lamech-Mythos) oder eine beispielhafte Heldenerzählung (vgl. das Buch der Richter). Weiterhin entstanden Gewalttexte, die von der Vernichtung der Feinde handeln, aus der Ohnmacht der Marginalisierten (vgl. etwa in der Davidgeschichte den Kampf gegen die übermächtigen Philister oder in Psalm 137 die Worte gegen Babel, den Zerstörer Jerusalems). Oft erscheint auch Gewalt als einzige Möglichkeit der Kleinen, sich gegenüber den Starken zu behaupten.

Doch auch das Gottesbild ist keineswegs eindeutig (vgl. Seite 12f.), sondern ein Mosaik unterschiedlicher Gotteserfahrungen: Gott ist der Nahe, der Barmherzige, aber er bleibt auch der Unnahbare, Transzendente, Hocherhabene und Gewaltige. Menschliche Projektionen werden auf diesen Gott übertragen – das gilt für die jüdisch-christliche Bibel und in vergleichbarer Weise auch für den Koran. Dennoch bleibt die entscheidende Hauptlinie sowohl der biblischen wie der koranischen Botschaft, dass Gott ein Freund des Lebens ist, nicht des Todes, ein Gott, der in seiner Weisung (Tora und Evangelium) beziehungsweise in seiner Rechtleitung (Koran) ein friedliches und gerechtes Zusammenleben der Menschen fordert. Im Letzten kann sich die in Bibel und Koran geschilderte Gewalt nicht auf Gott berufen.

Doch was ist nun mit dem Dschihad? Den Begriff »Heiliger Krieg« gibt es im Arabischen und im Koran nicht (wohl aber im jüdisch-christlichen Kontext, etwa beim Propheten Joël, dort aber mit Blick auf das Endgericht Gottes: »Ruft den Heiligen Krieg aus!« [Joël 4,9]). Das Wort Dschihad (auch Jihad, Djihad) ist dagegen im Koran häufig zu finden und bedeutet: »Anstrengung auf dem Weg Gottes, Streben nach der Sache Gottes«:

> Rückt aus, leicht und schwer,
> und müht euch ab mit eurem Vermögen
> und eurer Seele auf Gottes Weg!
> (Sure 9,41)
> Ihr sollt an Gott glauben und an seinen Gesandten
> und euch auf dem Weg Gottes
> mit eurem Vermögen und eurer Seele abmühen.
> (Sure 62,11)

Diese vom Koran geforderte Anstrengung wird unterschiedlich ausgelegt:

- Für die einen ist eine geistige Anstrengung gemeint, auch der Einsatz mit dem eigenen Vermögen für die Verbreitung des Islam; Kampf ist dagegen nur als Selbstverteidigung erlaubt. Vorrangig aber ist der Dschihad der Kampf im eigenen Inneren, um alle Widerstände gegen Gottes Rechtleitung zu überwinden – ein Kampf also gegen das eigene Ego, um so Platz zu schaffen für die notwendige Ergebung in Gott.
- Für andere ist Dschihad der unbedingte, ja totale Krieg gegen die Ungläubigen, zu denen auch Christen und Juden gehören, weil sie den wahren Glauben verfälscht haben. Diese fundamentalistische Sicht fordert den Einsatz von Gewalt und die Vernichtung der »Ungläubigen«.

Die meisten Muslime haben Auffassungen, die irgendwo dazwischen liegen, lehnen aber in deutlicher Weise Gewalt gegen Andersdenkende ab. Die fundamentalistisch Gewaltbereiten dagegen berufen sich unter anderem auf die sogenannten »Skandalverse« der Sure 2,191–194 (vgl. Seite 75, hier ein erweitertes Zitat):

> Bekämpft auf dem Weg Gottes diejenigen,
> die euch bekämpfen, doch begeht keine Übertretung!
> Siehe, Gott liebt nicht die Übertretung Begehenden
> [Asad: Aggressoren].
> Und tötet sie, wo immer ihr sie trefft,
> und vertreibt sie, von wo sie euch vertrieben.
> Denn Zwietracht [Asad: Unterdrückung, Khoury: Verführung]
> ist schlimmer als der Tod.
> Bekämpft sie nicht an der Niederwerfungsstätte, der reinen,
> ehe sie euch bekämpfen.
> Wenn sie euch aber bekämpfen, dann tötet sie.
> Das ist die Vergeltung für die Leugner.
> Wenn sie jedoch aufhören,
> so ist Gott gewiss der unübertrefflich Vergebende,
> der Barmherzige.
> (Sure 2,190–192)

Aus dem Gesamten der Sure geht hervor, dass hier keineswegs eine allgemein gültige Forderung an Muslime aufgestellt wird, den Islam überall und zu jeder Zeit mit Gewalt zu verbreiten und Ungläubige zu bekämpfen. Durch die Erwähnung der »Niederwerfungsstätte« (die Kaaba in Mekka) werden diese Verse deutlich eingeordnet in eine bestimmte und nicht wiederholbare zeitgeschichtliche Situation: den Kampf der Muslime um die Vorherrschaft in Mekka. Dabei waren die Muslime in Mekka die unterdrückte Minderheit, die sich zur Wehr setzte, um angesichts der heidnischen Übermacht in Mekka zu überleben. Die Situation der Unterdrückung erlaubt zur Befreiung auch Gewalt, dies aber nur in bestimmten Situationen. Sure 2 beinhaltet keine allgemeine Rechtfertigung von Gewalt, sondern die Erlaubnis zur Selbstverteidigung in einer Situation der Unterdrückung.

Auffallend ist in dieser Sure auch der Hinweis auf ein Ende der Gewalt: »Wenn sie aufhören ...«. Wo dies geschieht, da verzeiht Gott, da sind aber auch die Menschen aufgerufen, die Aggression (Asad: »Feindschaft«, Karimi: »Übertretung«) zu beenden. Ziel ist also eine Gesellschaft des Friedens und des Ausgleichs, in der alle ihre Religion leben können, auch die von den »Heiden« in Mekka verfolgten Muslime, so Sure 2. Gewalt ist nur als Selbstverteidigung gegen Unterdrückung und in einer Kriegssituation gerechtfertigt – das ist vergleichbar der christlichen Sicht, die im Zweiten Vatikanischen Konzil so formuliert wurde: »Der Einsatz militärischer Mittel, um ein Volk rechtmäßig zu verteidigen, hat nichts zu tun mit dem Bestreben, andere Nationen zu unterjochen.« (Pastoralkirche in der Welt von heute, 1965, Absatz 79)

Das Wesen des Dschihad als Einsatz für die Sache Gottes wird besonders deutlich am Ende der Sure 22:

> Und müht euch ab um Gott in rechtem Abmühen!
> Er hat euch erwählt und euch nichts auferlegt,
> was euch in der Religion bedrängt.
> (Sure 22,78, vgl. auch Seite 144)

Noch klarer ist die kurze Sure 90, die aus mekkanischer Zeit stammt, in der die Grundlagen des Islam entwickelt wurden. Hier wird die Anstrengung für Gott (Dschihad) als Überwindung der Hindernisse gesehen, die einem gottgefälligen Leben entgegenstehen (Asad und Khoury übersetzen statt »Hindernis« passender »steiler Weg« = Anstrengung):

> Was ist das Hindernis [der steile Weg eines Muslims]?
> Das Befreien eines Sklaven!
> Oder an einem Tage, an dem der Hunger Not bringt,
> die Speisung einer verwandten Waise
> oder eines Bedürftigen, der sich wälzt im Staube!
> Dann: zu sein von denen, die glauben
> und einander zu Geduld und Barmherzigkeit mahnen.
> (Sure 90,12–17)

Nach der umstrittenen Vorlesung von Papst Benedikt XVI. im September 2006 in Regensburg, in der er den byzantinischen Kaiser Manuel II. Palaiologos (1350–1425) mit dessen Auffassung zitierte, dass Mohammed und der Islam nur Schlechtes, Inhumanes und Gewalt gebracht hätten, haben sich 138 muslimische Gelehrte aus aller Welt in einem Offenen Brief gegen diese Sicht ausgesprochen: Die in diesem Schreiben enthaltenen Grundsätze geben die Mehrheitsmeinung im Islam wieder, einzelne fundamentalistische und extremistische Guppen sehen dies sicher anders. Im Schreiben heißt es:

> Wir möchten betonen, dass der Begriff des ›Heiligen Krieges‹ in islamischen Sprachen nicht existiert. Djihad, das muss ausdrücklich erklärt werden, bedeutet Einsatz, Engagement, Sich-Anstrengen, und insbesondere sich einzusetzen auf dem Wege Gottes. Wenn Djihad nun auch insofern heilig sein mag, als er auf ein heiliges Ziel gerichtet ist, so ist er nicht notwendigerweise ein ›Krieg‹. Die maßgebenden überlieferten islamischen Regeln für Kriegsführung lassen sich in den folgenden Grundprinzipien zusammenfassen:
>
> 1. Zivilisten dürfen nicht das Ziel militärischer Aktion sein. Das wurde ausdrücklich immer wieder vom Propheten, seinen Gefährten und allen nachfolgenden Gelehrten betont.
> 2. Niemand wird allein aufgrund seiner religiösen Überzeugung angegriffen. Die muslimische Urgemeinde kämpfte gegen Heiden, die sie aus ihren Häusern vertrieben, sie verfolgt, gefoltert und ermordet hatten. Spätere islamische Eroberungen waren von politischem Charakter.
> 3. Muslime können und sollen friedlich mit ihren Nachbarn zusammenleben. Das schließt jedoch legitime Selbstverteidigung und Bewahrung der eigenen Souveränität nicht aus.

Im Hinblick auf ein friedliches Zusammenleben und auf einen alle bereichernden Dialog der Religionen, besonders von Christentum und Islam, kann aufgrund solcher Aussagen nur zu einer differenzierten Sicht aufgerufen werden, was Gewalt in den Religionen angeht.

Frieden oder Kampf

Bei den Heiligen Büchern Bibel und Koran ist immer zu bedenken, was grundsätzliche Aussagen sind und was zwar erzählerisch breit dargestellt sein kann, aber im Gesamtgefüge der Religion eher am Rand liegt. Wenn man die Texte der Schriften so wertet, zeigt sich, dass die Religionen zwar durchaus ein Gewaltpotenzial beinhalten, aber vor allem und vorrangig bedeutende religiöse, humane und ethische Werte vermitteln. Religionen können trennen und zu Streit und Krieg führen – sie können aber in höherem Maß auch zum Frieden und zu einem toleranten Nebeneinander ermuntern. Und dieses Ziel ergibt sich aus ihrem innersten Kern heraus.

Für den Islam kann das hier an einem Koranvers gezeigt werden, der von hoher Bedeutung für Muslime und auch für den interreligösen Dialog ist. Der Ausgangspunkt dieses Verses ist die biblische Erzählung von Kain und Abel und vom ersten Brudermord (vgl. Genesis 4,1–16). Anders als im biblischen Text, wo Abel stumm bleibt, spricht er im Koran zu seinem Bruder, betont seine Gewaltlosigkeit und zeigt sich gerade so als ein Gottesfürchtiger (eigentlich schon als erster Muslim noch vor Abraham):

> Wenn du nach mir ausstreckst deine Hand,
> um mich zu töten,
> werde ich nicht nach dir ausstrecken meine Hand,
> um dich zu töten.
> Ich fürchte Gott, den Herrn der Welten.
> (Sure 5,28)

Aus der Ergebung in Gott folgert Abel Gewaltlosigkeit bis hin zum Verzicht auf eine sich verteidigende Gewalt. Das erinnert an das Wort Jesu in der Bergpredigt:

> Leistet dem, der euch etwas Böses antut, keinen Widerstand.
> Wenn dich einer auf die rechte Wange schlägt,
> dann halte ihm auch die andere hin. (Matthäus 5,39)

Kain hört nicht auf seinen Bruder, sondern tötet ihn aus Eifersucht und sich daraus ergebendem Hass. Die Erzählung schließt mit einer Gottesrede:

> Aus dieser Erfahrung heraus haben wir den Kindern Israels vorgeschrieben:
> Wenn einer tötet jemanden,
> nicht für einen anderen (als Strafe für den Mord an einem)
> oder für Unheil auf der Erde:
> es soll sein, als hätte er getötet die Menschen, allesamt [Asad: »Menschheit«].
> Und wenn einer erhält jemanden am Leben:
> es soll sein,
> als hätte er erhalten die Menschen am Leben, allesamt.
> (Sure 5,32)

Hier wird in der jüdischen Tora, die der Koran nicht nur aufgreift, sondern weiter ausgestaltet, ein Grundsatz sichtbar, der durch die Aufnahme in den Koran nicht nur für das Volk Israel (die Juden), sondern für alle Gottesfürchtigen zu gelten hat: der Verzicht auf Gewalt, selbst wenn jemandem Unrecht geschieht.

Was aber ist dann mit dem Kampf, der in anderen Koranversen immer wieder gefordert wird? Dazu folgen zwei Beispiele:

> Trefft ihr auf die, die leugnen,
> so schlagt sie auf den Nacken!
> Wenn ihr sie schließlich niedergekämpft,
> dann schnürt fest ihre Fesseln!
> Dann Gnade oder Lösegeld,
> bis ablegt der Krieg seine Lasten. (Sure 47,4)

Schärfer noch ist folgende Aussage:

> Und bekämpft sie [die leugnen], bis kein Aufruhr bleibt [Khoury: es keine Verführung mehr gibt],
> und die Religion Gottes ist (= allein der Islam) [Khoury: die Religion gänzlich nur noch Gott gehört].
> (Sure 8,39)

Bedeutet das einen militärischen oder gar terroristischen Kampf, bis alle Menschen zur »Religion Gottes«, das heißt zum

Islam bekehrt sind? Ist islamische Mission – wie es lange auch die christliche Mission etwa in Lateinmerika war – eine Mission mit Feuer und Schwert?

Eine Antwort auf diese Frage kann nur durch eine geschichtliche Einordnung erfolgen. Die Sure 8 entstand in Medina in einem unmittelbaren Zusammenhang mit der Schlacht von Badr im Jahr 624, wo es zu einem für die Muslime aus Medina bedrohlichen Zusammentreffen mit einem übermächtigen Heer der Quraisch aus Mekka kam. Doch wunderbarerweise (aus muslimischer Sicht durch die Führung Gottes, vgl. biblisch die Erzählungen in den Büchern Josua und Richter) erlangten die Muslime den Sieg. Der Kampf hatte die »Religion Gottes«, vertreten durch die Muslime von Medina, gerettet.

Es ist dabei auch zu bedenken, dass die Sure 5, aus der die beiden oben zitierten Verse stammen, zwar ebenso aus medinischer Zeit stammt, aber aus der spätesten Zeit, wahrscheinlich im Zusammenhang mit der Abschiedswallfahrt von Mohammed von Medina nach Mekka im Jahr 632 (unmittelbar vor seinem Tod). Daran wird deutlich, dass nun die bis dahin gewaltsamen Auseinandersetzungen und Kriegszüge zwischen Mekka und Medina beendet sind, die Selbstverteidigung (aus muslimischer Sicht) im Kampf gegen die heidnischen Gegner und Unterdrücker ist nicht länger gefordert (vgl. Seite 152 zu Sure 2,190–192). Die Verse des Korans, die zum Kampf aufrufen, enstanden in der frühen und mittleren medinischen Zeit, in der die kriegerische Auseinandersetzung ihren Höhepunkt erreicht hatte. Solche Verse sind deshalb immer an die damalige historisch einmalige Situation gebunden und dürfen nicht unkritisch auf andere Zeiten, etwa auf die heutige, übertragen werden.

Das ist allerdings ein Punkt, der von fundamentalistischen Muslimen bestritten wird. Wie alle Fundamentalisten – auch im Judentum (die Ultraorthodoxen), im Christentum (Piusbrüder und manche evangelikale Gruppen), im Hinduismus (Hindutva: »Indien allein den Hindus«), im Buddhismus (etwa in Sri Lanka oder in Myanmar) – nehmen sie einzelne Sätze aus ihrem Heiligen Buch und behaupten die absolute und wörtliche Geltung jedes Verses, ohne das Gesamte einer religiösen Botschaft und ihren inneren Kern zu bedenken.

Wer jedoch versucht, den inneren Kern seines Heiligen Buches zu erkennen – und dies gilt auch für die jüdische und christliche Sicht der Bibel –, wer die innere Mitte seiner Religion sucht, eine Grundlinie, die alles übertrifft, was sich am Rand ereignet hat – bedingt durch zeitgeschichtliche Ereignisse wie etwa die Schlacht von Badr –, der muss für alle drei abrahamitischen Religionen als den Wesenskern ihrer Botschaft folgern:

Gott der Barmherzige, der Erbarmer (vgl. den Eingangsvers jeder Sure im Koran), der Befreier (vgl. die Exodustradition in der Tora), der liebe Vater (vgl. das Gleichnis Jesu vom guten Vater) zeigt sich als Gott des Lebens, nicht als Gott des Todes. Er steht auf der Seite des gewaltlosen Abel, nicht auf der des mordenden Kain. Er ist kein Gott der unerbittlichen Rache, sondern ein Gott der Vergebung und Versöhnung. Und aus diesen Gottesvorstellungen folgt der Anspruch an die Menschen, den Frieden höher zu stellen als den Krieg, der nur zur Selbstverteidigung erlaubt sein mag.

Der scharfen Aussage der Sure 8,39 folgt nur wenig später eine bedeutsame Einschränkung: »Und wenn sie dem Frieden zuneigen, neige du auch ihm zu und vertrau auf Gott.« (Sure 8,61)

Gerechtigkeit und Brüderlichkeit

Was bedeutet Frömmigkeit im biblischen und im koranischen Sinn? Ist damit der Glaube und die Unterwerfung unter Gott, das Gebet, die Wallfahrt zum religiösen Zentrum (Jerusalem, Mekka) gemeint? Anders gefragt: Beschränkt sich die Definition von Frömmigkeit allein auf das Verhältnis eines Menschen zu Gott?

Wenn auch der Koran in fast allen Suren ständig zum Bekenntnis des einen und einzigen Gottes aufruft und »Islam als Gottergebenheit« seine Grundforderung an den Menschen ist, so gibt es doch die bereits mehrfach angesprochene andere Seite: Gottes- und Nächstenliebe gehören zusammen, der Glaube und die guten Werke korrelieren miteinander und ergänzen einander. Deshalb gibt es auch folgende bedeutende Aussage:

Nicht ist Frömmigkeit,
wenn ihr euer Angesicht wendet nach Osten oder Westen.
Vielmehr ist Frömmigkeit,
dass man an Gott glaubt, den Jüngsten Tag, die Engel,
die Schrift [Asad: Die Offenbarung] und die Propheten,
dass man das Geld – obwohl man es liebt –
für den Verwandten, den Waisen, den Armen,
den Reisenden, den Bettler und für die Sklaven hergibt,
dass man das Gebet verrichtet
und entrichtet die Armenspende ...
sie sind es, die wahrhaftig und gottesfürchtig.
(Sure 2,177, vgl. Seite 102)

Bei wahrer Frömmigkeit also geht es nach dem Koran nicht um traditionelle Rituale (das Gesicht wenden), sondern um eine Ausrichtung auf Gott und auf den (notleidenden) Menschen. Es geht darum, sich sowohl für Gott als auch für die Armen einzusetzen, das Gebet *und* die Armenspende zu verrichten.

Das ähnelt der prophetischen Rede eines Amos zum wahren Gottesdienst:

Ich hasse eure Feste ... und kann eure Feiern nicht riechen,
Wenn ihr mir Brandopfer bringt,
habe ich kein Gefallen an euren Gaben ...
Dein Harfenspiel will ich nicht hören,
sondern das Recht ströme wie Wasser,
die Gerechtigkeit wie ein nie versiegender Bach.
(Amos 5,21–24)

Auch die Mahnung Jesu sowohl in der Bergpredigt (Matthäus 5–7) als auch in der Weltgerichtsrede (Matthäus 25) passt dazu.

Die Sorge für die Menschen entspringt zum einen dem Willen und der Rechtleitung Gottes, zum anderen ist sie ein Zeichen muslimischer Gemeinschaft, der *Umma*: »Die gläubigen Männer und die gläubigen Frauen sind einander Beistand [Khoury: Freunde]« (Sure 9,71). Noch deutlicher ist Sure 49,10: »Wahrlich, die Gläubigen sind Brüder.« Dies erinnert an Psalm 133,1: »Seht doch, wie gut und schön ist es, wenn Brüder miteinander in Eintracht wohnen.« Auch kann auf eine Aussage Jesu verwiesen werden, der eine neue Familie Gottes schaffen will, sich deshalb dem Drängen seiner Herkunftsfamilie verweigert und seinen Jüngerkreis hervorhebt: »Wer den Willen Gottes erfüllt, der ist für mich Bruder und Schwester und Mutter.« (Markus 3,35) Von Vätern redet Jesus hier nicht, weil für ihn »nur einer euer Vater ist, der im Himmel« (Matthäus 23,9).

Gottesliebe – die Mystik

Viele Türkeireisende erleben in Konya oder Istanbul den faszinierenden und zugleich rätselhaften Drehtanz der Derwische in ihren weißen Gewändern, die rechte Hand dem Himmel zugewendet, die linke der Erde – der Derwisch gilt als Mittler zwischen Himmel und Erde. Solche Derwische sind die auffälligste, aber nicht die einzige Erscheinungsform eines mystischen Islam, des *Sufismus*, dessen Anhänger eine oft verfolgte Randgruppe mit streng asketischen Zügen bilden und sich oft in Poesie und Heilkunst, auch in Musik auszeichnen. Was sind Derwische, was Sufis und was ist Sufismus?

Der Name *Sufi* kommt entweder vom arabischen *suf*, das »Schurwolle« bedeutet – ein Verweis auf die einfachen wollenen Gewänder der Sufis – oder vom arabischen *safa*, das »rein« bedeutet – ein Verweis auf die Reinigung von Unkenntnis und Aberglauben, die von Sufis angestrebt wird. Der Name *Derwisch*, der sich auf einen Teil der Sufis bezieht, kommt vom persischen Wort *darwīsch*, das normalerweise einen asketischen Mönch bezeichnet, auch einen Wanderasketen ohne eigenen Besitz: »Sufismus bedeutet, nichts zu besitzen und von nichts besessen zu werden« (Abu Nasr as-Sarradsch). Der Begriff Derwisch selbst leitet sich her vom persischen Wort *dar* (»Tor, Tür«), ein Sinnbild dafür, dass der Asket von Tür zu Tür wandert und um Unterhalt bittet (ähnlich der Praxis der buddhistischen Theravada-Mönche). In der sufischen Symbolik bedeutet dieser Ausdruck auch die Schwelle zwischen dem Erkennen der diesseitigen irdischen, materiellen und der jenseitigen göttlichen Welt.

Sufis bemühen sich durch unterschiedliche Formen der Meditation, aber auch durch Tanz und Musik (wie in Konya), Gott möglichst nahezukommen. Dazu ist es nötig, das Ego auszulöschen, damit Raum für Größeres frei wird. Höchstes Ziel ist die Auflösung des Ichs in Gott selbst, die in der Liebe des Liebenden (Sufi) zum Geliebten (Gott) durch vier Schritte geschieht: Auslöschen sinnlicher Wahrnehmung in der Meditation, Aufgabe individueller Wünsche und Vorstellungen, Sterben des Ego (Sterben schon vor dem Tod) und Auflösung im göttlichen Prinzip: Das Ziel ist also eine mystische Gotteserfahrung der Einheit mit und in Gott – sehr ähnlich den Wegen der christlichen Mystiker.

Der ekstatische Trancetanz (*sema*), der im Mevlevi-Orden der Türkei ausgeübt wird, gilt als eine der körperlichen Methoden, in religiöse Ekstase zu verfallen und so mit Allah in Kontakt zu kommen. Dabei geht es um die vollständige Unterwerfung des Ichs unter die Liebe Gottes. Der persische Mystiker Abu Sa'id (978–1049) sagt: »Ein Sufi ist der, der mit allem zufrieden ist, was Gott tut, sodass Gott mit allem zufrieden ist, was er tut.«

Für Sufis ist die Unterscheidung in *Sunna* und *Schia* unwichtig. Auch sind für sie die äußeren Formen der Religionsausübung wie Koranlesung, Pflichtgebet, Moscheebesuch ohne große Bedeutung für das innere religiöse Leben, das sie anstreben. Aus diesem Grund ist der Sufismus vom orthodoxen Islam immer wieder blutig verfolgt worden – darin teilt er das Schicksal aller mystischen Gruppen in den Hochreligionen (etwa auch mancher Mystiker wie Meister Eckart oder Mechthild von Magdeburg im Christentum). Der erste Sufi-Märtyrer war der berühmte Mansur al-Halladsch (858–922), der wegen seiner unorthodoxen Lehre in Bagdad hingerichtet wurde.

Ab dem 12. Jahrhundert schließen sich die Sufis zu Ordensgemeinschaften zusammen (*Tariqa*), die unter der geistigen Führung eines Scheichs stehen. Der Scheich leitet die tägliche Meditation an, die bei Geübten bis zur Trance führen kann. Er gibt auch vielfältige Lehrerzählungen, Gleichnisse und durchaus humorvolle Szenen weiter; bekannt sind besonders die Erzählungen des türkischen Meisters Nasruddin Hodscha aus dem 13. Jahrhundert, des islamischen Eulenspiegel. Die bekannteste Sufi-Gemeinschaft ist der Mevlana-Orden (auch Maulana) der tanzenden Derwische, der in der türkischen Stadt Konya von Dschalal ad-Din ar-Rumi (auch *Maulana*, *Mevlana* = »unser Meister« genannt, Lebenszeit 1207–1273) gegründet wurde – dem größten muslimischen Dichter des Mittelalters. Rumi versteht die Liebe als das tragende Grundelement der Welt; wenn der Mensch die Liebe pflegt, kann er in Harmonie mit Gott und den Menschen leben. Rumi formuliert: »Sufismus ist Freude finden im Herzen, wenn die Zeit des Kummers kommt.«

Der Koran konnte naturgemäß zu einer solchen Sicht des Islam noch nichts beitragen. Dennoch finden sich in ihm Verse, die zum Gedenken an Gott im Innern eines Menschen aufrufen:

> Und gedenke deines Herrn in deiner Seele
> in Demut und Furcht, ohne lautes Wort
> am Morgen und am Abend.
> (Sure 7,205, ähnlich 3,191 oder 4,103)

Der mystische Weg der Stille, der Meditation (in der Ruhe ebenso wie im Tanz), der inneren Besinnung im Herzen eines Menschen (nicht im äußeren Tun) klingt auch an in Sure 39,23 (vgl. Seite 85): »Erschauern und Besänftigen der Häute und der Herzen«. Und Sure 13,28 spricht davon, dass »die Herzen im Gedenken Gottes ruhen«.

Die Stellung der Frau

In alle Hochreligionen hat die Frau traditionell eine untergeordnete Stellung. Dieses Problem wurde erst im 20. Jahrhundert bewusst gemacht und angegangen. Bereits in biblischer Zeit wird von den Vätergeschichten gesprochen, nicht – wie es sachlich richtiger wäre – von Väter- und Müttergeschichten. Es werden die männlichen Propheten groß herausgestellt, aber die (zudem sehr wenig genannten) weiblichen Gestalten wie Mirjam und Debora fallen unter den Tisch. All das passt zu einer patriarchalischen Gesellschaft, in der die Frau nichts anderes war als ein Besitzstück des Mannes wie ein Kamel.

Die Marginalisierung der Frau betrifft auch die meisten Richtungen des Judentums heute. Im orthodoxen und konservativen Judentum ist die Frau »Untertan« des Mannes und hat keine eigenen Rechte. Allein in liberalen Gemeinden hat sich im 20. Jahrhundert eine Veränderung ergeben. Es gab dazu einen Vorläufer: Die kurdisch-jüdische Asenath Barzani (1590–1670) errang in Mossul/Irak einen rabbinischen Titel und übernahm nach dem Tod ihres Vaters, eines Rabbiners und Kabbalisten, seine Aufgabe. Danach wurde erst in Deutschland im Jahr 1930 eine Frau nach großen Auseinandersetzungen zur Rabbinerin ordiniert: Regina Jonas (1902–1944), die in Auschwitz ermordet wurde, ist heute fast vergessen. Jonas äußerte sich wie folgt: »Ich kam zu meinem Beruf aus dem religiösen Gefühl, dass Gott keinen Menschen unterdrückt, dass also der Mann nicht die Frau beherrscht.« Auf Regina Jonas beruft sich die erste deutsche Rabbinerin der Nachkrigeszeit, Elisa Klappheck (*1962 in Düsseldorf), die 2005 in den USA zur Rabbinerin ordiniert wurde und in der jüdischen Gemeinde in Frankfurt am Main tätig ist.

Das jüdische Erbe hat auch die christliche Tradition geprägt. In den orthodoxen und in der katholischen Kirche gibt es keine Frauen in den Weiheämtern (Diakon, Priester, Bischof), obwohl in der Anfangszeit der Kirche (in den paulinischen Gemeinden) Männer und Frauen in gleicher Weise zum Dienst berufen wurden. In den evangelischen Kirchen werden seit Mitte des 20. Jahrhunderts auch Frauen ordiniert.

Aber auch in den fernöstlichen Religionen findet sich eine Zurücksetzung der Frau. Im Hinduismus sind die Tempelbrahmanen ausschließlich Priester, ebenso die wandernden *Gurus* und *Sadhus* (= »Heiliger *Mann*«). Der Buddha hat die Ordination von Frauen zu Nonnen abgelehnt und erklärte sich erst nach langem Drängen seiner Stiefmutter Prajapati dazu bereit, Frauen zum Orden zuzulassen. Dennoch ist in den meisten buddhistisch geprägten Gebieten die Frauenordination untergegangen. In Sri Lanka haben zwei Kinder des indischen Kaisers Ashoka (304–232 v. Chr.), Mahinda als buddhistischer Mönch und Sanghamitta als Nonne, missioniert. Doch in der Neuzeit wurde erst 1996 eine neue Ordinationslinie für Frauen in Sri Lanka durch koreanische Nonnen eröffnet.

Die Zurücksetzung der Frau in den Religionen ist natürlich durch die gesellschaftliche Stellung der Frau in der jeweiligen Zeit und Kultur bedingt. In allen traditionellen Gesellschaften spielt die Frau nur im privaten Umfeld eine Rolle, nicht in der Öffentlichkeit. Das war in der Antike in ganz Europa so, das ist heute noch in vielen Ländern so, das ist im Islam so. Frauen sind vielfach rechtlos. Zur Unterdrückung der Frau im semitischen (damit jüdischen und muslimischen) Raum gehören etwa: Benachteiligung beim Erbrecht (wenn überhaupt, dann erhält sie nur die Hälfte vom Anspruch eines Mannes), Ehescheidung als Verstoßung durch den Mann ohne Widerspruchsmöglichkeit der Frau und ohne Versorgung der Frau, Polygamie (nicht Polyandrie), keine Zeugenschaft von Frauen in Rechtsfällen und vieles andere mehr. Die vorislamische arabische Gesellschaft ist geprägt vom Patriarchat mit traditioneller Bevorzugung der Männer im Ehe-, Familien- und Erbrecht. Im islamischen Recht wird die Ehe nicht als Vertrag zwischen Mann und Frau geschlossen, sondern als Vertrag zwischen dem Mann und dem Vater oder Bruder der Frau. Dem Mann sind dabei bis zu vier

Frauen erlaubt, die er nach Belieben verstoßen und durch andere ersetzen kann.

Vor diesem Hintergrund verwundert es nicht, wenn im Zusammenhang mit Scheidung in Sure 2,228 formuliert wird:

> Die Männer stehen eine Stufe über den Frauen. (Khoury)
> Die Männer haben gegenüber den Frauen einen Vorzug. (Asad)
> Doch haben die Männer den Vortritt vor den Frauen. (Karimi)

Die marginalisierte Stellung der Frau in der traditionellen arabischen, dann auch muslimischen Gesellschaft und in vielen muslimischen Gebieten bis heute (etwa Saudi-Arabien) ist deutlicher in der Vorschrift der Sure 4 abzulesen:

> Die Männer stehen den Frauen vor in Verantwortung,
> denn Gott hat begnadet die einen vor den anderen,
> und weil sie [die Männer] aufwenden von ihrem Vermögen.
> Ehrbare Frauen sind gehorsam
> und wahren das Verborgene, da Gott es wahrt.
> Und die, deren Auflehnung ihr befürchtet:
> ermahnt sie, dann meidet sie im Ehebett, dann schlagt sie!
> (Sure 4,34)

In der muslimischen Auslegung (vgl. dazu auch den Kommentar in der Koranausgabe von Asad) wird der letzte Satz eher verharmlost (Schlagen gedacht mit einer Zahnbürste oder einem Taschentuch), aber zu Recht darauf hingewiesen, dass der Prophet in seinen Predigten (*Hadithen*) vom Schlagen von Frauen dringend abgeraten hat. Dies passt auch zu Akzentuierungen im Koran und im Islam, die sich deutlich von den vorangegangenen Traditionen unterscheiden:

- Die Barmherzigkeit Gottes gilt Männern und Frauen.
- Männer und Frauen haben gleiche religiöse Pflichten.
- Im Erbrecht erhalten Frauen nun die Hälfte von dem, was Männer erhalten.
- Zeugenschaft: Zwei Frauen geben gleichwertiges Zeugnis wie ein Mann (vorher überhaupt nicht).

Der Islam spricht also mit seiner Botschaft grundsätzlich Männer und Frauen an (vgl. etwa Sure 33,35, Seite 123). Dennoch gilt auch im Islam die untergeordnete Rolle der Frau (darin vergleichbar dem Judentum und dem Christentum):

- Gott wird (wenn als Person, dann) als Mann vorgestellt.
- Die großen Gestalten (Propheten) der islamischen Heilsgeschichte (von Adam über Abraham, Mose und Jesus bis zu Mohammed) sind ausschließlich Männer.
- Keine Frau ist Gesandte Gottes. Allerdings werden im Koran auch bedeutende Frauen genannt: zum Beispiel Eva, Hagar, Maria.
- Im Umfeld Mohammeds finden sich seine Ehefrauen Chadidja und Aischa als kraftvolle Gestalten, seine Tochter Fatima (Frau Alis) wirkt dagegen blass.
- Im öffentlichen Leben bleibt die Frau zurückgedrängt, ihr Bereich ist das Haus (Zelt) und die darin lebende Familie.
- Es gibt keine Frauen in der Verkündigung, nur Imame (Vorsteher der Gemeinde) und Mullahs (Religionsgelehrte). In unserer Zeit gibt es einige wenige Imaminnen als Ausnahmen – sie dürfen Frauengruppen leiten, dies ist aber sehr umstritten und nicht von allen Muslimen anerkannt.
- In einigen muslimischen Gebieten gibt es die Seklusion (Einschließung von Frauen in Häusern), etwa bei den Pashtunen.

Problemfelder des heutigen Islam in Bezug auf die Stellung der Frau bleiben: Bildung (etwa Schulen für Mädchen, vgl. die Einstellung der Taliban in Afghanistan), die Zuweisung allein der traditionellen Rolle als Mutter und Hausfrau, eine Eheschließung, bei der Väter und Mütter statt der Frauen über den Ehemann entscheiden, die Polygamie in verschiedenen Ländern, die Frage der Bedeckung (Kopftuch, Schleier, *Tschador*, *Burka*).

Doch die grundsätzliche Verheißung des Korans für das Diesseits wie für das Jenseits gilt Männern wie Frauen – daran kann und sollte der Islam unserer Zeit ansetzen: »Wer rechtschaffen handelt, ob Mann oder Frau, und dabei gläubig, dem werden Wir ein gutes Leben bescheren.« (Sure 16,97)

Muslime, Juden, Christen, Polytheisten

Am Ende des alttestamentlichen Buches Josua wird das Land Kanaan nach der schnellen Eroberung durch die Stämme Israels an sie verteilt (eine fiktive Erzählung, denn es ist historisch eher an ein allmähliches Eindringen nomadischer Stämme zu denken). In der anschließenden Rede Josuas heißt es unter anderem:

> Vermischt euch nicht diesen Völkern, die bei euch noch übriggeblieben sind; den Namen ihrer Götter sollt ihr nicht nennen ... sondern am Herrn, eurem Gott, festhalten. (Josua 23,7–8).

Von diesem Vers aus zieht sich eine Linie durch die Hebräische Bibel, die von einer Trennung zwischen dem auserwählten Volk Jahwes und den anderen Völkern spricht. Nur wenige Beispiele, etwa in Jesaja 25,6–8, erwähnen eine Öffnung zu den Völkern. Das Volk des wahren Glaubens also trennt sich aus einem religiösen Grund von den Völkern, die andere Götter verehren. Das ist die jüdische Linie bis heute.

Neutestamentlich – und damit maßgebend für Christen – sieht es anders aus. Jesus formt eine Jüngergemeinschaft, die die Keimzelle eines neuen Israels sein soll. Bereits die ersten christlichen Gemeinden verstanden dieses neue Bundesvolk aber als nicht auf Israel beschränkt, sondern offen für alle Völker. So heißt es im sogenannten Missionsbefehl am Ende des Matthäusevangeliums: »Geht zu allen Völkern, und macht alle Menschen zu meinen Jüngern.« (Matthäus 28,19) Obwohl das Judentum die Wurzel des Christentums ist (Römer 11,18), ergibt sich hier eine wesentliche Änderung: Das Volk Gottes des Neuen Bundes setzt sich aus allen Völkern zusammen, es ist nicht mehr partikularistisch (auf Israel, die Juden) beschränkt, sondern universalistisch, auf alle Völker bezogen.

Wie sieht es im Islam aus? Er ist aus einer Konfrontation entstanden zwischen dem (neuen) Ein-Gott-Glauben, der Mohammed geoffenbart wurde, und dem Polytheismus, der in Mekka und auf der ganzen arabischen Halbinsel zur Zeit Mohammeds vorherrschte. Wieweit Mohammed auf seinem Weg zum Glauben an den einen und einzigen Gott von den auf der arabischen Halbinsel lebenden jüdischen und christlichen Stämmen beeinflusst wurde, muss noch weiter erforscht werden. Dennoch ist nicht zu übersehen, dass seine Gottesvorstellung in vielem vor allem mit der jüdischen Vorstellung übereinstimmt: Sie bezieht sich auf einen einzigen Gott, von dem kein Bild zu machen ist, der sich erbarmend den Menschen zuwendet, der den Menschen erschaffen hat, der dem Menschen einen Weg weist, der ihm im Jenseits Heil schaffen will ... Dies alles bekennen Christen auch, aber sie trennt von den Juden wie von Mohammed und dem Islam das Verständnis Jesu als Sohn Gottes und das Bekenntnis zur Trinität, zu einem Gott, der sich den Menschen in drei »Gesichtern« (Vater, Sohn, Geist) zuwendet.

Aus all dem ergibt sich eine deutliche Verbindung zwischen Judentum, Christentum und Islam bei bestehenden Differenzen: Den Juden wird im Koran vorgeworfen, dass sie den über Mose an sie offenbarten Urkoran Gottes (die Tora) dadurch verfälscht haben, dass sie ihn allein auf ihr eigenes Volk bezogen haben und nicht universal für alle Völker offen sind. Den Christen kann man diesen Vorwurf nicht machen, aber sie haben aus islamischer Sicht den Urkoran, der ihnen über Jesus geoffenbart wurde (das Evangelium) dadurch verfälscht, dass sie dem einen Gott zwei weitere Götter zugesellt haben (vgl. Seite 78 ff.). Es gibt also Verbindendes und Trennendes zwischen den drei abrahamitischen Religionen – und genau dies macht die weitere Geschichte der drei Religionen aus; es ist eine Geschichte des einander befruchtenden gemeinsamen Lebens (etwa vom 8. bis 12. Jahrhundert in Andalusien), aber auch des Streites und des Krieges (etwa während der islamischen Eroberung im 7.–8. Jahrhundert und später im 17. Jahrhundert bis vor die Tore Wiens und umgekehrt während der Kreuzzüge gegen die Muslime im 11.–12. Jahrhundert sowie im 20. Jahrhundert gegen den Irak [US-Präsident George W. Bush: »Kreuzzug«]). Leider haben die kriegerischen Auseinandersetzungen bis heute deutlichere Folgen als die Gemeinsamkeiten.

Wie sieht die Stellung des Islam zu anderen Religionen im Einzelnen aus? Es gibt einen Hadith, einen Ausspruch Mohammeds: »Der Islam herrscht und wird nicht beherrscht.«

Diese Auffassung führt zur Trennung zwischen islamischen und anderen Gebieten: Es gibt das *dar-al-islam* (= »Haus des Islam«) und das *dar-al-alharb* (= »Haus des Krieges«). So werden die islamisch beherrschten Völker von anderen getrennt. Doch als später auch muslimische Minderheiten in von anderen Religionen geprägten Staaten leben (etwa im Byzantinischen Reich oder heute in Europa), wird eine Vereinbarung zwischen allen notwendig. So ergibt sich für manche Gebiete ein *dar-al-ahd* (»Haus des Vertrages«), in dem die Beziehung der Religionen vertraglich geregelt ist.

Allerdings muss die Entstehung dieser bis heute grundsätzlichen Sicht differenzierter betrachtet werden und dabei ist mit Blick auf den Koran wiederum der Unterschied zwischen den mekkanischen und den medinischen Suren zu bedenken. Die von den meisten Kommentatoren (so auch Asad) der Mekka-Zeit zugeschriebene Sure 22 ist noch nicht kämpferisch, sondern hat die Perspektive eines Pluralismus:

> Und für jede Gemeinschaft haben wir bestimmt
> einen Ritus, den sie vollziehen.
> Sie sollen nicht mit dir streiten über diese Angelegenheit.
> (Sure 22,67)

Auch die Sure 109 (vgl. Seite 107) macht zwar verschiedene Religionen deutlich, lässt aber jeden seine eigene Religion leben. Das wird selbst in der Sure 2, der ersten Sure, die in Medina geoffenbart wurde, deutlich: »Und es gibt keinen Zwang in der Religion. Geschieden zeigt sich das Richtige vom Irrtum.« (Sure 2,256)

In Medina wird Mohammed zum Politiker und Feldherrn. Es geht um Selbstverteidigung, aber darüber hinaus auch um Eroberung des Landes für den Islam. Deshalb wird die Haltung des Islam zu anderen Religionen nun schärfer, was auch an der inneren Auseinandersetzung in der Stadt Medina liegt: Hier gab es unter den fünf Stämmen dieser Stadt drei jüdische, die Mohammed zwar als Leiter der Stadt, aber nicht als Prophet und damit als religiöse Autorität anerkannten. Mohammed setzte sich durch, indem er die jüdischen Stämme vertrieb oder vernichtete. Dies wirkt sich auch auf Koranverse aus: Nun sind nicht mehr allein die mekkanischen Polytheisten die Feinde, sondern auch die Juden. Die Christen allerdings werden von dieser Feindschaft ausgenommen, sie stellten keine Bedrohung für die muslimische Gemeinschaft in Medina dar (trotz eines kurzen byzantinischen Feldzuges im Jahr 629 bei Mu'ta). Die sehr späte Sure 5 macht dies deutlich:

> Gewiss findest du, dass unter Menschen die,
> die den Gläubigen am feindlichsten sind,
> die Juden sind
> und die, die Anderes neben Gott stellen
> [Polytheisten].
> Gewiss findest du auch, dass den Gläubigen
> die am nächsten stehen in Liebe, die sagen:
> »Wir sind Christen.«
> (Sure 5,82, vgl. auch Seite 71)

Später unterscheidet der Islam grundsätzlich zwischen der Behandlung der Polytheisten und der Mitglieder der »Buchreligionen« Judentum und Christentum. Mit den Polytheisten sollen Muslime keine Gemeinschaft haben: »Und bekämpft die, die neben Gott Anderes stellen, allersamt, wie sie euch bekämpfen, allesamt.« (Sure 9,36)

Juden und Christen sind aus muslimischer Sicht »Halbgläubige«. Sie sollen zwar keine Verbündete der Muslime sein (Sure 5,51, vgl. Seite 72) und bekämpft werden, bis sie unterworfen sind, werden dann aber, wenn sie Tribut zahlen, nicht mehr behelligt (Sure 9,29, vgl. auch Seite 72) – dies war lange Zeit Praxis in Spanien und im Vorderen Orient. Hier konnten Christen in Staat und Wissenschaft hohe Stellungen einnehmen.

Heute ist die Situation in den islamischen Ländern unterschiedlich; neben toleranteren Gesellschaften (etwa in Zentralasien) ist eine zunehmend strengere Abgrenzung zu beobachten (etwa in Südostasien) oder eine erhebliche Benachteiligung oder blutige Verfolgung von Christen (etwa in arabischen Ländern und in Pakistan). Ein Dialog mit Christen wird fast ausschließlich von muslimischen Gelehrten gepflegt, die in Ländern mit muslimischer Minderheit leben.

Hierzu gibt es gerade in Mitteleuropa wichtige Ansätze, die das Bild des Islam auf Dauer verändern können, so etwa die Arbeit von Mouhanad Khorchide in Münster oder den Liberal-Islamischen Bund in Duisburg (LIB, www.lib-ev.de). Diese Vereinigung deutscher Muslime vertritt ein pluralistisches Gesellschaftsbild und bekennt sich zur freiheitlich-demokratischen Grundordnung. Dementsprechend lehnt der LIB jegliche Form von rassistischer, antisemitischer, antichristlicher oder antiislamischer Auffassung ab. Er tritt ein für eine »dogmafreie« Auslegung religiöser Schriften wie des Korans auch unter Einbeziehung historischer und sozialer Kontexte.

Der Koran ruft in einer wichtigen mekkanischen Sure (unmittelbar vor der *Hidschra*, dem Wechsel der kleinen muslimischen Gemeinde nach Medina) zum Frieden und zur Toleranz zwischen den Religionen auf, weil diese Vielfalt von Gott selbst gewollt ist (!) und Muslime nicht als »Hüter und Sachwalter« über andere bestimmen dürfen:

Folge dem, was dir von deinem Herrn geoffenbart!
Kein Gott außer Ihm!
Und wende dich von denen ab,
die Anderes neben Gott stellen!
Und hätte Gott es gewollt,
hätten sie nicht Anderes neben Ihn gestellt.
Gemacht haben Wir euch nicht zu ihrem Hüter
und nicht zu ihrem Sachwalter.
(Sure 6,106–107)

Die Propheten: Die Boten

Propheten und Gesandte Gottes

Sowohl die Bibel als auch der Koran sprechen von Propheten, der Koran unterteilt darüber hinaus in Propheten und Gesandte. Was ist damit gemeint?

Das christliche Alte Testament kennt neben den geschichtlichen Büchern und den Büchern der Weisheit die prophetischen Schriften, angefangen von Jesaja bis zum Zwölfprophetenbuch. Die Hebräische Bibel der Juden fasst den Begriff »Prophetische Bücher« weiter und zählt alle Schriften außer der Tora (den fünf Büchern Mose) und den Schriften (Psalmen etc.) dazu, beginnend mit dem Buch Josua und ebenfalls endend mit dem Zwölfprophetenbuch. Die Propheten werden im Hebräischen mit *nabi* bezeichnet. Dies meint einen von Gott Gerufenen und mit einem Auftrag Berufenen. Die griechische Übersetzung von *nabi* war *prophètes*, damit ist gemeint: »ein Fürsprecher, einer der, von Gott gesendet, Worte spricht«. In keiner Weise bedeutet das Prophetentum der Bibel eine Vorhersage der Zukunft, Propheten sind keine Wahrsager; sie sind vielmehr von einer göttlichen Macht Ergriffene, die in Visionen und Auditionen eine Botschaft vernehmen und diese durch Wort, Schrift oder Zeichenhandlung an das Volk weitergeben. Das Prophetentum Israels versucht, den Willen Gottes in kritisch-produktiver Weise zu deuten. Dies geschieht aus dem kritischen Rückblick auf die Vergangenheit, aus der dann Folgerungen für ein Handeln in der Gegenwart gezogen werden. Entsprechend diesem aktuellen Handeln, der Antwort des Volkes auf das Wort Gottes, können allerdings Folgerungen auch für die Zukunft gezogen werden: »Wenn ihr dies tut oder nicht tut, dann wird ...«. Die biblischen Propheten haben also die Aufgabe, das Wort Gottes in einer bestimmten Situation weiterzutragen.

Dabei kennt die Bibel eine Fülle von Propheten: Als größter Prophet wird Mose bezeichnet, aber auch der Bruder und die Schwester von Mose, Aaron und Mirjam, werden als Propheten angesehen. Danach erscheinen bedeutende Propheten wie Samuel, Gad, Natan in der Königszeit Israels, in der sie eine kritische Funktion gegenüber dem oft gottlosen Handeln der Könige haben. All diese Propheten sind durch ihr Handeln bedeutsam geworden (etwa Elija). Ihnen stehen die sogenannten Schriftpropheten (von Jesaja bis Maleachi) zur Seite, deren Aussagen in prophetischen Schriften gesammelt wurden.

Im Neuen Testament wird der Begriff »Prophet« auch in Bezug auf Jesus verwendet (zum Beispiel Johannes 4,19, Lukas 24,19). In den ersten christlichen Gemeinden gibt es den Gemeindedienst der Propheten; dies können in den paulinischen Gemeinden Männer und Frauen sein (vgl. 1 Korinther 11,5).

Der Koran kennt zwei Begriffe: *nabi* (wie im Hebräischen = »Prophet«) und *rasul* (= »Gesandter«). Diese Begriffe sind aber nicht scharf voneinander getrennt. Mohammed allerdings wird als »Gesandter Gottes« bezeichnet – dies findet sich auch im islamischen Glaubensbekenntnis, der *Shahada* (vgl. Seite 111 und Sure 48,19; 63,1). Ein Gesandter steht dabei in der Wertschätzung höher als ein Prophet: So sind Gesandte diejenigen Personen, die von Gott unmittelbar eine Botschaft empfangen haben und sie weitergeben sollen. Allerdings können auch Engel Gesandte genannt werden, so etwa die Todesengel (Sure 7,37: »bis unsere Gesandten kommen, um sie abzuberufen«).

Als *rasul* (Gesandte) werden im Koran folgende Personen bezeichnet:

- Nuh (Noach, vgl. Seite 178),
- Hud (Eber ist biblisch der Ururenkel von Noach, vgl. Genesis 10,21.24), aus koranischer Sicht der erste Prophet nach Noach und der großen Flut, der zum Volk der Ad gesandt wurde (vgl. Sure 11,58–59),
- Salih, ein nichtbiblischer Prophet aus dem Volk der Tamud (vgl. Sure 26,142–143: »Wahrlich ich bin ein Gesandter«),

- Lut (Lot, vgl. 178),
- Ismail (Ismael, vgl. Seite 186),
- Schuaib (Jitro, der Schwiegervater des Mose, vgl. Exodus 2,16 ff. und Sure 26,177–178),
- Musa (Mose, vgl. Seite 192),
- Isa ben Maryam (Jesus, der Sohn Marias, vgl. Seite 210),
- Muhammad (Mohammed), der letzte der Gesandten, das abschließende Siegel aller Propheten (vgl. Seite 218).

Diese Gesandten werden im Koran auch *nabi* (Propheten) genannt. Prophet ist dabei ein späterer Ausdruck aus medinischer Zeit – vielleicht entstanden in der Auseinandersetzung mit den dortigen jüdischen Stämmen. So wird Mohammed in der mekkanischen Zeit ausschließlich Gesandter genannt, später in Medina auch Prophet.

Als Propheten werden alle oben aufgeführten Gesandten bezeichnet, dazu auch: Adam; Idris, der der islamischen Legende nach in die Barmherzigkeit Gottes entrückt wurde (Sure 21,85f, biblisch vergleichbar: Henoch, Genesis 5,22–24); Ibrahim (Abraham, vgl. Seite 182); Ishaq (Isaak, vgl. Seite 186); Yaqub (Jakob, vgl. Seite 190); Yusuf (Josef, vgl. Seite 191); Harun (Aaron, vgl. Seite 196); Dawud (David, vgl. Seite 198); Suleiman (Salomo, vgl. Seite 200); Ilyas und Al-Yasa (auch Elyasa, Elija und Elischa, vgl. Seite 202); Yunus (Jona, vgl. Seite 204); Ayyub (Ijob, vgl. Seite 206); Dhu-l-Kifl (Sure 21,85, wird gedeutet als der biblische Prophet Ezechiel oder als ein Sohn von Ijob); Zakariyya und Yahya (Zacharias und Johannes [der Täufer], vgl. Seite 208).

Unter den Gesandten und Propheten ragen diejenigen heraus, denen Gott eine Schrift zukommen ließ. Dies sind:

- Ibrahim, dem »Blätter« (*suhuf*) zukommen;
- Musa, der die Tora erhalten hat;
- Dawud, der von Gott den Psalter erhielt;
- Jesus mit der Schrift des (einen) Evangeliums (aus muslimischer Sicht nicht getrennt in vier Evangelien);
- Muhammad mit dem Koran, der als Frohe Botschaft für die ganze Welt bestimmt ist.

Eine frohe Botschaft

Die Botschaft der Propheten der Hebräischen Bibel ist wesentlich mahnend und warnend (vgl. Seite 177). Sie erheben in Krisenzeiten Israels ihr Wort, weisen auf Fehlverhalten Israels hin und auf die sich daraus ergebenden Konsequenzen für das Volk. Sie fordern zu einem strengen Ein-Gott-Glauben auf und wenden sich vehement (etwa Elija) gegen die Verehrung vieler Gottheiten. Alttestamentliche Prophetie ist weitgehend Unheilsverkündigung, Unheilsprophetie: Israel wird dem Gericht unterworfen, das Königtum, später auch der Tempel und das Volk selbst (Verschleppung ins Exil) sind dem Untergang geweiht, weil sie den Bund mit Gott gebrochen haben.

Diese Verheißung von Unheil wird nur an wenigen Stellen von einer entgegengesetzten Botschaft unterbrochen, von Verheißungen künftigen Heils für den Fall, dass Israel umkehrt und sich neu Gott zuwendet. So verweist Hosea auf einen ständig sich erneuernden Bund Israels mit Gott: »Ich schließe für Israel an jedem Tag einen Bund« (Hosea 2,20). Die Liebe und das Erbarmen Gottes sind aus der gesamten Geschichte Israels abzulesen, in der Gott sich wie eine Mutter zeigt, die »ihren Säugling an ihre Wange hebt« (Hosea 11,4). Wo Hosea die Liebe Gottes benennt, stellt Amos die Gerechtigkeit Gottes in den Vordergrund. In den drei unterschiedlichen Teilen des Jesaja-Buches schließlich gibt es in den ersten, vor dem Exil entstandenen Kapiteln großartige Perspektiven der Hoffnung (das Festmahl aller Völker auf dem Zion, vgl. Jesaja 25,6–8); im zweiten Teil der Schrift wird dem Volk im Exil Mut und Hoffnung zugesagt; der abschließende dritte Teil hat eine universale Perspektive: Gottes Heil gilt allen Völkern. Gegen alle Unheilsprophetie also führen die Propheten des Alten Testaments letztlich zu einer Perspektive des Heils, ihre Botschaft ist eine Frohe Botschaft.

Dies gilt schon vom Wortgebrauch *Evangelium* her in besonderer Weise für die Schriften des Neuen Testaments: Hier wird

Gottes Heil in Wort und Zeichenhandlung (etwa Krankenheilungen, Große Speisung etc.) vorgestellt, das in Jesus alle Menschen erreicht. Die Jüngergemeinschaft, die Jesus versammelt hat, wird nach der Erfahrung von Kreuz und Auferweckung Jesu zu einer Gemeinschaft, die diese Frohe Botschaft weiterträgt zu allen Völkern (Matthäus 28,19).

Der Koran spricht an verschiedenen Stellen von der Aufgabe der Gesandten. Wie auch in der Bibel geht es um Warnung, aber vor allem um »frohe Kunde«:

> Wir senden die Gesandten nur
> als Verkünder froher Kunde und Warner.
> Diejenigen, die glauben und sich bessern,
> die erfasst keine Furcht und nicht Trauer.
> (Sure 6,48)

Die wesentliche Aufgabe aller Propheten und Gesandten ist nach dem Koran die Verkündigung des Glaubens an den einen und einzigen Gott (vgl. das muslimische Glaubensbekenntnis, Seite 111). Die Gesandten sollen die von Gott zum Menschen herabgesandte Schrift, den Heiligen Koran (vgl. Seite 78), verkünden und so die Menschen dazu bringen, dem Weg der Rechtleitung Gottes zu folgen. Dabei sind die Propheten nur Sendboten, sie verweisen auf Gott, entscheiden muss jeder Gläubige selbst. Dies gilt selbst für Mohammed – er ist ein Beispiel der Ergebung in Gott und damit Vorbild für die Gläubigen. Er vermittelt das muslimische Glaubensbekenntnis – Gott spricht zu ihm:

> Und gesandt haben Wir keinen Gesandten vor dir,
> dem Wir nicht geoffenbart:
> »Kein Gott außer Mir, so dient Mir!«
> (Sure 21,25)

Die Aufgabe der Gesandten ist dabei nicht leicht, denn immer haben sie Widerstand zu erwarten. Auch Mohammed hat zuerst in Mekka, dann auch in Medina für seinen Glauben »kämpfen« müssen, doch Gottes Beistand ist ihm sicher: »Als die Gesandten nicht mehr hofften und meinten, sie würden belogen, kam Unsere Hilfe zu ihnen« (Sure 12,110).

Eine warnende und mahnende Botschaft

Auch wenn biblische und koranische Botschaft grundsätzlich eine Frohe Botschaft des Erbarmens Gottes darstellen, so überwiegen in den Einzelformulierungen biblischer und koranischer Verse doch die Aspekte des Warnens und Mahnens. Die Tora bringt das Bekenntnis zum einen Gott, die Mahnung, seinen Geboten zu folgen, und die Perspektive eines gelingenden Lebens in folgender Aussage zusammen:

> Jahwe ist der Gott im Himmel droben
> und auf der Erde unten, keiner sonst.
> Daher sollst du auf seine Gesetze und seine Gebote,
> auf die ich dich heute verpflichte, achten,
> damit es dir und später deinen Nachkommen gut geht
> und du lange lebst in dem Land,
> das der Herr, dein Gott, dir gibt für alle Zeit.
> (Deuteronomium 4, 40)

Der erste Petrusbrief klingt ähnlich, wenn er sagt: »Liebe Brüder, da ihr Fremde und Gäste seid in dieser Welt, ermahne ich euch.« (1 Petrus 2,11)

Im Koran gibt es eine Gottesrede an Mohammed, in welcher der ganze Koran als Mahnung an die Menschen verstanden wird, sodass sie sich besinnen, Gottes Rechtleitung folgen und nicht im Unheil untergehen:

> Und herabgesandt haben wir zu dir die Mahnung,
> damit du den Menschen erklärst, was ihnen herabgesandt.
> Vielleicht denken sie nach!
> (Sure 16,44)

Im gleichen Absatz (Vers 43) werden aber auch die früheren Offenbarungen Gottes an die Menschen (Tora, Evangelium) als mahnende Texte verstanden; die Gesandten vor Mohammed sind »Leute der Mahnung«, die klar und einleuchtend (»mit klaren Beweisen und mit den Schriften«) die Rechtleitung Gottes zum Wohl der Menschen verkündeten.

Adam, Noach, Lot (Adem, Nuh, Lut)

Die Erzählungen von Adam (und Eva) und auch von Noach sind eingebettet in den ersten Teil des biblischen Buches Genesis (Kapitel 1–11), der *Urgeschichte* genannt wird, obwohl es hier nicht um Geschichtsschreibung geht (ebenso wie es in den Schöpfungserzählungen nicht um Naturwissenschaften geht), sondern um alte Mythen, die Israel oft aus anderen Kulturen übernommen, wohl aber grundlegend verändert hat. (Zum Beispiel übernimmt der biblische Text Erzählstränge und Motive aus sumerisch-babylonischen Mythen zur Großen Flut.) Israel stellt die alten Mythen unter das Dach seines Bekenntnisses des einen und einzigen Gottes, der sich den Menschen in Erbarmen zuwendet. Das ist ein Leitthema sowohl der Adam- wie auch der Noach-Erzählung. Es geht um eine Menschheitsgeschichte als Geschichte der Zuwendung Gottes und darin um grundlegende Themen wie Tod und Leben, wie Gut und Böse.

Dies wird besonders an *adam* deutlich – dieses hebräische Wort ist kein Einzelname, sondern ein Kollektivbegriff, der die ganze Menschheit meint, unabhängig von Raum und Zeit. Adam, das aus der *adamah*, dem Erdboden gemachte Wesen, ist Schöpfung Gottes, aber vergänglich. Adam zeigt sich im Mann und in der Frau. Der Name Eva stammt von *chawwa* (= »das Lebendige, die Mutter aller Lebenden«). Der Mensch ist aus biblischer Sicht die Mitte der Erde und des Lebens darauf. Dies ist sowohl ein Zuspruch der Liebe Gottes wie auch ein Anspruch, das Leben auf der Erde zu bewahren und zu schützen.

Der Mensch aber (unabhängig von den erzählerischen Einzelheiten in Genesis 3 mit der Frucht vom Baum und der Schlange) will »Gut und Böse erkennen«. »Gut und Böse« ist wiederum ein Allgemeinbegriff und meint allumfassend das Gesamte der Welt, »erkennen« ist synonym mit Herrschaft: Der Mensch will also die Erde beherrschen, er will wie Gott sein – dies aber muss scheitern, es führt zum Fall des Menschen.

Der Koran kennt die biblischen Erzählungen (Genesis 2–3), gestaltet sie aber mit eigenen Akzenten aus. Auch hier ist Adam (zusammen mit Eva) die Urgestalt des Menschen – wir alle sind Adam. Deshalb werden in Gottesreden die Menschen mit »ihr Kinder Adams« angesprochen (etwa Sure 7,35; 17,70). Dabei hat der Mensch, die Menschheit aus koranischer Sicht einen hohen Stellenrang: Er ist *Kalif* (= »Stellvertreter Gottes auf Erden«), er kennt die Namen aller Geschöpfe (Sure 2,30–31, vgl. Genesis 2,19–20): »Als dein Herr zu den Engeln sprach: ›Ich werde auf der Erde einsetzen einen Stellvertreter.‹« (Sure 2,30)

Die Schöpfung des Menschen wird sehr ähnlich erzählt wie in der Bibel (Genesis 2,7): Er wird aus Lehm (Asad, Khoury: Ton) gestaltet, dann wird ihm vom Geist Gottes eingehaucht (in der Bibel: der Lebensatem eingeblasen). Im Anschluss an die Erschaffung des Menschen wird im Koran mehrfach eine seltsame Geschichte erzählt (Sure 2,30–37; 18,50, 38,71–76): Gott stellt den Menschen vor die Engel und lässt ihn die Namen aller Tiere sagen – das ist etwas, das die Engel nicht können. Deshalb sollen sie sich vor dem Menschen niederwerfen. Dies tun alle bis auf Iblis (= »Enttäuschter«). Dieser weigert sich mit folgender Begründung: »Der Mensch wurde nur aus Erde, Lehm, Dreck geschaffen, wir Engel aber aus Feuer.«

Wegen dieser hochmütigen Äußerung und der Weigerung, Gottes Befehl zu gehorchen, gehört Iblis nun zu den *Dschinn*, den aus Feuer geschaffenen dämonischen Wesen (zu den Dschinn gibt es eine eigene Sure: Sure 72). Iblis ist nun der Widersacher, der versucht, die Menschen ins Unheil zu stürzen (parallel zur christlichen Konzeption eines Teufels), er wird zum *Schaitan* von arabisch *schatana* (= entfernt sein« [vom Guten und der Rechtleitung Gottes]).

So verwundert es nicht, dass Iblis die Menschen verführt: »Euer Herr hat euch diesen Baum verboten, damit ihr nicht zu Engeln werdet oder zu den Ewigen gehört [ewiges Leben habt]« (Sure 7,20). Adam und seine Gattin folgen der Leitung des Iblis, verlieren aber so das Paradies – alles sehr ähnlich der biblischen

Darstellung (vgl. Genesis 3). Dennoch bleiben die Menschen von Gott auserwählt – ein geradezu unfassbarer Vorgang. Mehr noch: Gott verheißt ihnen für die Zukunft eine Rechtleitung, die herabgesandt wird – ein Verweis auf die künftige Offenbarung des Korans:

> Adam widersetzte sich seinem Herrn und ging in die Irre.
> Dann erwählte ihn sein Herr und kehrte Sich ihm zu
> und leitete ihn recht ...
> Und wenn zu euch kommt Meine Rechtleitung,
> dann wird der, der folgt Meiner Rechtleitung,
> nicht abgleiten und nicht unglücklich sein.
> (Sure 20,121–123)

Die barmherzige Erwählung des Menschen durch Gott findet also im Versagen des Menschen kein Ende, sondern wird weitergeführt. In Sure 3,33 heißt es: »Gott erwählte Adam, Noach, die Sippe Abrahams«.

Damit ist eine Perspektive aufgetan, weitere biblische Gestalten im Koran zu behandeln, allen voran Noach (Nuh). In der Bibel findet sich das »Weltdrama« von der Großen Flut (althochdeutsch *sinvluot*) in Genesis 6–9. Noach (hebräisch: = »Tröster, Erlöser«) ist der Tröster des Menschengeschlechtes, weil Gott mit ihm, dem Gerechten, einen Neubeginn setzt, ein Zeichen der Hoffnung. Noachs Arche, die er aufgrund von Gottes Weisung (islamisch: Rechtleitung) baut, ist das Symbol der Ordnung (die Tiere gehen paarweise hinein) gegen das Chaos der Todesmächte. Aus dem sumerisch-altbabylonischen Raum übernimmt Israel den Mythos von einer weltumspannenden Flut (die es historisch nicht gegeben hat), formt diesen Text aber um in ein Bekenntnis zum einen Gott, der mit den Menschen neu beginnt: Der Gott, den Juden und Christen auf der Grundlage der Bibel bekennen, ist ein Gott des Lebens, nicht des Todes und des Untergangs.

Im Koran ist viel von Noach (Nuh) die Rede, Sure 71 ist nach ihm benannt. Breit wird seine Geschichte erzählt, dabei aber – eine wichtige islamische Akzentuierung gegenüber der biblischen Darstellung – wird Wert darauf gelegt, dass Noach ein Gesandter Gottes ist. Dies wird in Sure 11, 23, 26 und 71 ausgeführt, kompakt findet sich die Noach-Geschichte in Sure 7:

> Wir sandten Noach zu seinem Volk, und er sagte:
> »O mein Volk, dient Gott! Es ist euch kein Gott außer Ihm.
> Seht, ich fürchte für euch
> die Strafe eines Tages, eines gewaltigen.«
> Die Vornehmen aus seinem Volk sagten:
> »Wahrlich, wir sehen dich im Irrtum ...«
> Er sagte: »Ich bin ein Gesandter vom Herrn der Welten.
> Ich richte euch die Botschaft meines Herrn aus
> und rate euch gut,
> und ich weiß von Gott, was ihr nicht wisst.« ...
> Da retteten Wir ihn und die, die mit ihm waren im Schiff,
> und ließen die ertrinken, die leugneten unsere Zeichen.
> (Sure 7,59–64)

Noach ist Gesandter Gottes und Warner der Menschen. Ganz im Sinne des Korans wird die Auseinandersetzung zwischen Noach und seinem Volk aber im Letzten zurückgeführt auf unterschiedliche Vorstellungen vom Göttlichen. Während Noach den einen und einzigen Gott bekennt, bekennen die anderen viele Götter und sagen: »Verlasst eure Götter nicht, nicht Wadd, nicht Suwa, nicht Yagur, nicht Ya'uq und nicht Nasr!« (Sure 71,23) Dies sind vorislamische Götter der arabischen Halbinsel (ursprünglich wohl aus Babylonien); die Auseinandersetzung zwischen Noach und seinem Volk spiegelt die Auseinandersetzung zwischen Mohammed und den Mekkanern wider – Sure 71 stammt aus mekkanischer Zeit. Noach wird in seinem Kampf um den Glauben an den einen Gott Mohammed gleichgesetzt – auch ohne ausdrückliche Nennung des letzten der Propheten.

Nur kurz kann auf Lot (Lut), einen der Gesandten Gottes (Sure 37,133), hingewiesen werden. Auch er wird von seinem Volk der Lüge beschuldigt (Sure 26,160ff.). Wieder erscheinen die biblischen Gesandten als Modelle für einen vergleichbaren Weg des Mohammed, des letzten der Gesandten Gottes.

Abraham (Ibrahim)

Die Gestalt des Stammvaters Abraham (arabisch: Ibrahim) ist in den drei vorderorientalischen Religionen von großer Bedeutung (und man muss immer ergänzen: auch die Gestalten der Stammmütter Hagar und Sara sind es): Die Bibel erwähnt Abraham an 258 Stellen im Alten und im Neuen Testament. Ebenso wird er in 25 Suren des Korans ausführlich erwähnt, sein Sohn Ismael in weiteren 10 Suren. Wichtiger aber als eine rein zahlenmäßige Nennung ist die inhaltliche Bedeutung dieses Mannes und seiner beiden genannten Frauen für jüdischen, christlichen und muslimischen Glauben. Deshalb werden Judentum, Christentum und Islam auch die abrahamitischen (oder abrahamischen) Religionen genannt, sie sind Schwesternreligionen auf der Grundlage von Abraham, Hagar und Sara. Für alle drei ist Abraham der »Vater des Glaubens«.

Abraham scheint die drei Religionen zu verbinden, doch bei genauerer Sicht ergeben sich bedeutsame Unterschiede in der Interpretation dieser modellhaften Gestalt:

Das *Judentum* sieht in Abraham seinen Vater, erkennt in diesem wandernden Fremden, der am Ende ein Land, Israel, geschenkt bekommt, sein eigenes Schicksal: die Zerstreuung in der Fremde und die Heimkehr in das heilige Land Israel. Dabei betonen Juden besonders den Aspekt des Bundes, den Gott mit Abraham schließt und den sie in ihrer Volks- und Religionsgeschichte fortgeführt sehen.

Dieser Bund verweist zum einen in die Zukunft: Israel wird zum Volk der Hoffnung, das in aller Bedrängnis der Geschichte stets auf den erbarmenden Gott vertraut und sich von ihm in eine gute Zukunft geführt weiß. Der Bund verweist aber zum anderen auch auf ein bestimmtes Land, auf einen geschichtlich fassbaren Ort, auf Kanaan, Palästina als Heimstätte – der Fremde gewinnt eine Heimat. So bedeutet der Bund mit Gott für Juden: Volk im Land (vgl. Genesis 17,7).

Von Abraham her sieht Israel, sehen Juden heute eine Linie, die über Sara und Isaak zu Jakob führt, der auch Israel genannt wird, und über diesen zu den zwölf Stämmen Israels. In dieser Linie versteht sich Israel als erwähltes Volk, das zum Zeichen unter den Völkern werden soll. Nicht auf Mission anderer war die Geschichte der Juden ausgerichtet, sondern immer darauf, in einem gottgeleiteten Leben die Zeichenhaftigkeit des einen, erwählten Volkes zu künden – dies aber immer in der Anbindung an das Land der Väter, auch wenn Juden dieses Gebiet in den zurückliegenden dreitausend Jahren jeweils nur kurze Zeit in Besitz hatten.

Im *Christentum* wird Abraham unmittelbar mit Jesus verbunden: Im Matthäusevangelium heißt es: »Stammbaum Jesu Christi, des Sohnes Davids, des Sohnes Abrahams.« (Matthäus 1,1) Hier geht es um eine geglaubte Abhängigkeit in der Geschlechterfolge: von Abraham über David zu Jesus, dem Christus Gottes, dem neuen König der Juden.

Denn dem Neuen Testament geht es nicht länger um das Volk, das sich genealogisch-biologisch aus Abraham ergeben hat (Israel). Zuerst für Paulus, dann aber auch für die Evangelisten ist die Zugehörigkeit zu Abraham, das »Kind-Abrahams-Sein«, nicht an Abstammung gebunden, nicht an den immer wieder erneuerten Bundesschluss Gottes mit seinem Volk, sondern sie entsteht aus der Grundhaltung, die man bei Abraham wahrnimmt: Er gilt als modellhafter Mensch des Glaubens, des Vertrauens in Gott, der sein ganzes Leben von diesem Glauben her bestimmen lässt. Von da aus kann Paulus sagen: »Also gehören alle, die glauben, zu dem glaubenden Abraham und werden wie er gesegnet« (Galater 3,9).

In Abraham, so Paulus, macht Gott nicht nur ein Volk, sein erwähltes Volk, gerecht, sondern alle Völker:

> Durch den Glauben werden die Heiden gerechtfertigt,
> deshalb wurde dem Abraham verkündet:
> »Durch dich sollen alle Völker Segen empfangen.«
> (Galater 3,8, vgl. Genesis 12,3 und 18,8)

Wenn man so denkt, dann kommt es auch nicht länger auf die Ordnung des jüdischen Gesetzes an, nicht auf Beschneidung und Speisegebote wie bei den Juden, sondern allein und ausschließlich auf den Glauben. Die, die glauben, sind Abrahams Kinder – Juden wie Heiden. Der Segen, den Abraham von Gott empfängt, ist nicht länger auf Israel beschränkt, sondern dehnt sich auf alle Völker aus – das ist die christliche Sicht auf Abraham.

Islam und Koran setzen – wie auch bei anderen biblischen Gestalten – sehr eigene Akzente, diese sind eher stichwortartig:

- Abraham wird als Freund Gottes bezeichnet, ein Titel, der im Koran noch nicht einmal Mohammed zugesprochen wird: »Und Gott hat sich genommen Abraham zum Freund.« (Sure 4,125)
- Abraham glaubt an den einen und einzigen Gott, nicht an viele Götter wie sein Vater Terach und die Mitglieder seines Herkunftstammes. In Sure 87,83–95 wird dazu folgende Geschichte erzählt: Abraham wendet sich den Götterfiguren zu, die von seinem Volk angebetet werden: »Esst ihr nicht? Warum sprecht ihr nicht?« Dann schlägt er sie mit seiner Rechten; seine Stammesgenossen aber fragt er: »Wollt ihr das verehren, was ihr selbst gemeißelt habt?« Da verfolgen sie ihn. Zu seinem Vater Terach sagt Abraham: »Nimmst du dir Götzen zu Göttern? Ich sehe dich und dein Volk in einem Irrtum.« (Sure 6,74) Auch über die Verehrung von Sonne, Mond und Gestirnen als Götter (wie im Orient damals vielfach üblich) macht sich Abraham lustig: »Ihr verehrt etwas, was verschwindet.« (Sure 6,76) Solche Götzenverehrung ist im Koran der Grund, warum Abraham sich von seinem Vater und seinem Volk trennt: Nichts anderes darf neben Gott gestellt werden. Hier wird die Parallele zur Auseinandersetzung Mohammeds mit den Mekkanern sichtbar: Es geht um den einen Gott, der gegen die Götzen steht.
- Das Volk Abrahams verfolgt ihn und wirft ihn ins Feuer. Doch Gott errettet ihn aus dem Feuer (Sure 29,24) – »ein

Zeichen für Leute, die glauben«. Dies ist in der in Mekka geoffenbarten Sure 29 auch ein Zeichen für die Mekkaner, dass ihre Verfolgung Mohammeds ins Leere laufen muss, weil Gott seine Gesandten erwählt und schützt.

- Bereits vor der Entstehung von Judentum und Christentum ist Abraham ein Gottergebener, ein Rechtgläubiger, der erste Muslim, weil er sich ganz Gott unterwirft und seinem Willen hingibt:

  Abraham war nicht Jude noch Christ,
  sondern er war reinen Glaubens, ein Ergebener
  und nicht einer, der neben Gott Anderes stellt.
  (Sure 3,67)

  Damit aber wird Abraham zum Vorbild aller Glaubenden, zu dem Gott sagen kann: »Ich werde dich zu einem Vorbild machen für die Menschen« (Sure 2,124).
- Abraham steht am Anfang einer Reihe von Gesandten und Propheten, denen eine Offenbarung Gottes zuteil wurde:

  Wir haben offenbart Abraham, Ismael, Isaak, Jakob,
  den Stämmen, Jesus, Hiob, Jonas, Aaron und Salomo.
  Und wir haben David einen Psalter gegeben ...
  Es sind Gesandte ... Verkünder und Warner.
  (Sure 4,163–165)
- Gott verheißt dem Abraham Nachkommenschaft: »Gesandte« Gottes kommen und werden von Abraham bewirtet (vgl. Genesis 18). Danach verheißen sie ihm die »frohe Kunde von Isaak«.
- Abraham wird durch Gott geprüft – er soll seinen Sohn opfern. Hier unterscheidet sich der Koran von der biblischen Darstellung. Zum einen ist die Forderung, den Knaben, dessen Name nicht genannt wird, zu opfern, nur ein Traum Abrahams, von einem Gang zum Berg Morija (Genesis 22) ist nicht die Rede. Zum anderen muss sich die Prüfung Abrahams auf seinen Erstgeborenen Ismael beziehen, denn erst nach dem Traumgesicht und der Deutung durch Gott, dass dies eine Prüfung seines Glaubens gewesen sei, folgt die Ver-

heißung der Geburt Isaaks und weiterer Nachkommenschaft (vgl. Sure 37,101–113).

- Der Glaube Abrahams zeigt sich auch im Zusammenhang mit der mekkanischen Kaaba (vgl. Seite 99 ff. mit den Legenden zur Kaaba und Seite 128 ff. zum *Hadsch*). Abraham soll die zerfallene Kaaba wieder aufrichten und vom Götzendienst reinigen, dann aber alle Gläubigen zur Wallfahrt aufrufen, bei der die Kaaba umkreist wird:
  Wir haben Abraham die Stätte des Hauses zugewiesen:
  »Stelle nichts Anderes neben Mich!
  Und reinige mein Haus für die Umkreisenden, die Betenden,
  die sich Verneigenden und sich Niederwerfenden!
  Und rufe unter den Menschen zur Wallfahrt auf …
  so sollen sie umkreisen das Haus, das alte.«
  (Sure 22,26–29)
  Hier wird deutlich sichtbar, dass Abraham der erste Muslim ist, der Erste, der sich vor Gott niederwirft und der auch die Wallfahrt zur Kaaba (fünfte Säule des Islam) unternimmt. Die Mekkawallfahrt ist damit auch eine Erinnerung an Abraham, an seine erste Frau, die Magd Hagar, und an seinen Erstgeborenen, seinen Sohn Ismael.
- Von Abraham aus gibt es aus muslimischer Sicht über Ismael eine unmittelbare genealogische Linie bis hin zu Mohammed. So wie die Juden von Abraham über Isaak abstammen, so stammen die arabischen Stämme von Ismael ab, unter ihnen auch der Stamm der Quraisch, zu dem Mohammed gehörte.

Abraham ist ein treuer monotheistischer Glaubenskämpfer und damit Vorbild für Muslime heute. Er ist die archetypische Verkörperung von Islam. Damit ist er auch Kronzeuge gegen Judentum und Christentum und deren Verfälschung. Abraham ist bereits vor allen Religionen ein echter Muslim. Damit ist der Islam die *älteste* Religion – dies musste nur von Mohammed erkannt werden, sodass er die Religionsformen seiner Zeit reinigte und zur »alten« Religion des Abraham zurückkehrte.

Ismael und Isaak (Ismail, Ishak)

In den biblischen Väter- und Müttergeschichten hat das Thema Nachkommenschaft große Bedeutung, weil eine heilsgeschichtliche Linie aufgezeigt wird, die von Abraham und Sara bis zum Volk Israel führt. An der abrahamischen »Familiensaga« wird sichtbar: Gottes Verheißungen werden wahr, auch wenn die Betroffenenen wegen ihres hohen Alters nicht mehr daran glauben (Genesis 18,12ff). So sind diese Erzählungen auch für Menschen späterer Generationen eine Ermunterung zum Vertrauen auf Gott – es gilt zu glauben wie Abraham.

Entsprechend altorientalischem Brauch hatte Abraham mit seiner Magd Hagar einen Sohn (Genesis 16), nachdem sich seine Frau Sara als unfruchtbar gezeigt hatte. Ismael ist damit der Erstgeborene und auch der im Erbrecht bevorzugte Sohn: Weil Sara dies nicht ertragen kann, verstößt sie ihre Magd und deren neugeborenen Sohn (Genesis 16,6). Doch Gott greift ein und ermuntert Hagar zurückzukehren. Es folgt die Verheißung an Hagar, dass ihre Nachkommen zahlreich sein werden.

Nach der Geburt Isaaks (Genesis 21) spitzt sich die Situation zu. Sara will ihren eigenen Sohn zum legitimen Nachfolger Abrahams machen und sie hat Erfolg: Diesmal entlässt Abraham in einem förmlichen Rechtsakt Hagar und Ismael. Doch wiederum schützt Gott die in der Wüste Umherirrenden. Sie finden einen Brunnen – nach islamischer Tradition ist dies die Quelle Zamzam, aus der die muslimischen Pilger beim *Hadsch* Wasser schöpfen. Der Name Ismael (= »Gott hört«) erweist sich als stichhaltig: Gott hört auf die Not der Armen und rettet sie – ein durchlaufendes Thema des Buches Genesis.

Die Erzählung von der Opferung Isaaks und vom Glaubensgehorsam Abrahams (Genesis 22) ist zugleich eine Rettungsgeschichte Isaaks, die in eine Linie gestellt werden kann mit Noach, mit Jona, mit Daniel in der Löwengrube – und neutestamentlich mit der Rettung (Auferweckung) Jesu aus der Welt des Todes.

In der jüdisch-christlichen Tradition gilt Isaak als der Nachkomme Abrahams, der eine Linie von Abraham über Isaak, Jakob, Juda zu David eröffnet. Muslime machen zu Recht darauf aufmerksam, dass nach altem orientalischen Recht Ismael, der Sohn Abrahams mit seiner Magd Hagar, der Erstgeborene ist. Damit ist Ismael auch Träger der Verheißung Gottes. In einer gewissen Parallele zu den zwölf Söhnen Jakobs und den sich daraus ergebenden zwölf Stämmen Israels spricht die islamische Tradition von Ismael und seinen Nachkommen, die zu den zwölf arabischen Stämmen wurden. Zu diesen Stämmen gehören die Quraisch, aus denen Mohammed stammt. So betonen Muslime eine ununterbrochene Traditionslinie vom ersten Muslim (Gott Ergebenen) Abraham bis zu Mohammed, dem letzten und endgültigen Propheten. Ismael ist deshalb der Stammvater der Araber und damit der Muslime.

Im Koran werden die beiden Söhne Abrahams, Ismael und Isaak vielfach erwähnt. So heißt es etwa:

> Und gedenke in dieser Schrift des Ismael.
> Er war wahrhaftig im Versprechen
> und ein Gesandter, ein Prophet war er.
> Und er gebot seinen Leuten das Gebet
> und die Armenspende und war seinem Herrn wohlgefällig.
> (Sure 19,54–55)

Dadurch, dass hier zwei der fünf Säulen des Islam auf Ismael bezogen werden, steht er nach Abraham als der zweite Muslim da. Er ist zudem der älteste der Propheten, von denen diese beiden Gott wohlgefälligen Werke berichtet werden. Gebet und Armenspende (vgl. Seite 112 ff. und 124 ff.) sind zwei sich von Ismael her ergebende Formen der Anbetung Gottes – Gottes- und Menschenliebe sind miteinander verknüpft (vgl. Seite 133).

In vergleichbarer Weise wird auch Isaak als Prophet aufgeführt, der von Gott rechtgeleitet wird und deshalb in der Reihe der anderen Propheten als vorbildlich Glaubender steht. Dabei wird bereits die genealogische Linie von Isaak hin zum Volk Israel sichtbar (vgl. Seite 190 f.):

Und Wir schenkten Abraham Isaak und Jakob.
Jeden haben Wir rechtgeleitet.
Wie Wir zuvor Noach rechtgeleitet
und aus seiner Nachkommenschaft David, Salomo,
Hiob, Josef, Mose und Aaron –
so belohnen wir die Schönhandelnden –,
Zacharias, Johannes, Jesus und Elias –
jeder gehört zu den Rechtschaffenen –,
Ismael, Elischa, Jonas und Lot –
jeden zeichneten Wir aus vor allen Welten ...
Wir erwählten sie
und leiteten sie auf den Weg, den geraden.
(Sure 6,84–87)

Der Koran sieht dabei das Geschenk der beiden Söhne Ismael und Isaak im hohen Alter an Abraham in einem unmittelbaren Zusammenhang mit dessen Hinwendung zur Verehrung allein des einen Gottes und seiner Abkehr von den vielen Göttern seines Vaters und seiner Vorfahren. »Als er sich von dem, was sie anstelle Gottes verehrten, abgesondert hatte, schenkten Wir ihm Isaak und Jakob« (Sure 19,49, Asad).

Im Rahmen der Auseinandersetzung mit Juden und Christen, von denen die Sure 2 ausführlich handelt und in deren Zusammenhang immer wieder auf die Einzigkeit Gotttes verwiesen wird, dem sich der Mensch voll und ganz zu unterwerfen hat, werden diese Andersgläubigen aufgefordert, zum wahren Glauben umzukehren und sich damit in die Linie der Rechtgeleiteten zu stellen:

Zum Glauben Abrahams!
Der war reinen Glaubens
und nicht einer, der neben Gott Anderes stellte.
Sagt: »Wir glauben an Gott
und an das, was uns wurde herabgesandt,
und was Abraham wurde herabgesandt,
Ismael, Isaak, Jakob und den Stämmen,
und was empfingen Mose und Jesus.« (Sure 2,135–136)

Jakob und Josef (Yaqub, Yusuf)

Die Stammväter-(und Mütter-)Erzählungen der Bibel gehen wahrscheinlich auf ursprünglich selbstständige Erzähleinheiten zurück, die erst in späterer Zeit anlässlich der Redaktion des Buches Genesis zu einer fortlaufenden Familiensaga zusammengestellt wurden. So ergibt sich in der Gesamtschau der Bibel eine genealogische Linie von Abraham über Isaak zu Jakob und dessen zwölf Söhnen, auf die die zwölf Stämme Israels zurückgeführt werden. Von diesen zwölf Söhnen Jakobs hat Josef eine besondere Bedeutung, denn er schafft – in biblischer Glaubensverkündigung, wohl kaum in historischer Hinsicht – in Ägypten die Voraussetzung dafür, dass dort ein Volksstamm heranwächst, der viele Generationen später von Mose aus dem Land der Knechtschaft herausgeführt wird.

In der Bibel ist die Josefserzählung (Genesis 37–50) eine weithin selbstständige Novelle, die wunderschön erzählt vor altorientalisch-nomadischem Hintergrund darlegt, wie Gott selbst das Böse (die vielfachen Anschläge der Brüder auf Josef) zum Guten wendet (Josef wird zum zweiten Mann im Reich Ägypten und Retter seiner Familie in der Hungersnot). Mit der Josefserzählung schließt das Buch Genesis, doch sind die vielfältigen Erzählungen über Josefs Vater Jakob für den Glauben Israels und damit den Glauben von Juden und Christen heute von hoher Bedeutung: Jakob träumt von der Himmelsleiter (Genesis 28) und damit von einer unmittelbaren Verbindung Gottes mit den Menschen. In einer eigenartigen, mythologischen Darlegung wird vom Kampf Jakobs mit Gott selbst erzählt (Genesis 22,23–33), daraus ergibt sich sein Zweitname: Israel (= »Gottesstreiter«), ein Name, der über die zwölf Söhne des Jakob und die zwölf Stämme auf das ganze Volk Israel übergeht. Somit hat aus biblischer Sicht Jakob den Vorrang vor Josef.

Im Koran ist dies anders. Jakob wird immer wieder erwähnt, aber in der Reihe der anderen Propheten: »Und gedenke Unserer Diener Abraham, Isaak und Jakob, voller Kraft und Einsicht.« (Sure 38,45)

Außer in solchen Auflistungen wird Jakob meist im Zusammenhang mit der Josefstradition erwähnt – die Erzählungen von Josef nehmen einen erheblich breiteren Raum im Koran ein als die von Jakob. Die Sure 12 heißt sogar »Yusuf« und handelt bis auf wenige einleitende und einige abschließende Verse ausschließlich von ihm, insgesamt sind dies 97 Verse. Die koranische Darstellung des Josef stimmt dabei weithin mit der biblischen Erzählung überein. Doch die Akzentuierung ist – wie so oft – anders als in der Bibel. Was biblisch eher als Familiensaga erscheint, in der der Familienheld Höhen und Tiefen erleben muss, Gefahr und Rettung – dies alles sowohl vor nomadischem Hintergrund als auch vor dem Hintergrund der altägyptischen Kultur, also mit einem zeitgeschichlichen Kolorit –, erscheint im Koran unter einem anderen Gesichtpunkt: Die Bibel nennt in ihrer Erzählung Gott nicht, deutet nur an, dass es letztlich Gott ist, der insgeheim alles zum Guten führt. Der Koran spricht dagegen viel unmittelbarer über das Wirken Gottes. Er ist derjenige, der »alles weiß«, der damit auch den guten Ausgang von allem festlegt. An einer Stelle wird dies explizit ausgesagt:

> Gott ist über das, was wir sagen, Sachverwalter …
> Nichts nütze ich [Josef] euch gegen Gott.
> Das Urteil liegt bei Gott nur. Auf Ihn vertraue ich,
> und auf Ihn vertrauen die Vertrauenden.
> (Sure 12,66–67)

So kann Josef am Ende der Erzählung auch als Fazit seiner Lebensgeschichte aussagen:

> O mein Herr, gegeben hast Du mir die Herrschaft
> und mich gelehrt die Deutung der Geschichten.
> O Schöpfer der Himmel und der Erde,
> Du bist mein Beistand im Diesseits und im Jenseits.
> Berufe mich ab als Dir Ergebenen [= Muslim].
> (Sure 12,101)

Mose (Musa)

Die Exodus-Tradition – erzählt in den Büchern Exodus bis Deuteronomium – ist die Gründungserzählung des Volkes Israel. Hier wird der Glaube Israels deutlich: Wer Gott vertraut, der wird von Gott gerettet. Im Bundesschluss am Sinai zeigt sich: ein Gott – ein Volk, Jahwe – Israel. Und hinter diesem Bund steht die Verheißung des guten Landes, das dem Abraham und seinen Nachkommen zugesagt wurde und in das Gott nun sein Volk führt: ein Gott, ein Volk, ein Land. Dies wird in der Hebräischen Bibel in vielen Einzelzügen dargestellt.

Die Erzählung schließt an die Josefsgeschichte an, nach der aus den zwölf Söhnen Jakobs in Ägypten ein Volk geworden ist – die Söhne Israels. Dies beunruhigt den Pharao, den ägyptischen Machthaber, so sehr, dass er zu Unterdrückungsmaßnahmen greift – er erweist sich als brutaler Despot. Nun tritt Mose auf, mit ihm beginnt eine Rettungsgeschichte: Gott zeigt sich als befreiender Gott, der sein Volk aus Unheil herausführt. Dies geschieht zu Beginn im Kleinen – das Kind Mose wird aus den Wassern des Nils (Symbol für Unheil, Untergang und Tod) gerettet. Dies geschieht später mit dem ganzen Volk Israel – der Durchzug durch das Rote Meer ist eine (größere) Wiederholung der rettenden Tat Gottes am Anfang der Moseerzählung.

Mose selbst begegnet Gott nach seiner Flucht aus Ägypten in der Wüste – dem Ort der Gotteserfahrung – im rätselhaften Feuer des brennenden Dornbuschs und wird beauftragt, das Volk in die Freiheit zu führen. Doch zunächst gibt es eine lange Auseinandersetzung mit dem Pharao (Zehn Plagen und Durchzug durch das Schilfmeer). Auf dem Weg folgt am Berg Sinai der Bundesschluss Gottes mit dem aus der Unterdrückung befreiten Volk Israel – das Zehnwort vom Sinai (Zehn Gebote, vgl. 145ff.) ist der wichtigste Teil der vielfältigen Vorschriften für eine dem Willen Gottes gemäße Lebensweise des Volkes. Mose wird hier zum Offenbarungsempfänger und Gesetzgeber für sein Volk.

Seine Offenbarung ist die *Tora* (zum Urkoran vgl. Seite 78ff.) – die Heilige Schrift für die Juden. Die Tora wird sowohl biblisch als auch koranisch unmittelbar auf Mose zurückgeführt, obwohl ihre Texte auf spätere Zeiten verweisen, auf die Zeit der Sesshaftigkeit in Kanaan, und obwohl ein langer Entstehungsprozess der fünf Bücher Mose erkennbar ist.

Mose erscheint in den biblischen Erzählungen:

- als Prophet, wie es keinen anderen in der Geschichte des Volkes gegeben hat: »Nie wieder ist in Israel ein Prophet wie Mose aufgetreten« (Deuteronomium 34,10);
- als Empfänger einer Offenbarung und einer Schrift (der Tora);
- als Führer des Volkes und Gesetzgeber, der eine Lebensordnung für Israel entsprechend dem Willen Gottes aufsetzt und auch durchsetzt;
- als militärischer Anführer, der gegen äußere, aber auch innere Feinde vorgeht und dies – wenn es ihm erforderlich erscheint – mit erheblicher Brutalität (vgl. das Pogrom anlässlich des Goldenen Kalbes, Exodus 32,26–29);
- als Modellgestalt biblischen Glaubens in einer Linie mit Abraham und den anderen Vätern, aber dann auch mit Josua, David und den auf diesen folgenden Königen;
- als Kämpfer gegen den Götzendienst (Beispiel Goldenes Kalb) und unerbittlicher Verkünder des Glaubens an den einen und einzigen Gott;
- als Mittler zwischen Himmel und Erde, der als einziger seines Volkes Gott unmittelbar gegenübertreten kann und dessen Herrlichkeit wahrnimmt: Gott, als den Nahen und Verborgenen, den Erbarmenden und zugleich Unverfügbaren.

Anhand dieser Aufstellung wird eine Parallele zwischen Mose und Mohammed deutlich, denn all diese Punkte lassen sich aus islamisch-koranischer Sicht auch von Mohammed aussagen. Mohammed wird damit zu einem zweiten Mose.

Im Koran finden sich viele, teilweise auch sehr ausführlich erzählte Berichte über Mose, er erscheint an zahlreichen Stellen als Modell für das Leben und Wirken des Mohammed. Sure 20 ist fast ganz von einer Darstellung der Geschichte des Mose bestimmt, es gibt aber auch längere Texte zu Mose in den Suren 2,51–93; 7,103–156; 10,75–92; 18,60–82; 26,10–58; 28,3–44 und in vielen weiteren Suren. Schon der Textbefund zeigt die Bedeutung auf, die der Koran Mose zumisst. Er erscheint zusammen mit seinem geoffenbarten Buch, der Tora, in der koranischen Darstellung gleichwertig mit Jesus und dessen geoffenbartem Buch, dem Evangelium. Im Einzelnen bedeutet dies:

- Mose ist Prophet und darin Mohammed vergleichbar. So heißt es über ihn:
  Und gedenke in dieser Schrift des Mose.
  Er war ein Auserwählter.
  Und ein Gesandter, ein Prophet war er.
  Wir riefen ihn von der rechten Seite des Berges
  und ließen ihn sich nahen zu einem vertraulichen Gespräch.
  (Sure 19,51)
  Es zeigt sich im Koran, dass Mose – wie Mohammed – unter allen Propheten eine herausragende Stellung hatte und von Gott bevorzugt wurde: »um Rangstufen erhöht« (Sure 2,253).
- Mose empfängt wie Mohammed eine Offenbarung, die den Menschen als Rechtleitung dienen soll und ein Erweis der Barmherzigkeit Gottes ist:
  Dann gaben Wir Mose die Schrift,
  um zu vollenden für den, der das Gute tat,
  und als Darlegung aller Dinge und als Rechtleitung
  und als Barmherzigkeit, damit sie ... glauben.
  (Sure 6,154)
- Mose wird in der Wüste zum Gesetzgeber seines Volkes, so wie Mohammed in Medina zum Gesetzgeber geworden ist. Doch das Gesetz der beiden Propheten entstammt nicht ihren eigenen Vorstellungen, sondern ist unmittelbar von Gott übergeben worden; beide sind also weniger Gesetzgeber als Übermittler von Gottes Gesetz und Rechtleitung. Der Koran erzählt davon, dass Mose die Herrlichkeit Gotttes sehen

möchte, dies aber unmöglich ist. Gott lässt ihn stattdessen als eine Art Privatoffenbarung ein wunderbares Geschehen erleben, bei dem ein Berg durch die Macht Gottes zerfällt (Sure 7,143, vgl. dazu die Offenbarung Gottes in Exodus 33,18–23). Mose preist Gott und bezeichnet sich in der koranischen Darstellung »als Erster der Gläubigen«. Er unterwirft sich der Macht Gottes und in der Folge geschieht die Gesetzgebung durch Gott – Ähnliches kann man auch von dem Offenbarungsempfang Mohammeds sagen:

Und Wir schrieben ihm auf die Tafeln:
über alle Dinge Ermahnung und Darlegung aller Dinge.
So nimm sie mit Kraft und befiehl deinem Volk
anzunehmen das Schöne, das darin liegt!
(Sure 7,145)

- Mose ist wie Mohammed nicht allein Prophet und Offenbarungsempfänger, sondern auch Anführer seines Volkes, Feldherr und Machthaber, so wie Mohammed in Medina zum politischen und militärischen Führer der *Umma*, der Gemeinschaft der Gläubigen, geworden ist.
- Von Noach und Abraham aus gibt es eine Linie großer Glaubensgestalten bis zu Mose sowie den Königen und Propheten der Hebräischen Bibel. Neutestamentlich wird diese Linie in Jesus fortgesetzt – in der Petruspredigt in Jerusalem wird (der fiktive) Mose zitiert: »Einen Propheten wie mich wird euch der Herr erwecken« (Apostelgeschichte 3,22, vgl. Deuteronomium 18,15.19). Im Koran wird diese Linie weiter fortgeführt: Mohammed war zwar nicht anwesend, als Gott dem Mose das Gesetz gegeben hat (Sure 28,44); er war auch nicht am Berg Sinai, aber ebenso wie Mose ist er gesandt, die Menschen zu warnen – seine Sendung ist wie die des Mose ein Zeichen der Barmherzigkeit Gottes (Sure 28,46).
- Zeitlebens musste Mohammed gegen Widerstand angehen, zuerst in Mekka gegen die Polytheisten, später in Medina gegen die äußeren Feinde, aber auch innerhalb der Bevölkerung von Medina – die Gefahr eines Abfalls vom Glauben an

den einen Got blieb bestehen. In seinem Einsatz als Kämpfer gegen den Götzendienst ist Mohammed unmittelbar mit Mose vergleichbar, der nicht nur gegen die fremde Macht des Pharao anging, sondern auch immer wieder unter dem Murren seines Volkes (etwa Exodus 15,24; 16,2) zu leiden hatte. Der Glaube an Gott bedeutet eine ständige Anstrengung (*Dschihad*) nach außen und nach innen hin.

- Mose erfährt wie Mohammed immer wieder persönlich die Rechtleitung durch Gott. Dies beginnt bei der Rettung aus dem Wasser des Nils (Bibel) beziehungsweise aus dem Meer. (Im Koran ist die Rettung sogar größer.) Während die Bibel davon spricht, dass die Mutter das Kind retten will und deshalb aussetzt, erzählt der Koran, dass dies auf Weisung Gottes geschieht, der seine Barmherzigkeit dadurch erweist, dass er seinen Auserwählten bereits als Kind rettet, damit er ihn später als Gesandten beauftragen kann:

  Und Wir offenbarten der Mutter des Mose: »Still ihn!
  Und wenn du für ihn fürchtest, so wirf ihn ins Meer!
  Und fürchte dich nicht und sei nicht bedrückt!
  Wir werden ihn dir zurückgeben
  und ihn erheben zu einem Gesandten.«
  (Sure 28,7)

Wie Mose erscheint auch Mohammed als Mittler zwischen Himmel und Erde. Wie Mose Gott immer wieder neu begegnet, so auch Mohammed. Wie Mose deutliche Zeichen (Sure 17,101) und Rechtleitung von Gott erhalten hat, so auch Mohammed. Wie Mose auf dem Berg Sinai die Worte Gottes empfangen hat, um sie seinem Volk weiterzugeben, so empfing Mohammed Gottes Wort zuerst auf dem Berg Hira. Der Berg steht dabei für die Weltenachse, die Himmel und Erde verbindet. Dies gilt auch für den Berg Zion (Jerusalem, im Koran: »die ferne Kultstätte«), von dem aus Mohammed zu seiner Himmelsreise aufbricht, um unter anderem im Himmel auch mit Mose zu sprechen. Alles in allem: Der Koran versteht Mohammed, den Führer der Umma, in einer direkten Parallele zu Mose, dem Führer Israels.

Aaron (Harun) und Mirjam

Die bedeutende Gestalt des Mose steht nicht allein da, sondern ist zum einen eingebettet in sein Volk Israel, zum anderen begleitet und unterstützt von seinem Bruder Aaron und seiner Schwester Mirjam. Gemeinsam machen sie sich auf den Weg der Befreiung und haben das Gelobte Land im Blick. Der Auszug Moses und Israels aus Ägypten kann dabei als Modell für die *Hidschra* Mohammeds und seiner Gefährten aus Mekka nach Medina verstanden werden: Hier geht es ebenso um eine Befreiung aus einer Situation der Unterdrückung und um einen Weg in eine neue Gemeinschaft in Medina – die *Umma.*

Aaron (Harun) wird im Koran ebenso wie in der Bibel (Buch Exodus) häufig als rechte Hand von Mose erwähnt. In koranischen Namenslisten von Propheten der alten Zeit wird Aaron oft hinter Mose genannt (etwa in Sure 4, 163; 6,84). Wie in der Bibel ist Aaron eine gute Unterstützung des Mose, weil er redegewandter ist und deshalb kraftvoller vor dem Pharao, aber auch vor dem Volk Israel auftreten kann:

> [Mose sprach:] »Und mein Bruder Aaron,
> er ist beredter mit der Zunge als ich.
> So sende ihn zur Unterstützung mit mir,
> auf dass er mich bestätige!«
> Er (Gott) sprach:
> »Wir werden dich stärken durch deinen Bruder.«
> (Sure 28,34–35)

Auch auf dem Weg durch die Wüste stützt sich Mose immer wieder auf Aaron, Mose fühlt sich durch ihn gestärkt (Sure 20,30). Aaron ist ebenso wie Mose Offenbarungsempfänger: »Wir haben gegeben Mose und Aaron die Unterscheidung, Licht und Ermahnung« (Sure 21,48). Mose erkennt die Hilfe Aarons an und bestellt ihn zu seinem Nachfolger:

> Und Mose sagte zu seinem Bruder Aaron:
> »Sei mein Nachfolger bei meinem Volk,

stifte Frieden und folge nicht dem Weg der Unheilstifter.« (Sure 7,142)

Während Aaron als Bruder des Mose in der Bibel wie im Koran erwähnt wird, findet sich Mirjam, die ältere Schwester des Mose, die in der Bibel mehrfach genannt wird, im Koran nur an einer Stelle (Sure 28,11): Dort wird wie in der Bibel die Kindheitsgeschichte des Mose erzählt, die namentlich nicht genannte Schwester beobachtet das Geschehen, ist aber anders als in der Bibel nicht aktiv beteiligt. Die Bibel versteht Mirjam als Prophetin (Exodus 15,20–21) und neben Mose und Aaron als Anführerin des Volkes Israel (Micha 6,4). Davon ist im Koran nicht die Rede, wie überhaupt der Koran die biblischen Frauengestalten eher marginalisiert. Eine eigenartige Formulierung allerdings findet sich im Koran: In der Jesusgeschichte (vgl. Seite 210ff.) wird bei einer Erzählung der Kindheit Jesu Maria, seine Mutter, als »Schwester des Aaron« bezeichnet – genealogische Linien und Verweise auf bedeutende Vorfahren sind in der semitischen Welt üblich.

David (Dawud)

Nach Abraham und Mose ist David die wichtigste Gestalt der Hebräischen Bibel. Er ist der große König, ein Maßstab auch für spätere Zeiten; er konsolidiert das Reich (das erst nach dem Tod seines Sohnes Salomo wieder in Nordreich Israel und Südreich Juda zerfällt), er macht Jerusalem zu seiner Königsstadt sowie zum politischen und geistlichen Mittelpunkt des Landes. David ist der Typus des gerechten Königs und damit der »Hirte für Israel«, der in seiner Sorge für das Volk den »Hirten« Gott repräsentiert (vgl. Psalm 23). Zudem ist er der Prophet Gottes, durch die Salbung zum Auserwählten Gottes geweiht. Er ist aber auch einer der Kleinen aus dem Volk, der – von Gott gestärkt – den Großen, Goliat, besiegen kann. Dennoch hat David ein ambivalentes Gesicht: Er ist nicht nur der gerechte König, sondern auch ein Machtmensch, in seiner Vorkönigszeit zudem ein

»Terrorist«, der die Fronten wechselt und auch in den Dienst der feindlichen Philister tritt. Er ist der Typus des Sünders, der sich nicht an das Zehnwort vom Sinai (Verbot des Mordes, des Ehebruchs, des Diebstahls) hält. Aber er ist auch der Typus des spirituellen Menschen – ihm wird das biblische Buch der Psalmen mit seinen geistlichen Liedern zugeschrieben. David hat den Glauben der Juden geprägt und darüber hinaus auch Bedeutung für Christen: Jesus wird in den Evangelien vielfach als Sohn Davids bezeichnet (zuerst in Matthäus 1,1).

Verständlicherweise ist der Koran nicht so sehr an einem König des Volkes Israel in vergangenen Zeiten interessiert. So wird David im Koran vergleichsweise wenig erwähnt, meist im Zusammenhang mit der ihm von Gott offenbarten Schrift (dem Psalter), der David in eine Reihe mit anderen Offenbarungsempfängern stellt: mit Mose (Tora), Jesus (Evangelium) und letztlich auch mit Mohammed (Koran). Darin ist David ausgezeichnet und steht sogar über vielen anderen Propheten: »David gaben Wir einen Psalter« (Sure 17,55, ähnlich 4,173). Oft wird David in einer listenartigen Aufstellung der Propheten erwähnt (etwa Sure 6,84).

Allein zwei Erzählungen des Korans greifen Ereignisse auf, die sich auch in der Bibel finden:

- Die Heldenlegende von David und Goliat (biblisch breit erzählt in 1 Samuel 17) wird im Koran nur kurz erwähnt: »David erschlug Goliat. Gott gab ihm die Herrschaft und die Weisheit. Er lehrte ihn, was Er wollte.« (Sure 2,251)
- Das Gleichnis von den Schafen (biblisch 2 Samuel 12,1–4) ist in der Bibel eine Rede des Propheten Natan, der David durch dieses Gleichnis zur Umkehr bewegen will, nachdem dieser durch den Ehebruch mit Batseba und den Mord an Urija (2 Samuel 11) schuldig geworden war. Dieses Gleichnis steht biblisch also im Zusammenhang mit Schuld und Umkehr. Im Koran wird der Text verändert, es geht nun um neunundneunzig Schafe und ein Schaf (übernommen aus der Gleichnisrede Jesu vom verlorenen Schaf, vgl. Lukas 15,3–7), die in einem

Rechtsstreit eine Rolle spielen. David erweist sich in dieser Sache zuerst als gerechter Richter, um dann – eher unvermittelt – durch Reue und Umkehr auf seine Schuld anzuspielen. Die Verse schließen mit der Mahnung Gottes an David:

O David,
gemacht haben Wir dich zu einem Nachfolger auf der Erde.
So richte zwischen den Menschen nach Recht
und nicht folge Neigungen,
damit sie dich nicht abgleiten lassen vom Weg Gottes.
(Sure 38,26)

David wird im Koran als der »Starke« (Asad, Khoury: »Kraftvolle«) bezeichnet, dem von Gott »Herrschaft, Weisheit und Entscheidungskraft« verliehen wurden (Sure 38,17–20), zudem die Offenbarungsschrift des Psalters. Das Stichwort »Weisheit« führt weiter zu Davids Sohn Salomo.

Salomo (Suleiman) und die Königin von Saba

Salomo (hebräisch *Schelomoh* = »der Friedfertige«), der Sohn und Nachfolger des David, ist nicht nur wie sein Vater ein mächtiger Herrscher, der in seinem Reich durch seine Bautätigkeit wichtig ist (Paläste und vor allem der zentrale Tempel in Jerusalem). Er ist auch der Typus eines weisen und gerechten Herrschers, der die Gerechtigkeit Gottes in seiner Regierungsweise widerspiegelt. Das sogenannte salomonische Urteil (1 Könige 3,16–28), mit dem er dafür sorgt, dass der rechtmäßigen Mutter ihr Kind zurückgegeben wird, schließt mit dem Lobpreis:

Ganz Israel schaute mit Ehrfurcht zu ihm auf;
denn sie erkannten, dass die Weisheit Gottes in ihm war,
wenn er Recht sprach.

In der Bibel wird der sagenhafte Reichtum Salomos gerühmt. Dies ist eine fiktive Zeichnung, wie der archäologische Befund zeigt: Das Reich Davids und Salomos war keineswegs so groß und reich, wie in der Bibel dargestellt. Es war vielmehr ein kleines regionales Königtum mit Jerusalem und dem Tempel als politischem und spirituellem Zentrum. In die Salomoverehrung muss auch die Legende von der Königin von Saba eingeordnet werden (1 Könige 10,1–13), die aus dem Süden (Arabien, denkbar ist das Königreich der Sabäer, heute Jemen) kommt. Die Königin von Saba und ihre Reise nach Jerusalem zu Salomo erscheinen allerdings auch in der Gründungslegende Äthiopiens; dort bringen sie und ihr Sohn Menelik die israelische Bundeslade nach Äthiopien, wo sie noch heute in Aksum verehrt wird. Die Königin von Saba ist in der Bibel weniger vom Reichtum Salomos beeindruckt als von seiner ihm von Gott verliehenen Weisheit, denn er kann ihr auf jede Frage eine Antwort geben. Dies spiegelt sich auch in der Bitte Salomos an Gott wider: »Verleihe deinem Knecht ein hörendes Herz, damit er dein Volk zu regieren und das Gute vom Bösen zu unterscheiden versteht« (1 Könige 3,9).

Der Koran stellt Salomon (Suleiman, auch Sulayman) zusammen mit David in die Reihenfolge der Propheten des Volkes Israel; er ist ein Geschenk Gottes an David. Auch wenn ihm keine Schrift zuteil wurde (wie David der Psalter), wird er doch als »guter Diener« (Sure 38,30) bezeichnet, das bedeutet: Salomo ist ein *abdullah*, ein »Diener Gottes«, der sich Gott unterwirft und damit Muslim ist. Dies zeigt sich daran, dass Salomo nach der Darstellung dieser Sure immer bereit war, zu Gott und seiner Rechtleitung umzukehren. So erkennt Salomo, wie sehr sein Herz an Reichtum hängt, und er kehrt um zur Rechtleitung Gottes.

Ausführlich wird im Koran die Geschichte von Salomo und der Königin von Saba erzählt (die zwar nicht im Koran, aber in arabischer Tradition Balqis heißt). Dieser Text in Sure 27,15–44 unterscheidet sich allerdings erheblich von der biblischen Darstellung und hat teilweise märchenhaften Charakter. Da kommt ein Wiedehopf zu Salomo und erzählt ihm, dass im Süden im

Reich Saba eine Frau herrscht, die auf einem gewaltigen Thron sitzt. Doch glauben sie und ihr Volk nicht an Gott, sondern verehren die Sonne. Der Wiedehopf muss nun dieser Königin einen Brief Salomos bringen, in dem er sie harsch auffordert, zu ihm zu kommen (= sich ihm zu unterwerfen). Die Königin weiß, dass ihr Heer stärker ist als das des Salomo, doch sie weiß auch, dass Krieg immer Unheil bringt (»wenn eintreten Könige in eine Stadt, verwüsten sie sie«, Sure 27,34). Sie schickt deshalb Salomo Geschenke (als Tribut?). Salomo gibt sich damit nicht zufrieden und droht ihr unverhohlen mit der Vertreibung aus ihrem Reich. Die Königin reist nun doch zu Salomo und ist durchaus beeindruckt von seinem Thron (seiner Macht), obwohl er ihrem gleich, fasziniert ist sie allerdings vom Glasboden seines Palastes. Schließlich bekehrt sie sich zum Gott Salomos, sie unterwirft sich zusammen mit ihm dem einen Gott, wird also demnach zur ersten Muslimin, von der der Koran explizit berichtet: »Ich bin ergeben mit Salomo Gott, dem Herrn der Welten« (Sure 27,44).

Elija und Elischa (Ilyas, al-Yasa)

Von Elija (hebräisch = »mein Gott [El] ist Jahwe«, vgl. 1 Könige 17 bis 2 König 2) gibt es anders als von Jesaja oder Jeremia kein prophetisches Buch, dennoch ist er einer der bedeutendsten Propheten der Hebräischen Bibel. Sein Wirken ist weniger auf ein prophetisches Wort in einer bestimmten Situation ausgerichtet als auf prophetisches Handeln in Zeichen und Taten, die er allerdings in der Darstellung der Bibel durchaus durch Worte deutet. In einer Umbruchzeit wirkt Elija im Nordreich Israel unter den Königen Ahas und Ahasja im 9. Jahrhundert vor Christus. Der Jahwe-allein-Glaube in Israel ist durch den Baalskult des Königshofes angefochten; es entsteht eine Auseinandersetzung zwischen dem Jahwe-Propheten Elija und den Baalspropheten, die gleichsam eine himmlische Auseinandersetzung zwischen Jahwe und den fremden Göttern darstellt. Elija erweist sich dabei als unerbittlicher Kämpfer für den Jahwe-Glauben, der auch vor einem Massaker an den Baalspropheten nicht zurückschreckt.

Doch ist er auch der Mensch auf der Suche, dem Gott am Offenbarungsberg Horeb in einem geheimnisvollen Hauch begegnet. Was er selbst von Gott erfahren hat (Rettung aus Not), vermittelt er in Israel durch seine vielfältigen Wunder: Gottes Heil erreicht durch den Propheten Elija die Armen im Volk – darin wird er zum Vorbild für den neutestamentlichen Propheten Jesus, in dessen Wirken durch Zeichen und Wunder das Heil von Gott ebenfalls aufscheint. Jesus wird als zweiter Elija verstanden (vgl. unter anderem Matthäus 11,14). Diese Vorstellung geht auf den biblischen Propheten Maleachi zurück, der Elija als Vorläufer des Messias ansieht (Maleachi 3,23). Eine solche Parallele zweier prophetischer Gestalten wird im 19. Jahrhundert erneut aufgegriffen: Die Bahai sehen in ihrem Stifter Baha'u'llah ebenfalls den wiedergekehrten Elija.

Elischa (hebräisch = »Gott hat geholfen«) ist Schüler und Nachfolger des Elija und beginnt sein Wirken nach dessen Entrückung in den Himmel. Auch von ihm erzählt die Bibel in 2 Könige 2–5 vielfältige Wunder, auch durch ihn wirkt Jahwe Heil für die Menschen in Israel.

Im Koran finden die beiden Propheten nur in drei Suren Beachtung. In Sure 6 wird eine Liste der Rechtgeleiteten und Propheten aufgestellt, in der es unter anderem heißt: »Zacharias, Johannes, Jesus und Elias ... Ismael, Elischa, Jonas und Lot – jeden zeichneten Wir aus vor allen Welten ... Wir erwählten sie und leiteten sie« (Sure 6,85–86). Es ist auffallend, dass auch hier Jesus und Elija in eine unmittelbare Verbindung gebracht werden. Dies mag damit zusammenhängen, dass Mohammed christliche Traditionen gekannt hat, die auf die entsprechenden Verse des Neuen Testaments zurückgehen. Elischa wird ein weiteres Mal in Sure 38,48 erwähnt.

Die dritte Stelle des Korans in Bezug auf diese beiden Propheten findet sich in Sure 37. Darin wird der Kampf des Elija für den Glauben an den einen und einzigen Gott und sein Kampf gegen die Anhänger des Baal erwähnt. Dies darf man als eine Parallele zu Mohammed verstehen, der sich zeitlebens gegen die vielen Götter der Mekkaner und für den Glauben an den einen Gott einsetzte. In dieser Auseinandersetzung gibt es demnach im Koran eine Parallele zwischen Elija und Mohammed:

> Und wahrlich, Elias war einer der Gesandten.
> Da sagte er zu seinem Volk:
> »Wollt ihr nicht gottesfürchtig sein?
> Wollt ihr zu Baal rufen und verlassen den besten Schöpfer,
> Gott, euren Herrn und den Herrn eurer Vorväter?«
> Da bezichtigten sie ihn der Lüge ...
> Und Wir hinterließen für ihn bei den Späteren:
> »Friede über Elias!«
> (Sure 37,123–130)

Jona (Yunus)

Das schön erzählte biblische Buch Jona (hebräisch = »Taube [Hoffnungszeichen]«) ist keine prophetische Schrift (obwohl im Zwölfprophetenbuch der Hebräischen Bibel enthalten), sondern eine Lehrerzählung über einen Propheten Jona (früher Jonas, arabisch Yunus) im Rahmen der alttestamentlichen Weisheitsbücher. Obwohl es im Nordreich Israel im 8. Jahrhundert vor Christus eine prophetische Gestalt mit Namen Jona gegeben hat, ist der Text des Buches Jona eine Fiktion mit legendenhaften Zügen: Es geht bei Jona nicht um eine reale Erzählung über eine geschichtliche Person, sondern es geht um die innere Beziehung zwischen einem fiktiven Menschen und Gott. Dies wird im Bildwort von der Seenot und vom großen Fisch sowie in der anschließenden Rettung dargestellt: Je weiter sich Jona von Gott und von dessen Auftrag (Prophet sein in der gottlosen Stadt Ninive) entfernt, desto größer wird seine äußere und innere Not.

Erst als er sich wieder zu Gott bekehrt (Gebet im Bauch des Fisches), geschieht die Rettung (Kapitel 1–2); Jona kann aufbrechen nach Ninive zur Rettung der dortigen Menschen.

Der weitere Ablauf des Buches Jona (Kapitel 3–4) bringt ein neues Motiv in das Geschehen ein: Jona muss schmerzhaft lernen, dass Gottes Erbarmen allen Menschen gilt. Das Buch Jona ist ein Zeugnis für Gottes universellen Heilswillen, der in den Schriften der Hebräischen Bibel nur vergleichsweise selten benannt wird (etwa bei Noach, bei Jesaja). Als Schöpfer der ganzen Welt geht Gottes Zuwendung zum Menschen über sein Volk Israel hinaus. Gott zeigt sich in der Rettung des Jona aus dem Bauch des Fisches ebenso wie in der Rettung der »ungläubigen« Stadt Ninive als »Freund des Lebens« (vgl. Weisheit 11,26).

Neutestamentlich wird der dreitägige Aufenthalt des Jona im Dunkel des Fischbauchs als Bild und Modell für Tod Jesu sowie seine Auferweckung und Rettung durch Gott nach drei Tagen verstanden:

> Denn wie Jona drei Tage und drei Nächte im Bauch des Fisches war, so wird auch der Menschensohn drei Tage und drei Nächte im Innern der Erde sein. (Matthäus 12,40)

Im Islam wird Jona (Yunus) als einer der Propheten verehrt, in einer Reihe mit Abraham, Mose und vielen anderen. Yunus ist im arabischen und türkischen Bereich ein häufig gewählter Vorname. Der Koran nennt die prophetische Gestalt des Jona in sechs Suren: 4,163; 6,86; 10,98; 21,87–88; 37,139–148; 68,48–50. Die gesamte Geschichte des Jona wird – in geraffter Kurzform – in Sure 37,139–148 erzählt. Die beiden Teile der biblischen Jonaerzählung finden im Koran wie folgt Berücksichtigung:

- Jona wird als »Mann mit dem Fisch« bezeichnet (Sure 21,87 und 68,48). Er wendet sich »erzürnt« von Gott ab, doch Gott hat Macht über ihn selbst in der Finsternis des Fisches. Jona erkennt dies, kehrt um und ruft:

  > Kein Gott außer Dir. Preis Dir! ...
  > Da erhörten Wir ihn und retteten ihn aus seiner Drangsal.
  > Und so erretten wir die Gläubigen.

(Sure 21,87–88)
Jona wird zum Modell und Vorbild des Gläubigen, der sich immer wieder neu Gott zuwendet.

- Im Zusammenhang mit der Frage nach der Wahrheit und nach Zweifel an der Botschaft Gottes wird in der mekkanischen Sure 10 (also in einer Zeit der direkten Auseinandersetzung Mohammeds mit den Mekkanern) die »Stadt des Jona« (Ninive wird anders als in der Bibel nicht namentlich genannt) als Vorbild für eine glaubende Stadt herausgestellt – damit auch als Vorbild für die noch ungläubige Stadt Mekka, die sich zum einen Gott bekehren soll:
  Warum gab es keine Stadt, die glaubte –
  außer das Volk von Jonas –,
  sodass ihnen ihr Glaube genutzt hätte?
  Als sie glaubten, da nahmen Wir hinweg die Strafe.
  (Sure 10,98)

Ijob (Ayyub)

Im biblischen Buch Ijob (auch Hiob) finden sich zwei völlig unterschiedliche Textsorten: Zum einen gibt es eine ältere Rahmenerzählung in Form einer Novelle, die das Schicksal des Ijob mit seinem Verlust von Besitz und Familie und seinem Wiederaufstieg schildert, zum anderen entstand, in diese Rahmenhandlung eingebettet, eine umfangreiche und anspruchsvolle Dichtung, die nicht nur als sprachliches Kunstwerk gilt, sondern auch die Frage nach der Ursache von Leid aufwirft: Warum muss ein Gerechter – denn als solcher wird Ijob dargestellt – leiden? Wie kommt das Leid in die Welt? Wie kann Gott zugleich als allmächtig und als barmherzig verstanden werden? Dies ist die grundlegende Frage der Theodizee, der Rechtfertigung Gottes angesichts des unermesslichen Leids in der Welt, das die Bösen wie die Guten trifft, ist die nicht gelöste Frage aller Religionen. Bereits die griechischen Philosophen haben sich dieser Frage gestellt, sie bleibt aktuell bis in unsere Zeit.

In der Lehrweisheit des Buches Ijob werden vor allem von den Freunden des Ijob verschiedene Lösungsansätze für die Frage nach dem Leid vorgestellt: Leid ist die Folge menschlicher Schuld; Leid gehört zur Natur des Menschen; der Leidende muss sich Gott unterwerfen. Ijob protestiert gegen die nicht haltbaren Lösungsansätze seiner Freunde; er klagt Gott an und fordert von ihm Rechenschaft und Gerechtigkeit. Er weiß, dass er unschuldig ist, und fühlt sich in seiner Not von Gott verlassen.

Doch er erhält von Gott keine Antwort auf seine Frage, keine Erklärung des Leides. Wohl aber zeigt sich ihm Gott in einer kosmischen Erscheinung und erweist sich ihm, dem an den Boden Gedrückten, als nahe. So erhält Ijob eine neue Sichtweise: Es geht nicht mehr um eine Erklärung des Leids, sondern um ein Durchstehen des Leids aus der Erfahrung der Nähe Gottes. Damit wird Ijob zum Modell eines glaubenden Menschen.

Der Koran nennt Ijob an vier Stellen. Dabei wird er in Sure 4,163 und 6,84 zusammen mit anderen Propheten nur namentlich erwähnt, ohne dass seine Gestalt deutlicher sichtbar wird. Die beiden anderen Stellen in Sure 21,83–84 und 38,41–44 greifen dagegen auf die biblische Erzählung zurück. Dies geschieht allerdings nur mit Blick auf die Rahmenerzählung des biblischen Buches. Die philosophisch-theologische Frage nach dem Leid, die den Hauptteil des Buches Ijob ausmacht, wird im Koran nicht aufgegriffen. Dies kann man damit erklären, dass das islamische Verständnis Gott als den Jenseitigen ansieht, der in seiner Allmacht alles bestimmt. Eine Anklage, wie sie Ijob gegen Gott äußert, ein verzweifelter Schrei aus der körperlichen, vor allem aber der geistigen Not des Ijob heraus, ist für muslimisches Denken unvorstellbar. Man kann den Einen und Einzigen nicht zur Rechenschaft ziehen. Der Mensch hat sich vielmehr in allem – im Guten wie im Schlechten – Gottes Willen zu unterwerfen: Ergebung in Gott (Islam) ist gefordert, sonst nichts.

Die Rahmenerzählung des Buches Ijob dagegen, vor allem ihr Schluss, in der dem Ijob aus Gottes Barmherzigkeit heraus alles

Verlorene wieder neu geschenkt wird, ist in zwei Suren ein kurzes, aber prägnantes Thema des Korans: Weil Gott der Barmherzige ist, weil er der Schenkende ist, der den Menschen überreiche Gaben zukommen lässt, kann die Erzählung von Ijob nicht mit unlösbaren Fragen nach dem Leid ausklingen, sondern mit dem Lob Gottes durch Ijob: »Du bist der Barmherzigste der Barmherzigen« (Sure 21,83 [Asad, Khoury]; Karimi: der erbarmendste Erbarmer). In Sure 38,41–44 fügt der Koran zur biblischen Erzählung noch eine bildhafte Darstellung hinzu: Danach soll Ijob mit dem Fuß auf den Boden stampfen. Dadurch entsteht eine Quelle lebendigen Wassers, »kühles Wasser zum Trinken«, ein Symbol des neuen, Ijob von Gott geschenkten Lebens.

Die ganze Ijob-Erzählung aber ist aus der Sicht des Korans auf ein pädagogisches Ziel ausgerichtet: Sie soll zum Glauben an die Barmherzigkeit Gottes führen, der jeden Verlust wieder ausgleicht, wenn ein Mensch sich Gott zuwendet – sich ihm als Muslim unterwirft:

> Wir schenkten ihm seine Angehörigen
> und noch einmal so viel dazu in Unserer Barmherzigkeit
> und als Ermahnung für die, die Verstand haben.
> (Sure 38,43).

Zacharias und Johannes der Täufer (Zakariya, Yahya)

Die Bibel erzählt über Zacharias und Johannes den Täufer in der Kindheitsgeschichte des Lukasevangeliums. Johannes taucht zudem in allen vier Evangelien an entscheidenden Stellen des öffentlichen Wirkens Jesu auf. Die Kindheitsgeschichte bei Lukas (ebenso die bei Matthäus) ist kein historischer Bericht, sondern als im alten Orient gebräuchliche Geburtslegende eine auslegende Erzählung, die durch verschiedene Motive die Bedeutung eines Menschen bereits bei seiner Geburt erfassen will. Es geht also nicht um biographische Details, sondern um das Verständnis des »Wunderbaren Seins« dieser Menschen. Solche Erzählungen gibt es von vielen großen Gestalten des Altertums, von Buddha über Pythagoras bis zum römischen Kaiser Augustus.

Der Geburtslegende Jesu im Lukasevangelium (Kapitel 1–2) ist die Geburtslegende des Johannes vorgeordnet. Dabei spielt der Glaube beziehungsweise der Zweifel des Vaters von Johannes, Zacharias, eine erhebliche Rolle. Er glaubt der Verheißung Gottes nicht und steht damit im Gegensatz zur gläubigen Maria, die das Wort Gottes annimmt. Doch wunderbare Zeichen bei der Geburt des Johannes (der verstummte Zacharias kann wieder reden) machen deutlich, dass Gott mit diesem Kind handelt. Er wird Prophet und »Vorläufer«, Hinweiszeichen auf Jesus sein.

Zacharias (Zakariya) und Johannes der Täufer (Yahya) werden in Sure 6,85 des Korans als zu den Rechtschaffenen gehörend aufgelistet. In drei weiteren Suren wird auf die Geburt des Johannes Bezug genommen: 3,38–41; 19,2–15; 21,89–90. Dabei geht es vor allem um das Wunder, dass dem betagten Zacharias (seine Frau Elisabet wird anders als in der Bibel nicht namentlich, sondern nur als »Gattin« erwähnt) durch Gottes Erbarmen ein Sohn geboren werden soll und damit seine Nachkommenschaft gesichert ist beziehungsweise, so die Sorge des Zacharias in Sure 19, sein Erbe an einen leiblichen Nachkommen gehen kann.

Dieser Nachkomme aber wird ein besonderer Mensch sein, was sich aus seinem Namen ergibt: »Wir verkünden dir einen Knaben, sein Name ist Yahya, wie Wir zuvor noch niemandem gleich ihm genannt haben.« (Sure 19,7)

Dieser Yahya wird bereits als Kind »Urteilskraft« erlangen, dazu »Mitgefühl, Reinheit und Gottesfurcht«, ein »Gewalttäter« wird er nicht (Sure 19,13–14). Die Sure fährt dann mit einem dreifachen Lobpreis fort, der in Sure 19,33 von Jesus in Bezug auf sich selbst wiederholt wird: »Und Friede auf ihn am Tag, als er geboren, und am Tag, als er starb, und am Tag, wenn er zum Leben erweckt!« (Sure 19,15)

Jesus und Maria (Isa, Maryam)

Die Gestalt des Jesus von Nazaret ist für christlichen Glauben entscheidend; nur im Zusammenhang mit ihrem Sohn wird auch die Gestalt seiner Mutter Maria bedeutsam. Wenn auch das Gottesbild in den drei abrahamitischen Religionen Judentum, Christentum und Islam weithin vergleichbar ist (vgl. »Gott ist barmherzig«, Seite 12ff.), so trennt sich das Christentum von seinen beiden Schwesternreligionen in der Frage nach dem Stellenwert Jesu, der als der Messias, der Christus Gottes, angesehen wird. Er ist die innere Mitte der christlichen Gemeinschaft und des Neuen Testaments.

Dabei ist Jesus ben Josef (Sohn des Josef) als Jude fest im jüdischen Glauben verwurzelt. Seine Bibel ist die Hebräische Bibel, die er genau kennt und zitiert; seine spirituelle Welt in Gebet, Synagogengottesdienst und sogar der Tempelwallfahrt ist die religiöse Welt der Juden zu seiner Zeit. Sein Gottesbild fußt auf den Erfahrungen vieler Menschen mit Gott, die in den Schriften der Hebräischen Bibel gesammelt sind. Er will zudem keine neue Religion und keine Kirche gründen, sondern sein Volk Israel neu sammeln und es tiefer mit der Weisung Gottes verknüpfen, die sich in Gottes- und Nächstenliebe zeigt.

Auch seine Jüngerinnen und Jünger stammen aus dem jüdischen Volk. Deshalb verwundert es nicht, dass sie nach dem Kreuzestod Jesu auf der einen Seite und der für sie unbegreiflichen Erfahrung, dass der Gekreuzigte der mitten unter ihnen Lebende bleibt, auf der anderen Seite, versuchen, aus Aussagen der Hebräischen Bibel eine Deutung dieses Geschehens zu folgern – dies ist der Beginn einer spezifisch christlichen Theologie, die sich im Laufe der folgenden Jahrhunderte zu einer eigenständigen Christologie entwickelt. Dabei kommen allerdings nach der um das Jahr 70 beginnenden Trennung von Judentum und der jungen christlichen Kirche Einflüsse aus dem hellenistisch-römischen Raum zur Deutung Jesu hinzu.

Wesentliche Aussagen am Anfang sind allerdings die aus der Hebräischen Bibel abgeleiteten Deutungen Jesu:

- *Prophet:* Christen sehen Jesus in der Linie der alttestamentlichen Propheten, ja, als den letzten und entscheidenden, den endzeitlichen Propheten. Er ist wie der Prophet Mose ein neuer Gesetzgeber (Bergpredigt), der den Auszug glaubender Menschen ins Reich Gottes anführt und deshalb die Jüngerinnen und Jünger zum neuen Volk Gottes sammelt. Seine Aufgabe sieht Jesus in Hinblick allein auf Israel, nur sehr selten klingt in den Evangelien eine darüber hinausgehende Sichtweise an.
- *Immanuel:* Jesus wird von den Christen verstanden als *Immanuel,* als »Gott-mit-uns«. Der unbegreifliche und unnahbare Gott macht sich in Jesus erfahrbar; in ihm scheinen in christlicher Sicht die Liebe und das Erbarmen Gottes in unserer Welt auf – Jesus ist das Spiegelbild Gottes unter den Menschen. Nichts anderes meinen die Kindheitsgeschichten und das Sprechen davon, dass Gott Mensch geworden ist – eine für Juden und Muslime nicht nur unverständliche, sondern in keiner Weise akzeptable Aussage, weil dadurch in ihren Augen die Transzendenz Gottes beeinträchtigt wird.
- *Sohn Gottes:* Der Hebräischen Bibel folgend ist mit dieser Deutung Jesu keine biologische Ableitung gemeint, denn im Alten Testament wird der König, das ganze Volk Israel, ja, jeder Gerechte als Sohn Gottes bezeichnet, so wie Christen heute von »Kindern Gottes« sprechen. Mit der Bezeichnung Jesus als Sohn Gottes ist vielmehr gemeint, dass er ein Bild der Macht und Herrlichkeit Gottes darstellt. Er ist ein Bild des liebenden und treu sorgenden Gottes. Zugleich ist er ein Mensch und kann entsprechend spätjüdischer Menschensohnvorstellung als derjenige verstanden werden, der die Herrschaft Gottes (sein Reich) neu verwirklicht. Er ist Bindeglied zwischen Gott und Mensch, Brücke zwischen Himmel und Erde.
- *Messias/Christus:* Jesus wird von Christen als *Messias* oder *Christus* (»Gesalbter und Gesandter Gottes«) verstanden

(hebräisch *maschiach*, griechisch *christos*). Juden erwarten das Kommen des Messias am Ende der Zeiten als Beginn des Gerichtes und der umfassenden Herrschaft Gottes. Christen sehen in Jesus bereits den Messias gekommen, unscheinbar und fast versteckt zwar mitten im jüdischen Volk, aber für die Augen des Glaubens zu erkennen. Der christliche Messiasbegriff bedeutet dabei letztlich nichts anderes, als dass Gott in und durch einen konkret fassbaren Menschen zum Heil aller handelt: Jesus ist Gottes Heil für alle Menschen und dies bedeutet eine wirkliche Zeitenwende.

Aus all dem ergibt sich dann in den Jahrzehnten nach Tod und Auferweckung Jesu eine Entwicklung, in deren Verlauf die Bedeutung Jesu nicht allein im Hinblick auf das jüdische Volk ausgesagt wird, sondern nun – vor allem durch Paulus – universale Bedeutung erhält: Die im Judentum entstandene junge christliche Kirche wird zur Weltkirche unter allen Völkern – Jesus ist Heil Gottes für alle.

Jesus von Nazaret, der Christus Gottes, hat die überragende Stellung im christlichen Glauben sowie in christlicher Liturgie, Kunst und Brauchtum. An seiner Seite – und in der Volksfrömmigkeit oft stark betont – steht Maria, seine Mutter. Sie wird im Neuen Testament vor allem in den Kindheitslegenden des Lukasevangeliums herausgestellt – dort ist sie ein Beispiel vorbehaltlosen Glaubens. Im weiteren Verlauf der Evangelien und der Apostelgeschichte tritt sie nur am Rand auf, in den Apostelbriefen wird sie nicht erwähnt. Erst in späteren Zeiten (im Zusammenhang mit den christologischen Konzilien des 4. und 5. Jahrhunderts) entwickelten sich aus der Verehrung Jesu als Gott und Mensch eine Verehrung Mariens, die nun »Gottesmutter« genannt wird – ein Begriff, der von Juden und Muslimen ebenfalls nicht akzeptiert werden kann.

Welche Aussagen macht der Koran zu Jesus und Maria? Es fällt auf, dass Jesus in vielen Suren immer von seiner Mutter her definiert wird: »Jesus, der Sohn Mariens« (so in 2,87; 4,157; 5,72 und öfter). Der neutestamentliche Josef wird im Koran nicht erwähnt. Schauen wir zuerst auf die Gestalt Mariens im Koran, die von der biblischen Darstellung in einigen Punkten abweicht.

Nur drei Frauen werden im Koran besonders herausgestellt. Dies sind die Frau des ägyptischen Pharao (Sure 28,9; 66,11), die Königin von Saba (vgl. Seite 200ff.) und schließlich Maria. Nach ihr ist sogar Sure 19 benannt – eine außergewöhnliche Ehre, denn sonst sind nur wenige Suren nach Personen benannt (Sure 10: Yunus/Jona; Sure 14 Ibrahim/Abraham; Sure 31: Luqman, eine legendäre arabische Gestalt; Sure 47 Muhammad/Mohammed; Sure 71: Nuh/Noach). Auffallend ist auch, dass die Frauen im unmittelbaren Umfeld des Mohammed im Koran nicht erwähnt werden (wohl aber in den *Hadithen*, den Aussprüchen Mohammeds, die nach seinem Tod gesammelt wurden; vgl. Seite 59).

Der Koran fügt den wenigen Aussagen der Bibel zu Maria weitere hinzu. So wird in Sure 3,33ff. der Vater Mariens genannt: Imran. Ihre Mutter wird nicht namentlich aufgeführt, sondern nur als Imrans Frau erwähnt (die außerbiblische christliche Tradition nennt Joachim und Anna als Eltern Mariens). Diese aber weiht das Kind bereits vor der Geburt Gott – Maria ist von Beginn an zum Dienst an Gott bestellt. Deshalb wird sie von ihren Eltern auch in den Tempel (von Jerusalem) gegeben und wächst dort unter der Obhut des Zacharias (vgl. Seite 209) auf. Gott selbst versorgt Maria im Tempel:

> Sooft Zacharias trat zu ihr in den Tempel,
> fand er bei ihr Nahrung. Da sagte er:
> »O Maria, woher kommt dies?«
> Sie sagte: »Es kommt von Gott.«
> Siehe Gott gewährt Unterhalt, wem er will.
> (Sure 3,37)

Maria ist von Beginn ihrer Kindheit an von Gott ausgezeichnet. Dies wird dann auch in der koranischen Erzählung von der Geburt Jesu deutlich, wo sie im Vordergrund steht.

Der Islam sieht Jesus (Isa) als größten Propheten vor Mohammed an. Ihm wurde von Gott ein Buch geoffenbart (das

Evangelium), das dem Urkoran entspricht. Christen haben später diese Offenbarung dann dadurch verfälscht, dass sie Jesus zu Gott erhoben – deshalb wurde eine neue Offenbarung nötig, an Mohammed, das Siegel der Propheten.

Im Koran wird Jesus häufig erwähnt – 33 Mal. Er ist Prophet und Gesandter Gottes, er ist *abdullah* (= »Diener Gottes«). Jesus ist ein Gesegneter, der Messias (Christus im Sinne von Gesalbter Gottes), das Wort Gottes und er besitzt Geist von Gott.

Die Geburtslegende Jesu im Koran greift auf Motive der biblischen Darstellung zurück, überträgt diese aber auf den arabisch-nomadischen Raum. Sure 19 erzählt ausführlich davon und fordert auf, »Maria zu gedenken« (Sure 19,16). Maria zieht sich in die Einsamkeit zurück, dort »sandten Wir zu ihr Unseren Geist« (Sure 19,17). Ebenso wie später Mohammed macht auch Maria in der Abgeschiedenheit der Wüste die Erfahrung der Offenbarung Gottes. Ähnlich der lukanischen Erzählung (Lukas 1,26–38) wird ihr die Geburt eines Sohnes angekündigt, vergleichbar auch hat Maria Einwände, da sie von keinem Mann berührt worden und keine Hure sei. Die Zusage des Gesandten Gottes aber lautet:

> So ist es! Dein Herr spricht: »Das ist Mir ein Leichtes.
> Und wir machen ihn zu einem Zeichen für die Menschen
> und Unserer Barmherzigkeit.« (Sure 19,21)

Maria wird schwanger; unmittelbar vor der Geburt zieht sie sich unter eine Palme zurück und ist ob ihrer Lage als ledige und damit unversorgte Mutter verzweifelt. Doch in einem wunderbaren Geschehen entspringt unter ihr eine Quelle, Datteln fallen von der Palme – sie wird von Gott versorgt wie bereits als Kind im Tempel. Diese Szene ist vergleichbar der Suche von Hagar und Ismael nach Wasser und Nahrung in der Wüste – die Quelle Zamzam bei Mekka erinnert die Pilger des *Hadsch* noch heute daran (vgl. Seite 131).

Es folgt eine in der Bibel nicht enthaltene Szene, in der sich Maria mit »ihren Leuten« (ihrem Stamm) auseinandersetzen muss. Man wirft ihr vor, ein Kind geboren zu haben, ohne verheiratet zu sein. Maria verweist stumm auf das Kind, das aber beginnt in der Wiege zu sprechen:

> Ich bin ein Diener Gottes.
> Gegeben hat Er mir die Schrift
> und mich bestimmt zum Propheten.
> Und erschaffen hat er mich zu einem Gesegneten,
> wo immer ich auch bin, und anbefohlen hat Er mir
> das Gebet und die Armenspende.
> (Sure 19,30–31)

Bereits das Baby Jesus zeigt sich hier durch Beachtung von zwei der fünf Säulen des Islam (Gebet, Armenspende) als Muslim. Er ist sein ganzes Leben lang einer der von Gott rechtgeleiteten Propheten (Mohammed dagegen erhielt seine erste Offenbarung im Jahr 610 erst im Alter von vierzig Jahren). Der Koran deutet Jesus mit vielfältigen Begriffen als »Wort Gottes und Messias«:

> O Maria, siehe, Gott verkündet dir von Sich ein Wort.
> Sein Name ist der Messias, Jesus, der Sohn der Maria,
> im Diesseits und im Jenseits geehrt und einer der Nahen.
> Und er spricht zu den Menschen in der Wiege
> und auch als Erwachsener,
> und ist einer der Rechtschaffenden.
> (Sure 3,45–46)

Jesus, der letzte der Propheten vor Mohammed, steht in einer Reihe von Offenbarungsempfängern, vor allem ist er mit Mose verbunden, dem Gott die Tora gab. Er erhält nun von Gott das Buch des Evangeliums, ein »klarer Beweis« des Erbarmens Gottes:

> Siehe, Wir gaben Mose einst die Schrift
> und ließen ihm nachfolgen die Gesandten.
> Wir gaben Jesus, dem Sohn der Maria, die klaren Beweise
> und bestärkten ihn durch den Geist der Heiligkeit.
> (Sure 2,87)

Jesus, der Prophet und Gesandte Gottes, zählt für Muslime ebenfalls als Gottergebener, als Muslim. Er steht damit in einer langen Reihe von Adam und Noach über den ersten Muslim Abraham und die vielen folgenden Propheten von Mose bis zu Johannes dem Täufer. Nur Mohammed folgt Jesus noch nach und schließt die Reihe der Propheten endgültig. Als Gesandter Gottes »heilt Jesus den Blinden und den Aussätzigen und erweckt die Toten zum Leben – auf Gottes Geheiß« (Sure 3,49). Jesu Wunder sind Zeichen des Erbarmens Gottes – daraus folgert er, seine Jünger zum Glauben an Gott und zur Ergebung in Gott aufzufordern: »Gott ist mein Herr und euer Herr, so dient Ihm!« (Sure 3,51)

Muslime glauben, dass Jesus bereits auf den nachfolgenden Mohammed als letzten der Propheten verwiesen hat. Im Koran klingt dies an einer Stelle an:

> O ihr Kinder Israels, ich bin Gesandter Gottes für euch,
> der bestätigt, was vor mit in der Tora da war,
> und der verkündet einen Gesandten, der nach mir kommt.
> Sein Name: Ahmad.
> (Sure 61,6)

Damit ist zugleich ausgedrückt, dass Mohammed (Ahmad) aus der Sicht der Muslime größer ist als sein Vorgänger Jesus: Mohammed ist das Siegel der Propheten, der glanzvolle Abschluss der prophetischen Offenbarung, die von Gott und dem Urkoran im Himmel ausgehend die Menschen erreicht.

Mohammed hat von Juden und Christen in mündlicher Tradierung Inhalte der Bibel kennen gelernt. Einige Passagen sowohl der Hebräischen Bibel als auch des Neuen Testaments finden sich sehr ähnlich im Koran; aber es gibt auch deutliche Unterschiede in der Rezeption jüdisch-christlicher Inhalte im islamischen Bereich. Der wichtigste Unterschied ist die Darstellung des Todes Jesu: Für den Koran und für Muslime ist Jesus nicht am Kreuz gestorben (erst recht nicht als »blutiges Opfer zur Vergebung der Sünden«, wie christliche Theologie dies formuliert). Muslime vermuten entweder, dass Jesus nur einen Scheintod am Kreuz gestorben ist, oder dass ein anderer für ihn gekreuzigt worden ist. Er selbst habe weitergelebt und sei später unmittelbar von Gott in den Himmel emporgehoben worden. Dies wird besonders in Sure 4 dargelegt:

Weil sie [die den Bund brechenden Juden] leugnen
und weil sie sagen: ›Wir haben getötet den Messias Jesus,
den Sohn der Maria, den Gesandten Gottes.‹
Sie haben ihn nicht getötet, nicht gekreuzigt,
sondern er ähnelte ihm für sie nur ...
Erhoben hat ihn Gott zu sich ...
Am Tag der Auferstehung wird er gegen sie ein Zeuge sein.
(Sure 4,156–159)

Gott lässt also anders als früher, als Israel durchaus Propheten getötet hat, bei Jesus den schmählichen Kreuzestod nicht zu. Vielmehr wird er unmittelbar zu Gott in den Himmel erhoben (vgl. biblisch die Himmelfahrt des Elija in 2 Könige 2). Dort wartet er bis zum Tag des Gerichts und wird dann wiederkommen, um als Zeuge für Gottes Gericht und Gerechtigkeit aufzutreten. Dies wird nach islamischer Legende so geschehen, dass zwei Engel Jesus vom Himmel herab zur Erde tragen werden und er auf dem sogenannten Jesus-Minarett der Umayyaden-Moschee in Damaskus Platz nehmen wird. Dies ist ein Zeichen für die Stunde des Gerichts: »Jesus ist ein Erkennungszeichen für die Stunde des Gerichts« (Sure 43,61, Khoury). Aus jeder menschlichen Gemeinschaft wird beim Gericht ein Zeuge für Glaube oder Unglaube auftreten, für die christliche Gemeinschaft ist dies Jesus.

Trotz der grundsätzlichen Hochschätzung Jesu im Koran bleibt ein entscheidender Unterschied zum christlichen Glauben. Für Muslime ist Jesus nur ein Mensch, ein »Diener nur«, dem Gott »Gnade erwiesen und zu einem Beispiel für die Kinder Israels gemacht hat« (Sure 43,59). Es ist für Muslime unvorstellbar, dass Gott ein Kind, einen Sohn hat – deshalb darf er auch nicht Vater genannt werden:

Es ist dem Barmherzigen nicht eigen,
Sich zu nehmen ein Kind.
Da ist nicht einer in den Himmeln und nicht auf der Erde,
der nicht zum Barmherzigen als Diener kommt.
(Sure 19,92–93)

Mohammed (Muhammad) – das Siegel der Propheten

Der Koran ist durchzogen von Aussagen über Mohammed, die nicht geordnet erscheinen und wie viele einzelne Bausteine wirken, aus denen man eine Gesamtvorstellung von der Gründungsgestalt des Islam gewinnen kann. Es soll deshalb im Folgenden darum gehen, einen Überblick über den Lebenslauf des Mohammed (Muhammad) zu gewinnen, in die man die vielen Einzelaussagen einordnen kann.

Mohammed wurde im Jahr 570 nach Christus in Mekka in Arabien geboren. Dies war das sogenannte »Jahr des Elefanten«, weil im Rahmen einer äthiopischen Invasion der äthiopische Herrscher Abraha versuchte, Mekka zu erobern, und dabei im Heer einen Elefanten mitführte. Mohammed gehörte zum Stamm der Quraisch, die sich unmittelbar auf den Stammvater Ismael, den erstgeborenen Sohn Abrahams, beziehen (vgl. Seite 187 ff.).

Mohammeds Vater, Abdallah (»Diener Gottes«), starb vor seiner Geburt; auch seine Mutter, Amina, starb bald. Deshalb wuchs Mohammed bei seinem Großvater Abd-al-Muttalib und seinem Onkel Abu Talib auf. Als Jugendlicher arbeitete er als Ziegenhirte, dann als Karawanenführer.

Chadidja (Khadija), eine reiche Kauffrau, nahm ihn in seinen Dienst; er lernte rechnen, aber nicht lesen und schreiben. Etwa im Jahr 595 heirateten die beiden, Mohammed war 25, Chadidja wesentlich älter. Er wurde nun Kaufmann, Händler, Karawanenführer und kam auf seinen Handelsreisen bis nach Damaskus (entlang der Weihrauchstraße nach Norden).

In Mekka gab es bereits das Heiligtum der Kaaba mit der Verehrung vieler Götter (365 Götterfiguren standen im Innenraum der Kaaba), vor allem dreier Göttinnen: Allat, Manna und Uza. Doch Mohammed genügte die traditionelle Verehrung der Götter nicht. Regelmäßig zog er sich im Monat Ramadan in die

Wüste zum Berg Hira zurück, um in der Einsamkeit zu beten und zu fasten (der Berg in allen Religionen als Verbindung von Himmel und Erde, vgl. Sinai, Tabor, Kailash, die Wüste als Ort der Gottbegegnung). Er war ein *Hanif*, ein spirituell Suchender. Weil auf diesem Berg Hira die erste Offenbarung des Korans geschah, wird er in der arabischen Tradition auch Dschabal an-Nur (»Berg des Lichts«) genannt.

Dort erschien ihm – der frühesten Prophetenbiographie des Ibn Ishaq nach – im Jahr 610 im Traum der Engel Gabriel und sagte: »Du bist der Gesandte Gottes, der Prophet Gottes.« Danach verkündete Mohammed zuerst seiner Familie, dass es nur einen Gott gibt. In der Folge hatte er weitere Visionen, in denen ihm Gabriel Stück für Stück die Suren und Lehren des später aufgeschriebenen Korans verkündete.

Mohammed lehrte den Glauben an den einen Gott in seiner Heimatstadt Mekka, doch fand er bei den Menschen dort kein Gehör. Sie verehrten lieber die alten Götterbilder rund um die Kaaba, so wie sie es seit jeher gewohnt waren. Zudem war die Pilgerfahrt der arabischen Stämme zum Heiligtum in Mekka von großer wirtschaftlicher Bedeutung für die Oberschicht der Kaufleute in Mekka. Eine religiöse »Revolution« hin zu einem Ein-Gott-Glauben konnte nicht im Interesse dieser Oberschicht sein.

Mohammed erfuhr deshalb Feindschaft und Widerstand und wanderte im Jahr 622 mit seiner Familie und einigen Freunden in die Nachbarstadt Yathrib aus (Hidschra). Später wurde die Stadt Madinat-an-nabi (»Stadt des Propheten«) genannt, abgekürzt Medina. Dort wurde Mohammed nicht nur zum religiösen Führer, sondern auch zum Staatsmann und Krieger. Von den fünf in Yathrib ansässigen Stämmen vertrieb er die drei jüdischen Stämme, weil sie sich seinen Kriegszügen gegen mekkanische Karawanen nicht anschließen wollten und Schutz beim byzantinischen Kaiser suchten. Nach einigen Kämpfen ergab sich auch die Stadt Mekka im Jahr 629. Schon vorher hatte Mohammed arabische Nachbarstämme für seinen neuen Glauben, den Islam, gewonnen. Bei seinem Tod in Medina im Jahr 632 war die ganze arabische Halbinsel bereits islamisch.

Im koranischen Verständniss von Mohammed lassen sich folgende Grundlienien aufzeigen:

- *Mohammed ist Mensch wie jeder andere.* Er ist kein Gottessohn, keine Erscheinungsform des Göttlichen wie etwa die zehn Avataras des hinduistischen Gottes Vishnu. Weil er ein Mann aus dem Volk ist, ein Ziegenhirte, Karawanenführer, dann auch Kaufmann, wird seine Berufung in Frage gestellt (ähnlich wie bei Jesus, vgl. Lukas 4,24: »Kein Prophet wird in seiner Heimat anerkannt.«). Man hält ihn für einen Zauberer (etwa Sure 6,7) und äußert Zweifel an seiner Botschaft. Doch an anderer Stelle gibt es eine Gottesrede:
  Scheint es den Menschen wunderlich,
  dass Wir eingeben einem Mann aus ihrer Mitte:
  »Warne die Menschen und verkünde denen, die glauben,
  dass sie einen Stand haben, einen wahrhaftigen,
  bei ihrem Herrn?«
  Die Leugner sagen:
  »Wahrlich, das ist ein Zauberer, ein offenkundiger.«
  (Sure 10,2)
- *An Mohammed ergeht eine Offenbarung.* Damit ist er Erwählter, Gesandter, Prophet. Als sich Mohammed im Jahr 610 in die Wüsteneinsamkeit einer Höhle am Berg Hira zurückzog, erschien ihm in der Nacht der Engel Gabriel – so die islamische Legende – mit einem Tuch aus Brokat und forderte ihn auf zu lesen. »Ich kann nicht lesen«, war die Antwort Mohammeds. Dies geschah dreimal, der Engel presste das Tuch auf Mohammeds Mund, sodass er zu ersticken glaubte. Der Engel offenbarte ihm dann die ersten fünf Verse von Sure 96, die so beginnen (vgl. Seite 68): »Trag vor im Namen deines Herrn ...« Dies ist der Beginn der koranischen Offenbarung. Der Legende nach wiederholte Mohammed diese Worte und als er nach Mekka zurückkehrte, vernahm er auf dem Weg die Worte: »O Muhammad, du bist der Gesandte Gottes.«

Dies alles geschah im Monat Ramadan, der deshalb für Muslime als Fastenmonat von herausragender Bedeutung ist (vgl. Seite 120 ff.).

Diese Berufungserzählung des Mohammed und auch sein Widerstand gegen die Beauftragung lassen sich in Beziehung setzen zu den Berufungsgeschichten biblischer Propheten, etwa Jeremia 1,4–10: »Ich bin noch so jung ...«; Ezechiel 2–3: »Iss diese Buchrolle ...« Menschen werden ergriffen von Gottes Macht, von ihm beauftragt, aber sie fühlen sich aus eigener Kraft nicht fähig, diesen Auftrag zu erfüllen. Nur mit der Kraft Gottes (mit seinem Geist) wird dies möglich.

- *Mohammed wird zum Gesandten und Propheten.* Er soll eine Botschaft, den Koran, übermitteln. stößt dabei aber in seiner Heimatstadt und darüber hinaus auf Widerstand:

  Unter ihnen sind welche, die den Propheten kränken
  und sagen: »Er ist Ohr [d.h. glaubt alles, was er hört].«
  Sag: »Ein Ohr zum Guten für euch –
  er glaubt an Gott und glaubt den Gläubigen
  und Barmherzigkeit für die unter euch, die glauben.«
  (Sure 9,61)

  Mohammed ist der Gesandte Gottes und das Siegel der Propheten, das heißt: der Beglaubiger und der letzte der Propheten (vgl. Sure 33,40), der Abschluss der nun »versiegelten« Prophetie. Er steht für den Wechsel von der vorislamischen Götterwelt hin zum Ein-Gott-Glauben des Islam und er ist eingeordnet in die Linie der vielen Propheten von Anfang an.
- *Mohammed hat eine dreifache Aufgabe*: Er ist der Übermittler einer Frohen Botschaft (vgl. Seite 175), er ist zugleich Warner und Mahner (vgl. Seite 177):

  Wir haben dich gesandt mit der Wahrheit
  als Verkünder der frohen Kunde, ja als Warner ...
  Sag: »Die Rechtleitung Gottes, sie ist die Rechtleitung.«
  (Sure 2,119)

  Im Koran klingen immer wieder Einwände an, welche die Gegner Mohammeds vorbrachten. Sie stellten die gleiche

Frage, die auch Jesus gestellt wird: »Wie kann dieser Mensch so reden?« (Markus 2,7). Der Koran verweist darauf, dass Mohammed nicht für sich selbst kämpft (für sein »Begehr«), sondern unmittelbar von Gott belehrt wurde:

Beim Stern, wenn er niederfällt!
Nicht irrt euer Gefährte und nicht fehlgeleitet ist er.
Und nicht spricht er aus Begehr.
Ja, die ihm geoffenbarte Offenbarung ist es nur.
Belehrt hat ihn ein stark Vermögender, der Gewaltige ...
Er näherte sich, kam herunter bis auf zwei Bogenlängen.
Da offenbarte er Seinem Diener, was er offenbarte.
(Sure 53,1–10)

- *Mohammed ist kein vom Satan Besessener, kein Zauberer, kein Wundertäter, kein Dichter irgendwelcher Mär.* Solche Vorwürfe finden wir ebenfalls im Zusammenhang mit Jesus, der in seiner Heimatstadt Nazaret abgelehnt wird: »Woher hat er das alles? Was sind das für Wunder?« (Markus 6,2) Der Koran bestreitet solche Zuordnungen: »Du [Mohammed] bist kein Wahrsager und kein Besessener« (Sure 52,29); »Nicht gelehrt haben Wir ihn die Dichtung« (Sure 36,69). Solche Vorwürfe sind für den Koran nichts Neues, alle Gesandten Gottes haben mit solchen Anschuldigungen leben müssen:

  So ist auch zu denen, die vor ihnen waren,
  kein Gesandter gekommen, ohne dass sie gesagt hätten:
  »Ein Zauberer oder ein Besessener!« ...
  Nein! Sie sind ein Volk, ein starrsinniges.
  So kehre dich ab von ihnen.
  (Sure 51,52–54)

- *Mohammed kann Gehorsam erwarten.* Das begründet sich daraus, dass er der Überbringer der von Gott gesandten Botschaft und der Gründer der islamischen *Umma* ist, der muslimischen Gemeinschaft zuerst in Medina, dann auch darüber hinaus. In Sure 4,80 heißt es überdeutlich: »Wer dem Gesandten gehorcht, gehorcht Gott.« Mohammed kann auch die Botschaft des Korans auslegen, er ist die letzte Entscheidungsinstanz in der Umma, er ist Richter in religiösen und gesellschaftlichen Fragen (vgl. die *Hadithe*). In der in Medina geoffenbarten Sure 4 heißt es:

Gehorcht dem Gesandten
und denen unter euch, die gebieten!
Und wenn ihr streitet über etwas,
bringt es vor Gott und den Gesandten.
(Sure 4,59)

Mohammed hat im Koran solch eine hohe Stellung, dass er von Gott in jeder Weise geschützt wird. Wer ihn »belästigt« (Karimi), »beleidigt« (Asad), ihm »Leid zufügt« (Khoury), der »wird von Gott im Diesseits und im Jenseits verflucht« (Sure 33,57). Wer umgekehrt Mohammed »huldigt« (Karimi), »ihm Treue verspricht« (Asad), »Treue gelobt« (Khoury), dem huldigt Gott, dem gelobt Gott Treue (Sure 48,10). Ja, solchen Mohammed und damit seiner Botschaft treuen Menschen gilt die Verheißung:

Nicht sollen sich fühlen die Blinden in Bedrängnis,
nicht sollen sich fühlen die Krüppel in Bedrängnis,
und nicht sollen sich fühlen die Kranken in Bedrängnis.
und wer gehorcht Gott und Seinem Gesandten,
wird Er eintreten lassen in Gärten,
unterhalb derer Bäche fließen.
(Sure 48,17)

Mohammed hat im Islam keine vergleichbare Stellung wie Jesus im Christentum; während sich in Jesus für Christen die Offenbarung Gottes unter den Menschen zeigt, so zeigt sich diese im Islam im Koran – eine Offenbarung erfolgt also ausschließlich in der Heiligen Schrift. Dennoch hat Mohammed eine herausragende Bedeutung für Muslime, für ihren Glauben und für ihren sich aus dem Glauben ergebenden Lebenswandel:

Gekommen ist aus eurer Mitte ein Gesandter.
Er leidet, wenn ihr in Bedrängnis seid,
sorgend für euch,
zu den Gläubigen gütig und barmherzig.
(Sure 9,128)

Die Verheißung: Das Jenseits

Die Auferweckung der Toten

Das alte Judentum bis in die nachexilische Zeit kannte keinen Glauben an eine Auferweckung der Toten. Es gibt den *Scheol*, die Unterwelt, die ähnlich dem Hades in griechischen Vorstellungen eine Schattenwelt ist, in welche die Toten eingehen, eine Welt ohne jede Kommunikation untereinander oder mit den Lebenden, ja, selbst mit Gott. Anders als bei den Ahnen in den Naturreligionen ist der Aufenthalt im Scheol nur ein Dahinvegetieren der Toten ohne jede Hoffnung auf eine Änderung ihres Zustandes. Alle großen Gestalten der Hebräischen Bibel, von Abraham bis zu den Propheten, von Mose bis David und Salomo haben nicht an eine Auferweckung der Toten geglaubt. In einer David-Erzählung heißt es:

> Wir müssen alle sterben und sind wie das Wasser,
> das man auf die Erde schüttet
> und nicht wieder einsammeln kann.
> (2 Samuel 14,14)

Das Ziel des gläubigen Juden der alten Zeit war es deshalb, »alt und lebenssatt« zu sterben (Genesis 35,29). Es hat in Israel auch nie einen dem im benachbarten Ägypten vergleichbaren Totenkult gegeben. Für Israel war der Tod ein Abschluss ohne jede Hoffnung.

Nur sehr vereinzelt gibt es wenige Verse, die eine weitergehende Hoffnung thematisieren. Denn Gott ist für Israel die »Quelle des Lebens« (Psalm 36,10) und schließlich »der Freund des Lebens«, so im Buch der Weisheit 11,26, das in späterer Zeit (ca. 200 vor Christus) in der jüdischen Diaspora im ägyptischen Alexandrien geschrieben wurde. Im Spätjudentum drangen zwei Einflüsse von außen in den jüdischen Glauben ein: In Persien gab es die Vorstellung eines Gerichtes nach dem Tod, in dem

Gott über die Taten der Menschen urteilt, die Bösen bestraft und die Guten belohnt. In Griechenland entstand im Rahmen des Hellenismus und der griechischen Philosophie die Vorstellung einer unsterblichen Seele, die dem semitischen Ganzheitdenken bis dahin unbekannt war. Für den Semiten sind Körper und Geist des Menschen eine Einheit, die nach dem Tod insgesamt zugrunde geht. Für Platon dagegen kehrt allein der Körper in die Erde zurück, die unsterbliche Seele aber verbindet sich je neu mit einem Körper (Reinkarnation), bevor sie am Ende mit dem Göttlichen vereint wird. Solche von außen kommenden Vorstellungen aus Persien und Griechenland prägten den Glauben der Juden zur Zeit Jesu, die meisten von ihnen glaubten nun an eine Auferweckung durch Gott. Auch Jesus teilte diesen Glauben und verteidigte ihn zusammen mit den Pharisäern gegen dessen Bestreitung durch die Sadduzäer.

In dieser Vorstellungswelt erfuhren die Jünger Jesu nach seinem Tod am Kreuz, dass der Gekreuzigte in einer unvorstellbaren Weise nach wie vor unter ihnen war; sie erfuhren ihn als den Lebenden, den von Gott Auferweckten – Gott lässt seinen Christus nicht im Tod. Der Glaube der Christen begann mit diesem österlichen Geschehen. Der Vorgang einer Auferweckung wird in den Schriften des Neuen Testaments in keiner Weise beschrieben, dies wäre auch nicht möglich. Wohl aber werden die Reaktionen des Jüngerkreises aufgeführt, aus denen heraus sich eine neue Gemeinschaft konstituierte: die Kirche. (Von Lukas wird dieses Geschehen in Apostelgeschichte 2 auf das Pfingstfest fokussiert.) Das Bekenntnis zum Auferweckten gründet die Kirche der Christen. Es ist zudem verbunden mit der Hoffnung, dass der Gott des Lebens, der seinen Christus nicht im Tod ließ, auch die an Christus Glaubenden aus dem Untergang des Todes rettet – das Bekenntnis zur Aufweckung und zu einem Leben nach dem Tod gehört konstitutiv zum Christentum hinzu.

Dieser Glaube wurde im weiteren Verlauf der Christentumsgeschichte und besonders dann im Mittelalter stärker ausgestaltet. Es entsteht nun eine Topographie des Jenseits mit persönlichem Gericht unmittelbar nach dem Tod eines Menschen und einem Weltgericht am Ende der Zeiten. Es entstehen – teilweise in sehr konkrete Bildworte gefasste – Vorstellungen von Himmel und Hölle und einem Zwischenzustand, dem Reinigungsort (im Deutschen missverständlich »Fegefeuer« genannt). Doch das sind oft zeitgebundene Versuche, das im Letzten unbegreifliche Geheimnis eines jenseitigen Lebens bei Gott zu umschreiben. Entscheidend und konstituierend für das Christentum bleibt die Aussage: Der ganze Mensch stirbt mit dem Tod – der ganze Mensch erhält von Gott neues Leben, wird in einer zweiten Schöpfung in ein unvergängliches Leben gebracht (Auferweckung nicht nur einer Seele, sondern »Auferstehung der Toten«). Jesus mit seiner Befreiung vom Tod ist dabei das Modell für alle Glaubenden. Die Bindung an Jesus führt den Glaubenden zu einer »unendlichen« Hoffnung.

Auch für den Islam ist der Glaube an die Auferweckung konstitutiv. Die Sunniten differenzieren den zweigliedrigen Satz der *Shahada* (vgl. Seite 110 f.) und dessen Bekenntnis zu dem einen Gott sowie zu Mohammed als dessen Prophet in sechs Artikeln (die Schiiten lassen den letzten Artikel weg):

- Glaube an den einen und einzigen Gott,
- Glaube an die Engel,
- Glaube an den Koran und die vorangegangenen Bücher – Tora für die Juden und Evangelium für die Christen,
- Glaube an Mohammed und die vorangegangenen Propheten von Abraham bis Jesus,
- Glaube an die Auferstehung (Auferweckung durch Gott),
- Glaube an die Vorherbestimmung von Gut und Böse durch Gott.

Muslime glauben an die Auferstehung der Toten, weil sie an einen Gott glauben, den sie als barmherzig und gerecht bekennen, der deshalb auch das Leben der Menschen in einem gerechten Gericht beurteilen und für einen Ausgleich im Jenseits sorgen wird, der die Guten mit den Freuden der Himmel belohnt und die Bösen mit der Schmach der Hölle bestraft.

Der Glaube an ein Jenseits und an die Auferweckung der Toten gehört also zu den unverzichtbaren Grundsätzen des Islam. Diese Vorstellung entfaltet sich in einer einfachen Schwarz-Weiß-Malerei: Paradies oder Hölle ergeben sich aus den Taten eines Menschen, sind Folge seines Lebens, das gottgefällig sein kann oder nicht. Damit erhält die Ergebung in Gott und seinen Willen (Islam) die ausschlaggebende Bedeutung für ein Leben nach dem Tod: Wer sich Gott ergibt, wer Muslim ist (im weitesten Sinn, auch Abraham und Jesus waren in diesem Sinne Muslime, vgl. Seite 182 ff. und 210 ff.), der gewinnt reiches Leben im Jenseits, gewinnt die Freuden des Paradieses (vgl. Seite 237 ff.). Wer sich dagegen Gott und seinem Willen verweigert, dem wird der Zutritt zum Paradies verwehrt, er gelangt in die Hölle mit ihren Schrecken (vgl. Seite 234 f.).

Diese Jenseitsvorstellungen des Islam ergeben sich aus jüdischen und christlichen Vorstellungen, die Mohammed in seinem Umfeld kennen gelernt hat. Die Vorstellungen von einem Gericht, von Himmel und Hölle im Christentum und Islam sind deshalb sehr ähnlich – ein Fegefeuer gibt es allerdings sowohl im Islam als auch in Teilen des Christentums (protestantische Kirche) nicht. Nur geringfügige Unterschiede sind in diesem Punkt zwischen beiden Religionen festzustellen und auch das heutige Judentum lässt sich wenigstens zum Teil entsprechend einordnen: Die drei abrahamitischen Religionen vertreten ein Gottesbild, das Gott als Schöpfer am Anfang, damit aber auch als Neuschöpfer am Ende der Zeiten zeigt. Die Gottesvorstellungen des Judentums, des Christentums und des Islam führen zu einem Gott, der sich barmherzig und liebend dem Menschen zuwendet und dabei auch die Schranke des Todes überwindet: Gott ist ein Freund des Lebens, nicht des Todes. Er ist der Anfang und das Ende des Kosmos, der Herr, der in unendlicher Weise Macht über alles hat – auch über den Tod. Für alle drei abrahamitischen Religionen ergibt sich aus diesem Glauben eine unerschütterliche Hoffnung über den Tod hinaus: Wir werden Leben haben in Fülle und in Unendlichkeit.

Der Tod

Der Islam geht von der Hinfälligkeit allen Lebens aus: Was geboren wurde, muss auch sterben – der Tod ist unausweichlich. Diese Tatsache führt zu einem grundlegenden Unterschied zwischen dem ewigen und nicht veränderbaren Gott und den von ihm geschaffenen Lebewesen, auch den Menschen, die ständig von Hinfälligkeit und Tod bedroht sind. Alles Leben auf der Erde lebt nur von Gottes Barmherzigkeit, der Schöpfer von allem ist damit auch Herr über Leben und Tod.

Der Mensch kann deshalb nicht vor dem Tod fliehen. Er ist nicht Herr seines Lebens, sondern Gott ist es. Alles ist aus muslimischer Sicht von Gott vorherbestimmt und gegeben: das Gute und das Böse, die Freude und das Leid, das Leben und der Tod. Sure 4 macht dies deutlich, sieht aber das Böse als vom Menschen verursacht an:

> Die Nutznießung des Diesseits ist gering,
> und das Jenseits ist besser für die, die fürchten Gott ...
> Wo ihr auch seid, euch ereilt der Tod,
> und wärt ihr in Burgen, in hochgebauten.
> Und wenn sie trifft Gutes, sagen sie: ›Das ist von Gott!‹
> Und wenn sie trifft Schlechtes, sagen sie: ›Das ist von dir!‹
> Sag: ›Alles ist von Gott!‹ ...
> Was dich an Gutem trifft, kommt von Gott,
> und was dich an Schlechtem trifft,
> kommt von dir selbst.
> (Sure 4,77–79)

Das Bild vom Menschen, der sich vor dem Tod in eine Burg zurückzieht, mag zu einer verbreiteten arabischen Legende geführt haben: Ein König von Damaskus (also in der Umayyadenzeit) hatte einen jungen Minister, der ihn eines Tages dringend um ein gutes Pferd bat, um nach Bagdad zu reiten. Er begründete dies damit, dass er im Garten dem Tod begegnet war, der ihm eröffnet hätte, dass er bald sterben müsse. Jetzt wolle er vor ihm fliehen. Er erhält das Pferd und kommt nach Bagdad. Der König aber geht in den Garten und trifft dort auch den Tod. Der erzählt ihm, dass er ganz verwundert sei, den jungen Mann hier im Garten getroffen zu haben. Denn er habe den Auftrag, ihn noch am gleichen Tag in Bagdad sterben zu lassen.

Der Koran macht die Nutzlosigkeit einer Flucht vor dem Tod deutlich und fordert stattdessen dazu auf, über das eigene Handeln nachzudenken und zu Gott umzukehren. Denn ihm ist der Mensch Rechenschaft schuldig:

> Sag: »Der Tod, vor dem ihr flieht, wird euch treffen.
> Dann werdet ihr zu dem zurückgebracht,
> der ist wissend über das Verborgene und das Offenbare.
> Er wird euch verkünden, was ihr stets getan habt.«
> (Sure 62,8)

Menschen kommen von Gott und sie kehren zu ihm zurück. Die Zeit des Lebens auf der Erde ist eine Zeit der Bewährung, in der es gilt, sich ganz Gott zu unterwerfen und seinen Willen zu befolgen. Die Zeit des Lebens ist also eine von Gott gestellte Prüfung (»mit Bösen und mit Gutem«), die der Mensch durchstehen muss und mit seinem Glauben an den einen Gott auch durchstehen kann. Gott ist der Schöpfer von allem, von Sonne und Mond – damit auch von Leben und Tod:

> Und Er ist es, der erschaffen die Nacht und den Tag,
> die Sonne und den Mond.
> Ein jedes schwebt auf seiner Bahn.
> Und nicht gewährt haben Wir
> einem Menschen vor dir [Mohammed] die Ewigkeit.
> Wenn du stirbst [sterben musst],
> sollen sie dann ewig verweilen?
> Jede Seele kostet den Tod
> [Asad: Jeder Mensch wird bestimmt den Tod kosten;
> Khoury: Jeder wird den Tod erleiden].
> Und Wir prüfen euch mit Schlechtem und mit Gutem ...
> Und zurückgebracht werdet ihr zu Uns.
> (Sure 21,33–35)

Das Gericht

»Ihr werdet zurückgebracht zu Uns«, so schließt das Zitat aus Sure 21. Menschen kommen von Gott und sie kehren zu ihm zurück. Der Gott aber, der das Leben und damit auch den Menschen einmal geschaffen hat, kann es und ihn auch neu schaffen, kann dem Menschen neues Leben zuteil werden lassen. Ebenso wie im Judentum und im Christentum besteht die Konzeption von Auferstehung und Ewigem Leben auch im Islam in einer Neuschöpfung. Die Hoffnung auf Auferweckung durch den barmherzigen Gott und auf einen Lohn im Jenseits bewegt Muslime zur Hingabe an Gott (Islam) und zu einem rechtschaffenen Leben. Die Jenseitshoffnung prägt also das Diesseits – darin sind sich Juden, Christen und Muslime einig. Der Tod ist somit nicht das Ende, sondern ein Anfang, ein Neubeginn, eine Neuschöpfung durch den barmherzigen Gott (vgl. Sure 36,78–79). Er ist zugleich die Befreiung von der Last des Diesseits. Der Tod ist eine »Reise in die unendliche Glückseligkeit, das Tor zu Gott«.

> Jede Seele [jeder Mensch] kostet den Tod.
> Euch wird gewährt euer Lohn am Tag der Auferstehung.
> Und wer dann vom Feuer ferngehalten
> und eintreten gelassen in den Garten [Asad: Paradies],
> der erlangt das Glück.
> Das diesseitige Leben ist Nutznießung nur, die betört.
> (Sure 3,185)

Vor dem Erlangen der Glückseligkeit im Paradies (vgl. Seite 237) oder vor der Schmach der Hölle (vgl. Seite 234) aber steht das Gericht. Jeder muss sich nach seinem Tod im Gericht vor Gott verantworten. Welche Vorstellungen gibt es im Islam über das Gericht?

Der Islam übernimmt aus dem Christentum die (ursprünglich nicht semitische, sondern aus der griechischen Philosophie stammende, vgl. Seite 225) Vorstellung von Seele und Körper, die im Tod vom Erzengel Azrael (auch Izrail) getrennt werden.

Dieser wird nach islamischer Tradition *malik al-maut* (»Engel, König des Todes«) genannt und ist auch im Koran erwähnt:

Sag: »Der Todesengel, der über euch gesetzt,
wird euch abberufen,
dann werdet ihr zu eurem Herrn zurückgebracht.«
(Sure 32,11)

Nach dieser dualistischen Vorstellung bleibt der Körper im Grab, die Seele aber steigt auf zu einem Einzelgericht, bei dem über die Taten des Verstorbenen geurteilt wird – auf einer Waage werden gute und schlechte Taten gegeneinander abgewogen. Solche Vorstellungen von Gericht und vom Wägen der Taten eines Verstorbenen gab es bereits im alten Ägypten: Im altägyptischen Totenbuch wird das Herz eines Verstorbenen in der Halle der Wahrheit gewogen; die 42 Totenrichter sprechen dann das Urteil über den Verstorbenen. Die Waage ist das Symbol der Gerechtigkeit im Jenseits.

Auch im Christentum findet sich diese Vorstellung einer Waage, die vom Erzengel Michael bedient wird und auf der die »Seele« eines Verstorbenen in der einen Wagschale liegt, die schlechten Taten in der anderen. Dieses Bild geht in den Islam ein: Der Erzengel Michael wägt die in weiße Gewänder gekleideten Verstorbenen und bestimmt damit über ihren Zugang zu Himmel oder Hölle. Mohammed und seine Getreuen der ersten Zeit schauen diesem Gerichtsprozess zu. Nach dem Urteil des Michael müssen die Verstorbenen über die messerscharfe Cinvat-Brücke gehen. Dies ist eine Vorstellung, die aus dem persischen Bereich kommt: Im Heiligen Buch der Zoroastrier, Avesta, wird eine »Brücke der Scheidung« aufgeführt. Für den Islam gilt: Wenn die Verstorbenen rechtschaffen gelebt haben, erreichen sie das Ziel, die Gärten des Paradieses im Himmel. Anderenfalls fallen sie von der Brücke herunter in das Feuer der Hölle. Dazu heißt es im Koran:

Und das Wägen an jenem Tag geschieht nach der Wahrheit.
Denen, deren Waagschalen schwer sind,
wird es wohl ergehen.

Die, deren Waagschalen aber leicht sind,
sind die, die sich selbst verloren,
weil sie Unseren Zeichen stets übeltaten.
(Sure 7,8–9)

Zu dieser plastischen Vorstellung des Gerichtsprozesses kommt eine weitere, die von der Trennung von Seele und Körper ausgeht. Der Körper wird im Grab der Erde zurückgegeben – deshalb ist eine Erdbestattung auch Vorschrift im Islam, eine Feuer- oder Seebestattung ist nicht erlaubt. Aus dem Glauben an das Jenseits und an die Auferstehung erwächst die Bedeutung von Gräbern und Mausoleen im Islam. Bei der Erdbestattung wird der Tote so auf die Seite gelegt, dass sein Gesicht nach Mekka zeigt. Er liegt nicht in einem Sarg, sondern ist nur in ein weißes Totengewand gekleidet. Muslimische Gräber einfacher Leute werden meist nicht sehr gepflegt, nur ein Holzpfahl kennzeichnet den Ort. Die Grabstätten bedeutender Muslime dagegen werden herausragend gestaltet. Auch ist es Brauch, sich in der Nähe der Gräber muslimischer »Heiliger« begraben zu lassen. Die Grabstätten der Herrscher sind prächtig ausgestaltet, Beispiele sind etwa die Grabstätte von Timur Lenk (auch Tamerlan, 1336–1405, Gründer der Timuriden-Dynastie) in Samarkand (Usbekistan) oder das berühmte Taj Mahal in Agra (Indien), der Grabstätte von Mumtaz Mahal, der Gattin des Mogulherrschers Shah Jahan (1592–1666).

Anders als der Körper muss sich die Seele im Einzelgericht verantworten. Dies geschieht in einer Art Verhör (ähnlich dem Verhör im ägyptischen Totenbuch), in dem die Seele auf vier Fragen die richtige Antwort geben muss:

- Wer ist dein Gott? – Allah.
- Wer ist dein Prophet? – Mohammed.
- Welches ist deine Religion? – Der Islam.
- Welches ist deine Gebetsrichtung? – Mekka.

Wer hierauf nicht richtig antworten kann, dessen Körper wird bis zum Endgericht im Grab gepeinigt, die Seele tritt bis zum Endgericht in eine Zwischenwelt ein.

Eine weitere bildhafte Vorstellung im Zusammenhang mit dem Gericht über einen Verstorbenen ist das Lebensbuch eines Menschen, das von seinem persönlichen Schutzengel permanent geführt wird und in das alle guten und schlechten Taten eingetragen werden. Beim Gericht am Ende der Zeit, dem allgemeinen Endgericht, dem »Tag der Unterscheidung« (vgl. Sure 37,21; 44,40), werden diese Taten aus dem Lebensbuch vorgelesen und ein der Lebensweise des Verstorbenen entsprechendes Urteil wird gefällt. Diese Vorstellung ähnelt der Endzeitrede in Matthäus 24–25, die mit dem Weltgerichtsgleichnis abschließt (Matthäus 25,31–46). Zum Endgericht schreibt der Koran in bildhafter Rede (vgl. auch Sure 69,13–51; 75,1–13):

> Und wenn geblasen wird in die Trompete …
> und gehoben werden die Erde und die Berge
> und zu Staub gemacht auf einmal …
> An jenem Tag vorgeführt werdet ihr,
> nichts Verborgenes von euch bleibt verborgen.
> Wem dann gegeben seine Schrift in die Rechte,
> sagt: »Da, tragt vor meine Schrift!« …
> Da lebt er zufrieden in einem Garten,
> einem hochgelegenen, mit Früchten, tiefhängenden.
> (Sure 69,13–24)

Vergleichbar jammern dann diejenigen, denen das Buch in die linke, die schlechte Hand gegeben wird. Sie werden ergriffen, gefesselt, in eine siebzig Ellen lange Kette gelegt und in der Hölle mit Feuer gepeinigt – dies alles, weil sie nicht »an Gott, den unübertrefflichen Gewaltigen geglaubt und nicht angehalten haben zur Speisung der Bedürftigen« (Sure 69,33–34). Gottesergebung und Nächstenliebe sind hier der Maßstab für die Behandlung nach dem Tod. Auf Gott aber darf der Muslim vertrauen:

> Gott, kein Gott außer Ihm,
> versammelt euch am Tag der Auferstehung,
> darin kein Zweifel.
> Und wer ist wahrhaftger als Gott in der Aussage.
> (Sure 4,87)

Die Hölle

Es ist auffallend, wie intensiv und an wie vielen Stellen der Koran auf das Jenseits eingeht. Dabei sind in etlichen Suren die Mahnungen und Warnungen vorherrschend, die zur richtigen Entscheidung im Leben aufrufen und ermuntern: Wer den Blick auf das Gericht im Jenseits richtet, wer sich gewiss ist, dass er das Ziel seines Lebens auch verfehlen kann, der wird sich im Diesseits in angemessener Weise verhalten und sein Leben an der Rechtleitung durch Gott ausrichten.

Das Urteil Gottes über die einzelnen Menschen beim Endgericht kann nach islamischer Vorstellung in zwei Richtungen ergehen:

- Unglaube und böse Werke führen einen Menschen zur ewigen Verdammung und zu den Qualen der Hölle:
  Für die, welche leugnen,
  sind zugeschnitten Kleider aus Feuer.
  Gegossen wird über ihre Köpfe siedendes Wasser,
  wodurch zum Schmelzen gebracht wird das,
  was sie haben in ihren Bäuchen und die Haut.
  Und sie erwarten Keulen aus Eisen ...
  Und: »Kostet die Strafe Höllenbrandes!«
  (Sure 22,19–22)
- Die Gerechten dagegen erwartet das Paradies als unermessliche Belohnung (vgl. Seite 237). In vielfältigen Bildern werden die Wonnen des Paradieses aufgezeigt:
  Doch die Gottesfürchtigen sind in Gärten und an Quellen.
  »Tretet hinein in Frieden und Sicherheit!«
  Und Wir nehmen hinweg, was an Groll ist in ihrer Brust.
  Brüdern gleich weilen sie auf Ruhebetten.
  (Sure 15,45–47)

Wie ist das Sprechen von der Hölle zu verstehen? Höllenvorstellungen gibt es in allen Religionen – selbst der Theravada-Buddhismus kennt in der Volksreligosität überraschend plastische

Darstellungen der Qualen in der Welt der Hölle (der untersten der sechs Welten – doch auch in ihr erscheint ein »erlösender« Buddha). Was gilt für die Hölle im christlichen Bereich?

- Der Name kommt vom altnordischen *hel*, das die Unterwelt als Reich des Todes bezeichnet, ähnlich dem *Scheol*, der Schattenwelt der Toten im Judentum. Die Hölle war also zuerst einmal der (neutrale) Ort aller Verstorbenen und zugleich der Herrschaftsbereich der Totengottheiten.
- Da Christen (wie Juden und Muslime) einen einzigen Gott bekennen, war die Unterwelt nicht länger ein Bereich von Gottheiten, sondern sie wurde zum Bereich von gefallenen Engeln, Teufeln, Dämonen und damit nicht nur zu einem lebensfernen, sondern auch zu einem bösen, unheilvollen Ort – ein Kontrast zum Glück des Himmels.
- Christen glauben an das Reich Gottes, nicht an die Hölle als realen Ort. Die Vorstellung einer Hölle gehört nicht wesentlich zum christlichen Glaubensbekenntnis, erst recht nicht in der Weise, wie die Hölle in volkstümlichen und volksreligiösen Vorstellungen beschrieben wird.
- Wohl aber glauben Christen, dass Menschen ihr Lebensziel grundsätzlich verfehlen und sich damit von Gott und den Menschen entfernen können – für sie wird die Hölle zum *Bild* der Gottferne und der Verlassenheit.
- Christlicher Glaube sagt nichts darüber aus, ob überhaupt jemand in der Hölle ist. Wenn die Gerechtigkeit Gottes und ein gerechter Ausgleich im Jenseits vielleicht eine solche Vorstellung verlangen, so steht ihr das Erbarmen Gottes gegenüber, das jede Schuld und Not und selbst den Tod überwindet.
- Alles bildhafte Reden über die Hölle ebenso wie große Werke der abendländischen Kunst dazu sind Bilder, nicht mehr. Sie geben keine Realität wieder, sondern entsprechend der jeweiligen kulturellen Prägung die Gedankenwelt der Künstler und Dichter (etwa in Dantes »Göttlicher Komödie«, 1321).

Letzteres gilt auch für den Islam und den Koran: Im Sprachbereich des Orients ist eine (in westlichen Ländern oft nicht verstandene) blumige, bildhafte Sprache üblich, die versucht, mit Metaphern und Bildworten allgemeine Aussagen zu treffen. Die im Koran zu findenden, teilweise recht detaillierten Beschreibungen der Qualen der Hölle gehören in diese Textsorte des metaphorischen Redens. Sie sind aber zugleich auch ein Ausdruck glaubender Menschen, die auf eine ausgleichende Gerechtigkeit im Jenseits hoffen und darauf, dass die im Diesseits erfahrene Gewalt und Ausbeutung durch die Mächtigen im Jenseits von Gott »gerächt« wird – Rachefantasien also bilden den Hintergrund der Höllenbeschreibung. Zum Stichwort ausgleichender Gerechtigkeit lässt sich folgendes Beispiel nennen:

> Und denen, die horten Gold und Silber
> und es nicht spenden auf Gottes Weg,
> verkünde ihnen eine Strafe, eine schmerzliche.
> Am Tag, da es im Feuer der Hölle erhitzt
> und ihre Stirn und ihre Rücken damit gebrandmarkt:
> »Dies ist, was ihr für euch selbst gehortet.«
> (Sure 9,34–35)

Solche Aussagen des Korans sind vorrangig als Mahnungen gedacht, auch als Warnungen für diejenigen, die nicht auf Gottes Rechtleitung hören wollen. Dabei handelt es sich zum einen um diejenigen, die Gott leugnen, zum anderen um diejenigen, die sich in schwerer Weise an ihren Mitmenschen verfehlen, durch Mord und Verletzung, durch Schädigung des Eigentums, durch Verletzung der Ehre, durch Betrug und Lüge. Sie lassen die Weisung Gottes unbeachtet und das hat im Jenseits Konsequenzen:

> Erschaffen haben Wir für die Hölle
> viele der Dschinn [Dämonen] und der Menschen!
> Sie haben Herzen, mit denen sie nicht begreifen,
> und sie haben Augen, mit denen sie nicht sehen,
> und sie haben Ohren, mit denen sie nicht hören.
> Sie sind wie das Vieh, nein, sie irren noch mehr ab.
> Das sind die Achtlosen!
> (Sure 7,179)

Das Paradies

Für die nomadischen Wüsten- und Steppenbewohner der Halbinsel Arabien stellen ausreichend Wasser und ein blühender Garten das höchste Glück dar. Daher finden wir an bedeutenden islamischen Stätten auch aufwändig und gut gepflegte Gärten (etwa die Mogulgärten in Srinagar, Kaschmir). Es verwundert deshalb nicht, wenn ein wasser- und blumenreicher Garten auch als Bild für das Paradies des Jenseits gewählt wird: Für die Wüstenbewohner am Anfang des Islam ist dies das Schönste, was man sich vorstellen kann:

> Wer jedoch fürchtet seinen Herrn,
> denen werden zuteil Gärten, unterhalb derer Bäche fließen,
> ewig werden sie darin weilen. – Eine Bewirtung von Gott.
> (Sure 3,198)

Das Wort »Paradies« kommt vom persischen *pairi-daeza* (»umgrenzter Bereich, Garten, der von einer Mauer umgeben ist«). Im Griechischen ist *paradeisos* ein Tiergarten. Mit der Zeit wurde der Begriff nicht nur auf irdische Gärten angewandt, sondern auch auf »Gottesgärten« im Himmel, in die die Frommen berufen werden und in denen sie auf ewig leben dürfen. Himmel (als religiöser, nicht astronomischer Begriff) und Paradies sind also Metaphern für das Leben bei Gott. Dabei kommen solche Vorstellungen eines unendlichen Glücks im Jenseits, einer Befreiung von allem Leid des diesseitigen Lebens, eines friedvollen Aufgehens (Erlöschens) im Absoluten in allen Religionen vor.

Alle Religionen nutzen auch eine vielfältige Bildersprache, um dieses beglückende Jenseits als Lebensziel zu propagieren, obwohl es sich eigentlich jeder menschlichen Vorstellung und menschlicher Sprache per se entzieht. Doch Menschen brauchen solche Sprachbilder: himmlische Stadt (Offenbarung 21), Garten mit Wasser (Koran), blumengeschmücktes Haus des Lobgesangs (Zarathustra), Brücke oder Tor zu einem neuen Land, Samenkorn, das in der Erde stirbt, dann aber neues Leben hervorbringt, Schmetterling, der in der Puppe »stirbt«, dann aber erwacht und bunt zum Himmel emporsteigt, Geburt in neues, vollendetes Leben. Nur in Metaphern können sich Menschen über ihre Vorstellungen vom Jenseits austauschen.

Was aber meint der religiöse Begriff »Himmel« im christlichen Bereich?

- Es geht im christlichen Glauben nicht um einen Raum, nicht um das Weltall oder irgendetwas dahinter. Es geht nicht um ein »Oben«, eine jenseitige Welt.
- Der Himmel bezeichnet keinen Ort, sondern einen Zustand, eine Seinsweise: die endgültige Gemeinschaft des Menschen mit Gott nämlich. Der Mensch tritt im Himmel in das Leben Gottes ein, das in sich räumlich und zeitlich unendlich ist, das verborgen ist und dennoch alles umfasst.
- Diese Geborgenheit in Gott bedeutet Erfüllung und Vollendung des Lebens und damit ein Ende von Leid und Not, auch der Bedrohung durch den Tod. Aufgenommen in Gott ist der Mensch erfüllt von dessen Liebe und kann deshalb auch den anderen in Liebe begegnen, die wie er in Gott geborgen sind.
- Wie der Himmel »aussieht«, lässt sich nicht sagen. Alle Bilder und Bildworte sind Versuche, etwas Unsagbares auszudrücken, können durchaus auch Spiegelbilder unserer Sehnsüchte und Träume sein. Ihnen ist gemeinsam: Es geht um die Neuschöpfung des Menschen und der ganzen Welt durch Gott, um ein Paradies.
- Die Himmelsvorstellungen aller Religionen sprechen vom guten und heilen Jenseits, von endgültigem Heil, von der Befreiung vom Leid, von ungetrübter Gemeinschaft und Freude, von Lust und Liebe, von Gerechtigkeit und Überfluss, von *Schalom* und Harmonie, von einer Einheit zwischen Gott, dem Göttlichen, dem Absoluten und den Menschen.
- Christen vertrauen darauf, dass sie im Tod nicht ins Nichts hinein sterben, nicht in eine Schattenwelt wie *Scheol*, *Hades* oder *Hel*, sondern sie haben die Hoffnung, dass sie »in Gott hinein sterben«, um dadurch »in ihm neu geboren zu

werden.« Gott ist die Zukunft, nicht das Nichts. Eine solche Neuschöpfung allerdings kann man nicht beweisen. Letztlich kann man nur den Sprung des Glaubens unternehmen, das Wagnis christlicher Hoffnung.

In diese Linie gliedern sich auch die vielfältigen Aussagen des Korans ein. Sie sind zahlreich, allerdings nicht so zahlreich wie die mahnenden Aussagen zum Gericht und die warnenden Texte zum Thema Hölle. Dennoch bringt das Gesamte des Korans und damit der muslimischen Jenseitsvorstellung eine Hoffnung zum Ausdruck, die für Menschen im Diesseits ein Ansporn zu einem gottgefälligen Leben sein kann und damit sowohl zur Ergebenheit in Gott als auch zu einem geschwisterlichen Miteinander.

Der Koran kennt wie die Bibel Verheißungen eines reichen und gelingenden Lebens im Jenseits. Dabei scheut er nicht vor überaus realistischen Beschreibungen zurück. Bekannt ist etwa die Vorstellung von *Huris*, großäugigen, jungen Paradiesesfrauen, oft auch als Jungfrauen bezeichnet. Im Koran werden sie an sechs Stellen erwähnt. In der islamischen Tradition wird dann die Zahl von 72 Jungfrauen für jeden der Gerechten im Himmel erwähnt – natürlich alles geschrieben und erzählt aus der Sicht von Männern einer patriarchalischen Kultur, in der die Frau Besitzstück des Mannes war (und heute teilweise noch ist, vgl. Seite 163ff.). Auch Wein gibt es im Jenseits – allerdings mit der Einschränkung, dass man vom himmlischen Wein nicht betrunken wird und dann dummes Zeug daherredet:

Wahrlich, die Gottesfürchtigen in Gärten in Wonne:
froh über das, was ihnen ihr Herr beschert.
Bewahrt hat sie ihr Herr vor der Strafe der Hölle.
»Esst und trinkt zu eurem Wohl für das, was ihr stets getan.«
Gelehnt auf Ruhebetten, aneinandergereihten.
Und Wir geben ihnen Frauen, großäugige ...
Und Wir versorgen sie mit Früchten und Fleisch reichlich,
wie sie begehren.
Sie greifen in ihm nach einem Becher,
in dem ist kein Gerede und keine Sünde.

Kreisen werden um sie Jünglinge, die sie bedienen,
als wären sie Perlen, verwahrte.
(Sure 52,17–24)

Voraussetzung für den Eingang ins Paradies sind nach koranischer Sicht zwei Dinge: der Glaube und die guten Werke (vgl. Sure 18,107, aber auch 2,25 und öfter). Gott selbst jedoch will für die Menschen nicht das »Feuer«, sondern »er ruft zum Paradies« und ist zur Vergebung bereit. Um die Menschen zu mahnen, gibt er ihnen in der Schöpfung und im Leben vielfältige »Zeichen, auf dass sie es bedenken« (Sure 2,221). Es geht also darum, »Gott und seinem Gesandten zu gehorchen«, um in die Gärten des Paradieses einzugehen (Sure 4,13). Solcher Glaubensgehorsam führt dann die Gerechten zum Lob Gottes:

Das Lob Gott, der uns hierher rechtgeleitet!
Nicht wären wir rechtgeleitet,
wenn Gott uns nicht rechtgeleitet.
Die Gesandten unseres Herrn
haben gebracht die Wahrheit.
Uns es wird ihnen zugerufen: Das ist der Garten,
der euch zum Erbe gegeben für das, was ihr stets getan.
(Sure 7,43)

In den Gärten des Paradieses werden die Rechtschaffenen von Engeln mit dem Friedensgruß begrüßt: »Friede über euch, da ihr geduldig wart« (Sure 13,24). Die Gastfreundschaft Gottes im Paradies ist so groß, dass die Rechtschaffenen darin von ihm geschmückt werden: »Geschmückt sind sie darin mit Armreifen aus Gold und bekleidet mit Gewändern, grünen, aus Seide und Brokat, und gebettet auf Ruhebetten. Vortrefflich der Lohn und schön die Ruhestätte!« (Sure 18,31, auch 22,23) Den Rechtschaffenen und ihren Gattinnen wird »Freude bereitet« (Sure 43,69), ewig dürfen sie in diesem Glück des Paradieses verweilen. So kann man auf ihren Gesichtern »das strahlende Glück der Wonne« (Sure 83,24, Khoury) erkennen, es sind »fröhliche Gesichter« (Sure 88,8), denn »Gott hat an ihnen Wohlgefallen und sie haben an Gott Wohlgefallen« (Sure 98,8).

Entsprechend der Taten eines Menschen gibt es im Himmel Rangstufen, es zeigt sich also – eher überraschend, wenn man den Gleichheitsgedanken der *Umma* vor Augen hat – ein Belohnungsschema in Stufen:

> Die, die geglaubt und ausgewandert
> [die Gefährten auf der Hidschra von Mekka nach Medina]
> und sich mit ihrem Vermögen und ihrer Seele
> abgemüht auf Gottes Weg,
> haben eine höhere Rangstufe bei Gott.
> (Sure 9,20)

Keinen Unterschied allerdings – und auch das ist eher überraschend – gibt es im Jenseits zwischen Mann und Frau:

> Wer rechtschaffen handelt, ob Mann oder Frau,
> und dabei gläubig,
> dem werden Wir ein gutes Leben bescheren.
> (Sure 16,97, vgl. Seite 166)

Die Engel

Bibel und Koran sprechen von Engeln, im Islam gehört der Glaube an Engel sogar zu den sechs Glaubensartikeln (vgl. Seite 226 und Sure 2,285; 4,136). Was aber ist mit Engeln (griechisch *angelos*, hebräisch *malak Jahwe* = »Bote Gottes«) gemeint?

Vor allem in den Spätschriften der Hebräischen Bibel und in den Kindheitslegenden von Matthäus und Lukas wird von Engeln Gottes gesprochen. Sie sind Boten Gottes oder schützen als Wegbegleiter (etwa im Buch Tobit). Engel werden vor allem dann erwähnt, wenn man aus Ehrfurcht vor Gott den Gottesnamen selbst nicht nennen möchte. Es ist denkbar, dass Gottheiten anderer Völker in Israel nicht als eigenständige Götter, sondern als niedrige und von Gott abhängige Wesen verstanden und zu Engeln gemacht wurden. In der Bibel werden sehr unterschiedliche Engel genannt: Einige umgeben den Thron Gottes als Kerubim, geflügelte Wesen, die wie eine Mischung aus Menschen und Tieren aussehen. Drei Engel haben größere Bedeutung: *Gabriel* (= »Mann Gottes, Gott ist stark«) erscheint immer dann, wenn eine Botschaft von Gott verkündet werden soll, so auch der Maria (Lukas 1,26–38). *Michael* (= »Wer ist wie Gott?«) wird als Engelsfürst bezeichnet, der für das Gute eintritt, das Böse bekämpft und Israel schützt. *Rafael* (= »Gott hat geheilt«) begleitet und schützt den jungen Tobias auf seiner Reise. Engel sind aus jüdisch-christlicher Sicht keine Götter, sondern verweisen auf Gott selbst und seine barmherzige Zuwendung zu den Menschen.

Der Koran versteht die Engel ebenfalls als Boten und greift biblische Erzählungen auf (etwa die Abraham-Lot-Tradition von Genesis 19, vgl. Sure 11,76–78; 29,31–34). Die Engel werden aber vor allem als »Gottes Hofstaat« gekennzeichnet (ähnlich in der Vision des Propheten Ezechiel [1,4–28], vgl. Sure 39,75: »Du siehst die Engel den Thron umgeben, wo sie preisen das Lob ihres Herrn«). Die Engel preisen Gott ununterbrochen: »Sie preisen Ihn bei Tag und Nacht, ohne erschöpft zu sein« (Sure 41,37). Dieses Lob Gottes verbinden die Menschen aber mit einer Fürbitte für die Menschen: »Die Engel preisen das Lob ihres Herrn und erbitten Vergebung für die auf der Erde.« (Sure 42,5)

Doch die Fürsprache der Engel nützt nur dann, wenn Gott es zulässt – er bleibt der Unverfügbare und Machtvolle, aber auch der Vergebende und Barmherzige:

> Manche Engel sind in den Himmeln,
> deren Fürsprache nichts nützt,
> außer wenn Gott es zuvor erlaubt.
> (Sure 53,26)

Namentlich erwähnt werden im Koran Gabriel (2,97f; 66,4) und Michael (2,98), außerdem zwei Engel, die zur Stadt Babel gesandt werden, Harut und Marut (2,102). Auch werden Engel als Wächter des Feuers eingesetzt (74,31); sie sind bei der Erschaffung des Adam anwesend (vgl. Seite 179).

Der Teufel (*Schaitan*) und die *Dschinn*

Nicht nur von den guten Mächten, den Engeln, sprechen Bibel und Koran, sondern auch von widergöttlichen Kräften, die den Menschen zum Schlechten verführen. Dabei gibt es zum einen als personalisierte Macht des Bösen den Teufel, arabisch *Schaitan*. Der Name »Teufel« kommt vom griechischen *diabolos* (= »Durcheinanderwerfer, Verwirrer«), oft wird er Satan genannt (= »Widersacher, Feind, auch Ankläger«). Insgesamt kann man sagen, dass der Satan (Teufel) als Personifikation des Bösen ein Erklärungsversuch ist, Sünde, Schuld und Leid der Menschen zu begründen. Zur Kernbotschaft der Bibel und damit zum Kern jüdisch-christlichen Glaubens gehören solche Aussagen nicht. Zu dieser Personalisierung kommen dämonische Mächte hinzu (biblisch vgl. Lukas 11,18), die im Arabischen *Dschinn* heißen. Im Koran heißt der Teufel *Iblis* und gehört zu diesen dämonischen Mächten (vgl. Sure 18,50).

Der Koran warnt davor, die Dschinn als Götter zu verehren (Sure 34,40), denn auch sie sind von Gott erschaffene Wesen:

> Erschaffen haben wir den Menschen aus trockenem Lehm.
> Und die Dschinn erschufen Wir zuvor
> aus dem Feuer des glühenden Windhauchs.
> (Sure 15,26–27)

Auch der Islam benennt also dämonische Mächte, stellt sie aber eindeutig unter Gott, dessen »Thron die Weite des Himmels und der Erde umfasst« (Thronvers in Sure 2,255, vgl. Seite 28). Für den Glaubenden ist es deshalb entscheidend, dass er gegen die Versuchungen des Schaitan und der Dschinn seine Zuflucht bei Gott sucht (vgl. auch Sure 113 und Sure 114, Seite 247):

> Und wenn dich sticht des Satans Stachel,
> dann suche deine Zuflucht bei Gott!
> Er ist der unübertrefflich Hörende, der Wissende.
> (Sure 7,200)

Gottes Liebesbrief

Im »Welthaus der Religionen« haben wir uns in diesem Band vor allem in den »Zimmern« der drei großen vorderorientalischen Religionen bewegt, die nach ihrem gemeinsamen »Stammvater des Glaubens« die abrahamitischen Religionen genannt werden: Judentum, Christentum und Islam. Die Heiligen Schriften dieser drei Religionen (Hebräische Bibel der Juden, Altes und Neues Testament der Christen, Koran der Muslime) wurden dabei in Beziehung zueinander gestellt und auf Gemeinsamkeiten, aber auch auf Unterschiede hin betrachtet.

Der islamische Theologe Mouhanad Khorchide nennt in seinem Buch »Islam ist Barmherzigkeit« (2013) den Koran »einen Liebesbrief Gottes an die Menschen«. Dieses eingängige Bildwort lässt sich aber nicht nur auf den Koran anwenden – auch die Bibel und in ganz anderer Weise ebenso die Heiligen Schriften der anderen, vor allem der fernöstlichen Religionen sind solche »Liebesbriefe« Gottes an die Menschheit. Die islamische Vorstellung einer wiederholten Offenbarung des himmlischen Urkorans an die Menschen (vgl. Seite 78) passt zu einem solchen Gedankengang: Es geht immer um Gottes Barmherzigkeit (vgl. Seite 13 ff.), mit der er je neu auf die Menschen liebevoll zugeht.

So gesehen sind die Heiligen Schriften der Religionen wie Bibel und Koran Offenbarungsweisen göttlicher Barmherzigkeit, durch die die Menschen mit Gott bekannt werden und aus der Beziehung zu ihm heraus ihre eigentliche Bestimmung und Würde erkennen: »Was ist der Mensch, das du an ihn denkst«, fragt Psalm 8,5; der Koran antwortet in Sure 60,8: »Gott liebt die Gerechten« (Asad und Khoury: »jene, die gerecht handeln«). Der menschenfreundliche Gott der Befreiung (Judentum), der liebende Vater (Christentum), der barmherzige Erbarmer (Islam, vgl. den Einleitungsvers jeder Sure) sucht gleichsam Menschen, die sich seiner Barmherzigkeit, seiner Liebe, seiner Gerechtigkeit und Solidarität mit allem Leben anschließen. Dazu wollen die Heiligen Schriften ermuntern: Schließt euch dem Willen Gottes an, achtet auf seine Wegweisung (Dekalog für Juden und Christen), achtet auf seine Rechtleitung (Islam), so wird er euch zum Ziel eures Lebens führen, zur Vollendung und zum unendlichen Glück seiner dann unmittelbaren Gemeinschaft und auch der friedvollen wie gelingenden Gemeinschaft mit den anderen Menschen.

Die Heiligen Bücher der Religionen gehören in dieser umfassenden Sichtweise deshalb nicht nur den Anhängern der jeweiligen Religion. Vielmehr sind es Menschheitsschätze, es sind Leuchttürme, deren Licht alle erhellen kann – unabhängig von ihrem konkreten Glaubensbekenntnis. Die Heiligen Schriften sind wie Fähren oder Brücken, die zwei Ufer verbinden, den Himmel und die Erde, Gott und die Menschen (vgl. Seite 53).

Bibel und Koran machen vielgestaltige Aussagen über Gott und seine Beziehung zu Welt und Menschheit – solche nicht immer zu harmonisierenden Darlegungen ergeben ein Gottesmosaik wie etwa im Koran die hundert schönsten Namen Gottes (vgl. Seite 16ff.). Dennoch bleibt – und es ist gut, dass sowohl die Bibel (»Du sollst dir kein Bildnis machen«, Exodus 20,4) als auch der Koran (»Nicht erreichen Ihn die Blicke, aber Er erreicht die Blicke«, Sure 6,103) darauf aufmerksam machen – Gott ist immer größer als unsere Vorstellungen: *Allahu akbar* – Gott ist größer!

Die Kontakte zwischen den Völkern, Kulturen und auch Religionen sind in unserer Zeit intensiver geworden. Das schafft bei einigen Angst vor dem Fremden, Unbekannten und Abwehrreaktionen. Doch birgt das neue Zusammenspiel verschiedener Weltsichten und auch Religionen die wertvolle Chance der gegenseitigen Bereicherung. Die Welt ist bunter und vielfältiger als die eigene Vorstellungsweise; die Möglichkeiten, Gott, das Göttliche, den Urgrund des Lebens zu verstehen, sind ebenfalls vielgestaltig. Es ist gut, dass Menschen sich über die vielfältige Sicht auf Gott und Welt, auf Gut und Böse, auf Erlösung und

Befreiung vom Leid, auf das Ziel des Lebens und das Jenseits austauschen können – und dies trotz aller damit verbundenen Schwierigkeiten, die unterschiedliche Sprachen, Kulturen, Traditionen, Paradigmen des Denkens und religöse Gemeinschaften mit sich bringen. Denn das gegenseitige Kennenlernen und der gegenseitige Austausch stellen kritisch-produktiv auch die eigene Sicht in Frage und führen – hoffentlich – zu einem tieferen Verständnis und zu einem intensiver gelebten Glauben.

Dieser Aufgabe hat sich auch dieses Buch gestellt, das den Koran und die Bibel miteinander ins Gespräch bringt. Gegen alle Vorurteile möchte es präzise, wenn auch kompakte Kenntnis vermitteln, das Gemeinsame herausstellen und das Trennende als Bereicherung in einer vielfäligen und bunten Welt verstehen. So soll am Ende noch einmal Hans Küng mit der Einleitung seines Buches »Der Islam« (vgl. Seite 8) zitiert werden:

Kein Frieden unter den Nationen
ohne Frieden unter den Religionen.
Kein Frieden unter den Religionen
ohne Dialog zwischen den Religionen.
Kein Dialog zwischen den Religionen
ohne Grundlagenforschung in den Religionen.

Sure 114: Die Menschen (*al-nas*)

Im Namen Gottes,
des Barmherzigen, des Erbarmers.
Sag: »Ich suche Zuflucht bei dem Herrn der Menschen,
dem Herrscher der Menschen,
dem Gott der Menschen,
vor dem Bösen der Einflüsterung,
des Heimtückischen,
der einflüstert in die Brust der Menschen,
vor Dschinn und Menschen.«

(Asad)
Im Namen Gottes,
des Allergnädigsten, des Gnadenspenders:
Sag: »Ich suche Zuflucht bei dem Erhalter der Menschen, dem Herrscher der Menschen,
dem Gott der Menschen,
vor dem Übel des flüsternden,
entweichenden Versuchers,
der in den Herzen der Menschen flüstert
vor aller Versuchung zum Übel durch unsichtbare Kräfte
wie auch Menschen.«

Anhang

Register der Koranstellen

Register der Bibelstellen

Register der Namen und Begriffe